KB268284

국어학논집

제6집

국어학논집 제6집

서울대학교 국어국문학과 편

도서출판 역락

책머리에

이 논문집은 2009학년도 제1학기 서울대학교 대학원 박사과정에 개설되었던 '근대한국어연구 : 음운사·문법사·사전편찬론을 중심으로' 강좌(담당교수 : 이현희)에 제출된 기말보고서 가운데 일부를 선별하여 꾸린 것이다. 대개는 박사과정 학생들의 논문으로 구성되어 있지만(백정민·오규환·이수연·최윤지·박형진·진려봉·권창섭·스기야마 유타카 : 이상 학번순), 일부는 석사과정 학생들의 논문도 포함되어 있다(백채원·김한결·이상훈 : 이상 학번순). 아직 배우는 과정에 있기 때문에 설익고 세련되지 못한 점이 군데군데 보일 것으로 생각된다. 그러나 하나의 주제를 응집하고 분석하는 능력을 훈련하고 제고(提高)하는 가운데 논문의 형식으로 자기의 사고 체계를 구체적으로 형상화해 나가는 모습을 어느 정도 엿볼 수 있을 것이다.

1998년 12월 31일에 간행된 ≪국어학논집≫ 제1집으로부터 헤아리자면 어느덧 10년의 세월이 흘러 이제 제6집을 간행해 내기에 이르렀으니, 그 온축(蘊蓄)된 바가 자못 적지 않다. 이는 오로지 고영근 선생님(서울대학교 인문대학 국어국문학과 명예교수)의 열정과 채근으로 시작되어 쌓인 것이었다. 이제 선생의 뒤를 이어 다시 ≪국어학논집≫을 간행해 내지만, 앞선 노작(勞作)들만큼 이번에 실리는 글들의 수준이 그 어깨를 나란히 할 정도가 될 수 있을지 자못 걱정되는 바 없지 않다.

외국 유학생인 진려봉(秦麗鳳) 양과 스기야마 유타카(杉山豊) 군의 논문들도 여기에 함께 할 수 있음을 다행으로 생각한다. 여기에 일부 실린 근대한국어 시기 부사에 대한 분석 논문 외에, 근대한국어 시기에 간행된 한글 문헌의 해제와 번역문의 어절별 색인을 실은 논문들도 함께 제출되었으나 논문집의 분량 관계상 부득이 함께 실을 수 없었음을 밝혀 둔다.

　우리 대학원생들의 현실이 마냥 잿빛일 수만은 없다. 대학원생들이 이러한 고통스러운 모색의 과정을 거치다 보면 어느 순간 푸른색으로 물들어 있는 자기 앞의 현실을 바라보게 될 것으로 믿어 의심치 않는다.

　《국어학논집》의 연속 간행을 흔쾌히 허락해 주신 도서출판 역락(亦樂)의 이대현 사장님과 이모저모 많은 도움을 주신 안현진 부장님께 감사의 말씀을 전한다.

2009년 11월 초

이현희(李賢熙)가 몇 자 적는다

차 례

'너무'의 통시적 연구

백 정 민

1. 서론

  본고는 현대국어(이하 현대어라 함)에서 널리 사용되고 있는 정도부사 '너무'에 대하여 연구하는 것을 목적으로 한다. '너무'는 사전 상에서 '정도나 한계의 지나침'이라는 의미로 기술되어 있는데[1] 실제로 이것의 통사, 의미론적 양상은 다양한 모습을 보이고 있으며 몇몇 측면에 대해서는 여러 가지 논란이 일어나기도 하였다. 본고는 '너무'의 다양한 통사, 의미론적 양상을 총체적으로 기술하기 위하여, 그러한 모습이 과연 언제부터 나타났으며 현재에는 어떠한 양상을 보이고 있는지를 검토해 보는 것은 의미가 있다고 본다. 통시적 관점에서 볼 때도 중세국어(이하 중세어라 함)의 부사에 대한 논의는 적지 않은 편이지만 '너무'의 개별 논의는 거의 없었다. 따라서 '너무'

---

1) 《표준국어대사전》의 풀이를 보면 다음과 같다.
   너무「부」 일정한 정도나 한계에 지나치게.

를 통시적 관점에서 살펴보는 것은 중세어 시기부터 쓰인 개별 파생부사를 통시적으로 검토한다는 점에서도 의의를 지닐 수 있다.

본고는 먼저 '너무'의 어형성과 관련하여 그동안 쟁점이 되어왔던 부분을 간단히 짚어볼 것이다. 그 후 중세 및 근대, 그리고 현대에 이르기까지 '너무'의 통사, 의미론적 변천 양상을 살펴보고자 한다. 통사, 의미론적 고찰에 있어서도 특히 논란이 되었거나 될 법한 부분에 대하여 논지를 할애할 것임을 밝힌다.

2. '너무'에 대한 기본 논의

이 장에서는 '너무'에 대한 기본적인 논의로서 '너무'의 어형성과, 중세어 시기 이래 이것의 다양한 형태들에 대해 살펴보려고 한다. 현대어에서 부사 '너무'는 대개 상태성을 가진 용언을 수식하는 정도부사로 다루어졌다.[2] '너무'는 기원적으로 동사 '넘-'에서 부사파생의 절차로 형성된 부사로 보며, 이는 '너무'의 [지나침]이란 의미가 '넘-'과 어느 정도 유연성을 가지는 점에서도 파악할 수 있다. '너무'가 '넘-'에서 왔다는 것은 기존 논의에서 일치점이 확인되나 구체적으로 어떤 절차를 통해 이 부사가 형성되었는가에 대해서는 다양한 견해가 있다.

---

2) '너무'가 상태성을 띤 용언을 수식한다는 것은 '너무'의 주된 수식 기능이라 할 수 있다. 그런데 현대어 '너무'는 이뿐 아니라 동작성을 띤 동사와 '명사+'이-'' 구성도 수식하는 다양한 양상이 있는데 이에 대해서는 후에 언급하도록 한다.

2.1. '너무'의 어형성에 대한 논의

2.1.1. 기존 견해

'너무'에 대한 개별적인 연구는 그리 많지 않다. 대개 중세어 파생부사류를 논의하는 과정에서 부사파생접사 '-오/우'가 결합된 예로서 '너무'를 들었다. 즉 동사 '넘-'에 부사파생접사 '-우'가 붙어 '너무'가 파생되었다고 본 것이다. 이에 대한 견해는 박희식(1984), 조익선(1998), 최홍열(2005), 허웅(1975) 등에서 확인할 수 있는데 이들 논저 외에도 학계 대부분의 견해가 그러하다. 이 같은 어형성의 논의는 현대어 연구에서도 그대로 답습되었다.3) 한편 구본관(1998)에서도 기본적으로 이와 같은 입장을 취하였는데 성조를 고려한 분석을 따로 언급하였다는 점에서 눈여겨볼 만하다. 그러나 이 논저는 몇 가지 근거로 인해 '너무'를 영변화를 통한 파생부사로 보지 않겠다고 밝혔다. 이에 대해서는 뒷부분에서 다시 언급하겠다. 요컨대 '너무'를 이와 같이 처리한 방식은 상당히 보편적으로 받아들여지는 것이라 할 수 있다.

2.1.2. 성조를 고려한 분석

성조의 역할을 고려하여 기존과 다르게 '너무'를 분석한 논의는 드문 편이다. 왜냐하면 중세어의 형태 분석에서 성조의 역할이 크게 고려되지 않거나 무시된 경향이 대부분이었기 때문이다. 그리하여 그동안 중세어 파생어 연구에서 성조를 고려하지 않은 분석이 종종 이루어져 왔다. 그러한 분석은 난점에 부딪칠 때가 있는데, 형태 분석으로는 별 문제없이 논의될 수 있는 것들이 성조가 고려될 때는 기존의 형태 분석과 상충되는 점이 발생할 경우이다. 그 대표적인 예가 '너무'이며, 이현희(1996)은 이 같은 기존 논의에 대한 문제 제기로 이루어졌다.4)

---

3) 예컨대 임규홍(2002, 2004) 참조.

4) 참고로 심재기(1982 : 413~414)에서도 '너무'의 '-우'를 공시적으로는 부사화소라 볼 수 있지만 통시적으로는 사동화 기능이행소라고 한 바 있다. 즉 '너무'가 사동사에서 영변

‘너므-’(LL[5])는 ‘넘-’(R)의 사동사인데 이현희(1996)은 여기에서 부사 ‘너무’의 어형성을 논의하였다. 사동사 ‘너므-’(LL)에서 영파생되어 나온 파생부사가 ‘너므’(LL)이고, 여기서 다시 ‘ㅡ>ㅜ’의 변화를 입은 어형이 ‘너무/너모’라고 본 것이다. 그렇다면 이때의 영파생은 성조 변화가 수반되지 않는 경우에 해당한다.[6] 기존의 형태 분석적 관점에서는 ‘너무’가 부사파생접사 ‘-우’에 의해 생겼다고 해도 문제가 없겠지만, 이때 파생부사의 성조가 [LL]이 되는 것을 설명할 길이 없다. 어간 ‘넘-’에서 부사파생접사 ‘-우’가 직접 붙어 생긴 것으로 본다면 ‘너무’의 성조는 [LH]가 되어야 하기 때문이다. 김성규(2007)에서도 밝혔듯이, 이는 파생어를 분석할 때 성조의 역할을 적극적으로 고려하는 것이 필요하다는 관점에서의 분석이다.

이상의 논의를 통하여, 본고는 ‘너무’에 대한 어형성에 있어 성조의 분석을 고려한 이현희(1996), 김성규(1995, 2007)이 타당하다고 보아 이를 받아들이고자 한다. 그러나 본고의 관심이 ‘너무’의 형태론적 기원 문제에 천착하는 것이 아니기 때문에 단지 해석의 가능성이 여러 가지 있을 수 있음을 지적해 두는 것으로 만족하고자 한다. 이후 ‘너무’의 통사 양상 부분에서 위에서 언급한 다양한 논의들을 구체적으로 살펴볼 것이다.

2.2. ‘너무’의 여러 형태들

본고는 ‘너무’의 통사, 의미론적 고찰에 앞서, 이것의 통시적 접근을 위하여 여러 가지 형태들에 대해 짚어보려고 한다. ‘너무’는 중세 및 근대어 시기에 ‘너므’, ‘넘우’, ‘넘오’ 등 다양한 형태로 나타난다. ‘너모’, ‘너무’는 앞에서 언급했듯이 ‘너므’에서 음운 변화를 입은 어형들이며, 이들의 분철

화로 인해 파생부사가 된 것으로 보았는데, 이는 이현희(1996)과 같은 논지이나 성조를 고려한 분석은 아니다.

5) 후기중세어의 방점 표기는 각각 평성을 L, 거성을 H, 상성을 R로 표기하도록 한다.

6) 중세어의 영파생은 성조의 변화가 수반되지 않는 경우와 수반되는 경우의 두 가지 양상이 있다. 자세한 설명은 이현희(2006 : 47), 김성규(2007 : 34) 등 참조.

형이 각각 ‘넘오’, ‘넘우’가 된다. 이들 각 어형의 시기별 빈도는 다음과 같다.[7)

시기 ＼ 어형	너므	너무	너모	넘우	넘오
15세기	3	55	5	·	·
16세기	·	29	33	·	·
17세기	·	60	74	20	1
18세기	4	35	62	·	·
19세기	·	63	29	1	·
20세기 초	·	239	3	3	·
신소설	·	114	29	20	107

사동사에서 영파생된 ‘너므’는 실제로는 매우 드문 편이었으며 중세 및 근대어 시기에 우세한 어형은 ‘너무’와 ‘너모’임을 알 수 있다. ‘너모’는 16세기 이후부터 이미 ‘너무’보다 우세한 빈도를 보였으나 그 수는 19세기에 감소하여 20세기에 들어서는 ‘너무’에 밀려 3회 사용된 것에 불과하다. 한편 구어를 반영하는 신소설에서는 ‘넘오’가 107회나 나타난 것은 이례적이다. 신소설에서의 ‘넘오’는 ‘너무’에 필적하는 모습을 보이지만 규범적으로는 이미 ‘너무’의 형태가 자리 잡았다고 할 수 있다. 예컨대 20세기 초에 출간된 《조선어사전》에 의하면, ‘너모’는 ‘너무’의 사투리로 기술되었고 ‘넘우’는 ‘너무’에 가서 보라고 되어있다.

이상으로 ‘너무’의 다양한 어형들의 시기별 빈도를 살펴보았다. 이들이 기능 상에서는 차이가 없는 만큼 본고에서도 필요한 용례에 대해서는 형태에 관계없이 사용할 것이다.

---

7) 이것은 박진호 선생님께서 구축한 국어사 자료실의 언해 자료 파일을 이용하여 계산한 것이다. 신소설은 19세기 말에서 20세기 초의 작품들인데 편의상 구축된 파일의 체계를 따라 19세기, 20세기 초의 자료들에서 분리하여 제시하였다. 한편 ‘너무’의 어형에 보조사가 결합하는 것들도 포함하여 계산하였다.

3. '너무'의 통사론적 고찰

이 장에서는 '너무'의 다양한 통사 구조 유형과 그 변천에 대해 살펴보도록 한다. 먼저 '너무'의 통사 구조 해석에 대한 여러 논의들을 검토할 것이다. 그 후 중세어 때부터 보인 통사 구조 양상을 보이는 것을 시작으로,[8] 통사 구조에 대해 해석의 논란이 되어왔던 유형에 대하여 자세한 논의를 보이겠다. 또한 중세나 근대어 시기에 보이지 않았지만 현대에 들어 새로 생긴 통사 구성에 대해서도 언급할 것이다. 본고가 보이는 통사 구조 유형들은 분석에 있어서도 여러 가지 다양한 논의를 필요로 하기 때문에, 유형화와 그에 대한 분석을 중점적으로 하되 의미는 필요한 부분에 한해 언급한다. 한편 '너무'는 기본적으로는 상태성 용언에 [+정도성]을 부여하며, 앞서 제시한 '정도에 지나침'이라는 것이 기본 의미라는 점을 전제하여 이 장의 논의를 진행한다.[9]

3.1. 제1유형 : '너무+(부사(어))+용언' 구성

'너무'의 본래적 기능은 후행 용언을 수식하는 정도부사이므로, 제1유형은 '너무'의 통사 구성의 대부분을 차지한다. 조익선(1998)에서는, 현대어 정도부사가 상태동사를 중심으로 일부 동사, 명사적 서술어 등과 공기하여 이들의 속성을 강화 및 세분화하는데, 중세나 근대에서도 이러한 통사적 양상은 큰 차이점이 없음을 언급하였다. 따라서 이러한 견지를 받아들이되 다만 뒤에서 제시할 제3유형과 관련하여, 제1유형은 "정도부사로 완전히 고정화된 형태"(조익선, 1998)라는 점을 명시하도록 한다. 제1유형은 현대어와 마찬

---

8) '너무'가 동사에서 파생된 것이므로 마땅히 사동사 구성의 예도 다루는 것이 좋겠지만 본고에서는 생략하도록 한다. 사동사 구성으로 쓰인 예는 다음과 같은 것이다.

　닐굽 슌에 <u>넘오디</u> 아니호더 (소학언해, 6 : 130a)

9) '너무'의 기타 특수한 의미들은 4장에서 제시할 것이다.

가지로 형용사 수식 구성, 동사 수식 구성, ‘부사(어)+용언’ 구성으로 나눌
수 있다. 아래는 중세어에서의 예이다.

    (1) ‘너무+형용사’ 구성
       닐굽 히 <u>너무</u> 오라다 (월인석보, 7 : 2a)

    (2) ‘너무+동사’ 구성
       눉므를 <u>너무</u> 흘려셔 萬人이 쓰리놋다 (두시언해, 초간본, 24 : 48a)

    (3) ‘너무+부사(어)+용언’ 구성
       <u>너무</u> 덥게 말라 (구급간이방, 1 : 80b)

제1유형의 ‘너무’는 통사론적 측면에서 현대어와 큰 차이가 없다고 본
바, 이 절에서는 현대어에서도 근본적인 문제로 볼 수 있는, 정도부사 ‘너
무’와 피수식어 간의 해석에서 논란이 되는 부분을 검토하도록 한다. 즉
‘너무’가 정도부사로서 동사 및 부사와 결합할 때의 해석에 대한 기존 논의
를 검토하고 이에 대한 합리적인 해석 방안을 표명하고자 한다.

주지하듯이 (1)과 같이 ‘너무’가 상태성을 지닌 형용사를 수식하는 것은
정도부사의 기본적인 기능이다. ‘너무’가 (2)처럼 동사를 수식하기도 하는데
이때의 동사는 ‘정도성’의 의미를 가지는 것이어야 한다. 이 경우 대부분의
논저에서는 ‘너무’와 동사 사이에 동사를 수식하는 양태부사가 생략되었다
고 하였는데, 이에 대해 다른 견해를 보인 논저도 있다. 홍사만(2002)는 정도
부사 속에 양태부사의 기능이 내정된 것으로 보았으며, 신지연(2002)도 이에
동조하였다. 반면 조익선(1998)은 기본적으로 동작동사를 수식하는 것은 정
도부사가 아니라 양태부사로 봐야 한다는 전제 하에, 피수식어인 동사를 정
도어로 볼 수 있는 경우에는 정도부사와 공기하는 것이라 피력하였다. 이
견해에 의거하면, (2)에서 ‘(눈물을) 흘리다’가 정도성을 가진 동사라고 보게
될 때 ‘너무’를 정도부사로 처리할 수 있다. 그렇다면 동작동사가 정도성을

가지는 것을 어떻게 받아들여야 하는가라는 점이 문제가 된다. 신지연(2002 : 78)은 이에 대하여 동작동사 '먹다'의 경우 양과 빠르기의 측면에서 정도성을 가지며, '자다'는 깊이와 시간의 측면에서 정도성을 가질 수 있다고 하였다. 이러한 견지를 받아들일 때, 피수식어가 정도성을 가진다면 정도부사가 수식될 수 있다는 앞의 논지는 유효한 것이 된다. 따라서 본고는 조익선(1998)과 같이 정도성을 가진 동사에 정도부사 '너무'가 공기하는 것이 적절하다고 본다.

(3)에 대해서는 기존에 정도부사가 양태부사를 수식 한정한다고 보아왔다. 그러나 이러한 분석은 재고할 필요가 있다. 손남익(1996)은 (3)과 같은 경우, 부사 '너무'가 부사의 의미를 수식 한정하는 것이 아니라 정도부사가 '양태부사의 수식 한정을 받는 상태성을 가진 용언구의 의미를 수식 한정하는 것'으로 보았다. 이로써 정도부사는 기본적으로 상태성을 가진 요소에 [+정도성]의 의미를 부여하는 것으로 전제한다. 조익선(1998), 신지연(2002)도 이와 같은 논지를 보였는데, 특히 신지연(2002)는 상태성이라는 의미 자질이 중요한 조건이지 그것이 어떤 품사로 한정될 필요가 없다고 하였다. 이는 기존 논의에 비해 상당히 합리적인 해석이다. 이러한 견지에서는 정도부사가 어떤 통사 구조에 있더라도 상태성을 가진 요소(주로 용언이 될 것임)에 [+정도성]을 부여한다는 기본 전제를 유지할 수 있고, 정도부사의 문법적 기술을 명료하게 하는 것이라 판단된다.

제1유형이 근대 이래로 나타난 예를 제시하면 다음과 같다.

> (4) '너무+형용사' 구성
> ㄱ. 武巤 너무 굵다 (역어유해, 下, 49a)
> ㄴ. 내 긔품이 어려신 째예 너무 편벽ᄒ야 (어제자성편, 內, 10a)
> ㄷ. 이 짜히 너무 멀어 통ᄒ기 어려운 고로 (사민필지, 71)
> ㄹ. 이약이ᄒ노라고 너무 오러되엿네 (금강문, 50)

(5) ‘너무+동사’ 구성

    ㄱ. 그릇 츤 믈 너무 머기믈 인ᄒ야 (마경언해, 下, 1a)

    ㄴ. 그 사룸이 큰 홍사줄을 코기리 등으로 너무 쳐 (을병연행록, 2)

    ㄷ. 세샹의 유명ᄒᆫ 무뢰경박ᄌ룰 너무 스랑ᄒ시니 엇디 말이 업스리오

       (한중록, 448)

    ㄹ. 이것 참 너무 기더럿고나 (재봉춘, 220)

(6) ‘너무+부사(어)+용언’ 구성

    ㄱ. 다 머김을 너무 셩히 ᄒ야 (마경언해, 下, 20a)

    ㄴ. 갓가이 쟝ᄒ즉 너므 덜 텨시니 (종덕신편언해, 下, 49b)

    ㄷ. 병참 경비를 너무 과히 마련ᄒ야 (매일신문(1898), 1)

이들 예에서도 보듯이 제1유형은 중세어 시기부터 현대에까지 지속되어 온바 현대어에서의 구성과 거의 다르지 않으며 ‘너무’ 통사 구성의 가장 기본적인 유형이다.

3.2. 제2유형 : ‘너무+‘ᄒ-” 타동사형 구성

제2유형의 ‘너무’는 후행 용언 ‘ᄒ-’와 더불어 타동구성을 형성하여 목적어를 지배한다(이현희, 1996 : 651). 이 구성은 중세 및 근대어 시기에도 꾸준히 사용되어 오늘날에는 ‘너무하다’와 같이 하나의 파생어를 형성하기에 이르렀다. 시기별로 나타난 용례는 다음과 같다.

(7) ㄱ. 거상 니버 슬허ᄒ기늘 너모 ᄒ더라 (번역소학, 9 : 22a)

    ㄴ. 그 ᄡ기룰 넘우 ᄒ면 긔운이 허홀가 져허호미니 (두창경험방, 52b)

    ㄷ. 슬퍼ᄒ기늘 너모 ᄒ여 죽것다가 다시 ᄭㅣ엿쩌니 (동국신속삼강행실

       도, 烈, 5 : 51b)

    ㄹ. 근심을 너무 하여 병이 되는 것 (조선어사전, 01)

‘너무하다’의 사전적 풀이는 ‘좋지 않은 일의 정도가 지나쳐 심하다’(≪우

리말큰사전≫)인데 신지연(2002)은 이에 대해 '너무 심하다', '너무 지나치다'
에서 '너무'와 '심하-', '지나치-'의 의미중복으로 인해 무표항인 후자의 용
언들이 생략된 것으로 보았다.

3.3. 제3유형 : '명사구+너무+'ㅎ-'' 구성

제3유형의 '너무'는 활용형 '넘긔'로 교체가능한데 현대어에서는 항상
'넘게'로만 나타나게 된 구성이다. 이러한 특성 때문에 제3유형은 제1유형
과 비교할 때, "정도부사로의 고정화가 완전히 이루어지지 않은 것"(조익선,
1998)으로 규정되는 경향이 있었다. 아래 예를 보자.

(8) 슬허호몰 례예 <u>너무</u> ᄒ더라 (동국신속삼강행실도, 續, 孝, 5b)

그런데 (8)의 구조는 '너무'를 다룬 논저마다 견해 차이가 잘 드러나는
부분이다. '너무'의 '-우'가 파생접사인가 통사구성요소인가라는 점이 논란
의 큰 줄기였는데, 세부적으로는 논저들마다 견해를 조금씩 달리 한다. 대
표적으로 몇 가지 견해를 살펴보겠다.

첫째, '너무'를 영파생에 의한 파생부사로 본 논의이다. 이현희(1996)에서
는, (8)에 대하여 '너무'가 명사구와 통사적 관련을 맺는 것으로 설명하였
다.10) 즉 '너무'는 일차적으로 부사어와 통사적 관계를 맺으며, 전체가 부
사어가 되어 후행하는 'ㅎ-'와 타동구성을 형성하고 다시 목적어를 지배한
다는 것이다(이현희 1996 : 651). 따라서 그 구조는 다음과 같이 정리된다.

(8)′ 슬허호몰 [[례예 <u>너무</u>] ᄒ더라] (동국신속삼강행실도, 續, 孝, 5b)

이러한 분석은 '너무'를 명사구를 지배하는 부사로 보아 중세어에서 부

---

10) 참고로 이현희(1994)에서는 이를 활용어미의 성격을 갖는 것으로 파악하였는데 이현희
   (1996)에서는 그러한 견해가 수정된 것이다.

사가 명사구를 지배하는 일반적인 현상과 동일하게 다룬 점에서,[11] 여타 견해들과 차이를 가진다.

둘째, '너무'를 파생부사로 처리하지만 기능 면에서는 활용어미와 같다고 본 견해이다. 김종록(1990)은 '-오/우'가 굴곡과 파생의 양면성을 띠고 있어 완전히 부사화된 형태를 '-오/우₂'(본고의 '제1유형'), 재어휘화되지 못하고 굴곡적인 기능만을 가진 것을 '-오/우₁'로 분류하였다. 즉 '-오/우'를 부사형성 접사로 처리하면서 굴절과 파생의 두 기능을 가진 형태라 한 것이다.[12] 이는 (8)의 '너무'를 정도부사가 되기 전 과도기적 단계의 형태로 본 조익선(1998)과도 상통하는 면이 있다. 조익선(1998 : 18)에서는 (8)의 '너무'가 동사 본래의 서술 기능을 나타내는 것으로, 정도부사로서의 고정화가 완전히 이루어지지 않은 과도기적 단계의 형태라 하였다. 따라서 이 논의들은 '너무'의 '-우'를 기본적으로는 부사형성 접사로 보고 있지만, (8)과 같은 경우에는 '-우'가 활용어미의 기능을 가진 것으로 보았다.

셋째, 처격어가 '-우'에 선행하는 어기와 통사관계를 가지므로 '너무'의 '-우'를 통사구성요소(활용어미)로 본 논의이다. 구본관(1998 : 333~334)에서는 (8)의 '-우'[13]가 파생접미사가 아니라 통사구성요소인 것으로 보며, 따라서 15세기 국어에서 '-우'가 파생접미사와 통사구성요소(활용어미)로 사용되었다고 하였다. 한편 여기서 제기되는 문제로 '-우'를 활용어미로 보기에는 다른 활용어미에 비해 제약이 심함을 들었는데, 저자는 '-우'가 어휘부 밖에서 결합하는 것으로 보아 '-우'를 활용어미로 보겠다고 밝혔다.[14]

---

11) 이에 대해서는 이현희(1996 : 654) 참조.

12) 김종록(1990)은 부사형성 접사 '-오/우'에 대해 이와 같이 분석하는데 그가 든 '-오/우₁'에 (8)의 구조를 보이는 '너무'는 들지 않았다. 그러나 그의 논지에서 볼 때 (8)의 '너무'에서 '-우'는 '-오/우₁'로 파악할 수 있다.

13) 이 지서에는 '-오'로 되어있으나 필자가 본고의 논의상 '-우'로 씀.

14) 참고로 구본관(1998)에서 '너무'를 영파생에 의한 파생부사로 보지 않는 이유로는 '너므-', '너모-'가 나타나는 시기가 '너무', '너모'보다 후대에 나타난다는 점, '너무'의 '-우'가 활용어미로 쓰이기도 한다는 점을 들었다(구본관, 1998 : 335). 그런데 이전에 이현희(1996 : 649)에서는 '너므'에 대한 문헌상의 문증이 우연히도 뒷 시기의 문헌에

요약하자면 이현희(1996)은 '너무'를 부사로 보았고 조익선(1998)은 정도부사가 되지 않은 과도기적 형태, 김종록(1990)은 활용어미의 기능을 가진 형태로 처리하였다. 그리고 구본관(1998)은 '너무'를 활용어미가 결합된 형태로 보았다. 본고는 앞에서 성조를 고려한 분석을 따른다고 하였기 때문에, 자연히 '너무'가 사동사에서 영파생된 부사로 보는 관점에 서게 된다. 제3유형에 대한 제 이론의 검토는 이상으로 하고, 이 유형의 변천 양상을 보자.

(9) ㄱ. 가포몰 [그 分에 너무] ᄒ면 사ᄅᆞᆷ ᄃᆞ외야 도로 물이ᄂᆞ니라 (능엄경언해, 8 : 124b)
ㄴ. [세 번 너무] 먹디 아니ᄒᆞ야셔 됴ᄒᆞ리라 (구급간이방, 2 : 59b)
ㄷ. 수레 프러 머고딕 [세 번 너무] 먹디 말라 (구급간이방, 3 : 59b)

제3유형은 (9ㄱ)에서 보듯이 이미 15세기에도 나타났으나, (8)에서 보인 바 있는 ≪동국신속삼강행실도≫를 끝으로 하여 18세기 이후에는 사라진 것으로 추정된다.

3.4. 제4유형 : '너무+명사+'이-"15) 구성

이 구성은 현대에 제법 많이 사용되고 있다. '너무'는 상태성을 지닌 요소와 공기하기 때문에 이때 사용된 명사도 정도성을 갖는 것이라 할 수 있다. 아래 예를 보자.

(10) 그 애는 너무 곰 / 여우이다.16)

임규홍(2004)는 '너무'는 어떤 상태나 속성에 대한 화자의 부정적인 태도,

서 된 것으로 보면 아무 문제가 없다고 한 바 있다.
15) '이-'를 형용사로 본다면 이 구성은 제1유형에 속할 수 있겠지만 '명사+'이-" 구성은 제1유형과 분명히 구분되는 측면에 있기 때문에 제4유형으로 제시한다.
16) 임규홍(2004 : 21)의 '아이'를 '곰'으로 변경.

정도에 대한 주관적 태도를 나타내고 있다고 하였다. 따라서 (10)의 ‘너무’
가 곰이나 여우가 가진 내적 속성(굼뜨다, 간사하다)이나 상태에 대한 정도와
공기한다고 하였다. 그런데 사실 (10)과 같은 구성은 현대어에서도 ‘너무’의
전형적인 쓰임이라고 보기는 어렵다. 이때 쓰이는 명사들이 은유적 의미를
갖는 것이어야 한다는 제약 때문이다. 물론 은유적이지 않은 명사와 자연스
럽게 결합하는 예도 있는데, 예컨대 ‘너무 미인이다’와 같은 구조이다. 그런
데 이 경우에도 ‘너무’의 전형적인 쓰임이라 하기는 어렵다고 봐야 한다.17)
따라서 (10)을 좀 더 일반적인 구성으로 하면 ‘이-’ 대신 ‘-스럽-’, ‘같-’
등이 나타나야 하며 이는 곧 상태성을 분명히 하는 형용사 구성이 되는 것
이다.

제4유형은 중세어나 근대어 시기에는 보이지 않는다. 필자가 살펴본 바
이 유형은 상당히 후대인 20세기 초, 즉 1914년도 신소설에서 발견된다.

(11) 참 인물은 도져ㅎ구면. 그러나 <u>넘우</u> 하이칼나인 걸 (안의성, 33)

이상으로 ‘너무’의 통사 구성을 정리하면 다음과 같다. 중세어 시기부터
보이는 ‘너무’의 통사 구성은 제1유형 ‘너무+(부사(어))+용언’ 구성, 제2유
형 ‘너무+‘ㅎ-’’ 타동사형 구성, 제3유형 ‘명사구+너무+‘ㅎ-’’ 구성, 제4
유형 ‘너무+명사+‘이-’’ 구성이다. 제1, 2유형은 현대에까지 지속된 데 반
해 제3유형은 18세기 이후에 사라졌으며, 제4유형은 20세기 초에서야 보이
는 비교적 현대어적 특성을 가진 것이라 할 수 있다.

---

17) 참고로 임규홍(2004)은 ‘너무 미인이다’의 구조에 대해 ‘너무’의 화용적 사용이라 하였
  는데 이 또한 ‘너무’의 비전형적 쓰임이라는 본고의 견해에 벗어나지 않는다.

4. '너무'의 의미론적 고찰

이 장에서는 '너무'를 의미론적 관점에서 살펴보도록 한다. 의미론적 측면에서 '너무'는 앞서 '정도나 한계의 지나침'으로 제시된 바 있는데, 구체적인 용례들을 통해 '너무'의 다양한 의미 양상과 변천에 대해 알아보자.

4.1. 부정적 의미의 '지나침'(過)

'너무'는 본래 부정적 의미를 지닌 용언과 공기하여 '정도의 지나침'(過)으로 인한 '부정적 의미'를 나타낸다.[18] '무척', '몹시', '매우'와 같은 여타 정도부사들은 어원적 의미가 상실되어 단순히 '강조'의 기능을 한다.[19] 이에 반해 '너무'는 어원적인 '지나침'의 원래 의미가 아직도 남아 있어 부정적 의미를 가진다는 점이 여타 정도부사들과의 차이점이다. 중세 및 근대어 시기에 쓰인 몇 예를 보자.

> (12) ㄱ. 너무 자다가 긔운을 일허든 (구급간이방, 1 : 85a)
> ㄴ. 슬퍼ᄒ기늘 너모 ᄒ여 죽것다가 다시 ᄭᅵ엿쩌니 (동국신속삼강행실
>   도, 烈, 5 : 51b)
> ㄷ. 내 긔품이 어려신 째예 너무 편벽ᄒ야 (어제자성편, 內, 10a)

요컨대 이것은 중세어 때부터 사용되어 현재까지도 명맥을 이어가는 '너무'의 기본 의미라 할 수 있다. 현대어에서 '너무'는 '지나침'의 부정적 의미, 즉 부정적인 문맥에서의 쓰임을 규범적으로 바람직하다고 보는 경향이 있는데, 이러한 태도는 심지어 대학 입시 문제에서도 확인될 정도이다.[20]

---

18) 임규홍(2002)에서는 이를 '화자의 부정적 태도'라는 의미로 규정한 바 있다.

19) 이에 대해서는 손춘섭(2001 : 109~110), 이석규(1989 : 47) 등 참조. 최현배(1971 : 598)
에서도 그러한 언급을 하였으나 다만 '너무'도 다른 정도부사와 동일하게 처리한 데
문제가 있다.

물론 어문 규정의 차원에서 '너무'를 부정적인 표현과 동반해야 한다고 명시된 곳은 없으며, '너무'는 실제 언어 상황에서 뒤에서 언급할 단순 강조 혹은 긍정 강조의 의미로도 폭넓게 쓰이고 있다. 따라서 본고는 이제부터 '너무'에 대한 심층적인 의미 기술을 위하여 단순 강조와 긍정 강조에 대한 논의를 좀 더 상세히 다루면서 이들의 통시적 양상을 함께 검토할 것이다.

4.2. 단순 강조

'단순 강조'란 단순히 '대상에 대한 평가적 의미'라는 뜻으로, 앞에서 보인 '무척', '매우' 등과 같은 단순한 강조 기능을 의미한다. 따라서 이러한 의미의 '너무'에 대해서는 여타 정도부사들처럼 어원적 의미를 상실한 단순한 '강조'의 정도부사로 볼 여지가 있는 것이다. 실상 서상규(1991 : 241)에서는 '대상에 대한 평가적 의미'를 정도부사의 일반적인 의미 특성이라는 뜻으로 기술하여, 본고가 앞서 살펴본 '지나침'이라는 부정적 의미까지도 '너무'에 포괄하여 다루었다. 이는 대부분의 기존 논저들이 취한 태도이다. 그러나 본고는 '너무'의 '단순 강조'적 의미, 즉 '단순히 대상에 대한 평가적 의미'를 부정적 의미로서의 '지나침'에서 독립하여 기술하고자 한다. 한편 '너무'를 다룬 기존 논저들이 '지나침'이라는 부정적 의미에 천착한 경향이 있는데 '너무'의 '대상에 대한 평가적 의미'에는 '지나침'이라는 부정적인 의미뿐만 아니라, 이와 관계없이 단순히 대상에 대한 강조의 평가 의미가 분명히 존재한다.

---

20) 아래는 2005년도 모대학교 특례입학 시험문제(국어)인데, 이 문제에서 '너무'와 관계되는 선택지를 보자.

   2. 다음 중 국어의 규칙에 어긋한 표현을 바르게 고치지 못한 것은 무엇인가?

     어제 노을을 보았다. 그 색깔이 (ㄱ) 죽였다. (ㄴ) 너무 예뻐서 어머니가 (ㄷ) 부르는 것도 모르고 한참동안 서서 노을만 바라보고 있었다. (후략)

     ② (ㄴ) : '너무'는 뒤에 부정적인 표현을 동반해야 하므로 '아주'로 바꾸는 것이 좋다.

   이 문제의 정답은 (ㄴ)이 아니기 때문에 ②의 풀이를 올바른 것으로 처리하고 있다.

(13) 저 비둘기는 <u>너무</u> 까맣네.

화자가 잿빛 비둘기 무리들을 바라보면서 무리들보다 유난히 까만 한 비둘기를 보고 (13)를 발언했다면 이때는 '지나침'의 부정적 의미가 없다. 왜냐하면 잿빛 비둘기들 중에서 더 까만 비둘기에 대한 화자의 인식이 반드시 부정적일 필요는 없기 때문이다.[21] 그렇다면 '너무'의 단순 강조적 의미는 '지나침'에서, 뒤에서 살펴볼 '긍정 강조'로 옮겨가는 중간 과정의 의미라 할 수도 있을 것이다. 또한 이러한 관점에서 '너무'의 단순 강조는 화자의 태도에 따라 '지나침'과 '긍정 강조'를 넘나드는 것으로 볼 수 있다는 뜻인데, 어떻게 보더라도 '너무'에 '단순 강조'의 의미가 존재한다는 점은 부정할 수 없다.

이와 비슷한 해석의 예로 중세어에서의 쓰임은 다음을 들 수 있다.

(14) 지치 獨立혼 고돌 아노니 거므며 히요미 <u>너무</u> 分明ㅎ도다 (羽毛知獨立
黑白太分明) (두시언해, 초간본, 17 : 23b)

이러한 '단순 강조'의 의미는 실제로 부정적 의미의 '지나침'과 긍정 강조의 용법과 구분하기 어려운 면이 많다. 왜냐하면 형용사는 대상의 속성과 판단자의 판단·진술이 어휘 자체적으로 명확하게 구분하기 어려운 경우가 많기 때문이다.[22] 따라서 '너무'의 단순 강조적 의미와 공기가능한 형용사로는 색채 형용사와 같은 평가 형용사나, '크다, 작다'와 같은 동물에 대한 형상 형용사 등으로 볼 수 있다.

---

21) 물론 부정적인 '지나침'의 의미 해석도 가능하다고 보지만 여기서는 '지나침'의 부정적 의미가 충분히 배제된 상황을 기술할 수 있음을 보이는 것이 목적이다.

22) 이는 김정남(2005 : 116)에서 논의한, 형용사가 가진 '주관적 판단성'이라는 특성을 참조할 수 있다.

4.3. 긍정 강조

기존 연구에서는 앞서 살펴본 부정 부사로서의 의미를 ‘너무’가 가진 기본적 의미라고 논의하였는데, 현실적으로 ‘너무’는 긍정적인 용언과 공기하여 긍정적인 의미를 일으키는 맥락에서 사용되는 경우가 빈번하다. 이러한 용법의 ‘너무’가 수용가능한가에 대한 논란은 ‘너무’의 사용 양상에 있어 큰 논쟁거리가 되고 있는 것이 현실이다.[23] 한편 이에 대해 기존 연구에서는, ‘너무’의 긍정 강조의 의미는 ‘정도의 지나침’이라는 기본 의미에서 의미 전성이 일어나 화용적으로 획득된 의미로 논의된 바 있다.[24] 기존에 논의해 온 긍정 강조 ‘너무’에 대하여 타당성을 검토함으로써 이 절에서는 긍정 강조 ‘너무’의 성격을 자세히 논의할 것이며, 그러한 과정에서 긍정 강조의 ‘너무’가 다른 정도부사에서는 발견되지 않은 다소 흥미로운 현상도 살펴보고자 한다.

기존 논의를 토대로 할 때 본고는 긍정 강조의 ‘너무’의 특성을 다음과 같이 정리한다. 첫째, 주로 긍정의 심리 용언과 공기하고, 둘째, 후행절이

---

23) 이와 관련하여 국립국어원(이하 국어원)의 ‘온라인 가나다’ 게시판에서 ‘너무’의 쓰임에 대한 논란을 참고해볼 만하다. ‘너무’를 부정적 문맥에서의 사용뿐만 아니라 긍정적 문맥에서의 사용을 이제는 용인할 필요가 있지 않은가라는 의견이 있는가 하면, 긍정적 문맥에서의 사용은 20여 년 전만 하더라도 거의 없었으며 이러한 사용은 어불성설이라고 반박하는 의견 등이 그것이다. 이에 대해 국어원은 여전히 후자의 견지에서, ‘너무’를 부정적인 문맥에서 쓰는 것이 바람직하다고 판단한다. 참고로 국어원이 제시한 견해는 다음과 같다.

> ‘일정한 정도나 한계에 지나치게’라는 ‘너무’의 뜻을 볼 때, ‘너무’는 ‘너무 심하다 / 많다 / 못생기다 / 싫다’와 같이 주로 부정적인 문맥에 쓰는 것이 자연스럽습니다. 그런데 시간이 흐름에 따라 단어의 의미는 축소되기도 하고 확장되기도 합니다. 요즘은 ‘너무 예쁘다’, ‘너무 좋다’와 같은 표현을 많이 쓰는데 이것은 ‘너무’가 부정적인 문맥뿐만 아니라 긍정적인 문맥에서 ‘매우’와 비슷한 뜻을 가지고 쓰이고 있다는 것을 보여주는 것이라 하겠습니다. <u>하지만 현재로는, 긍정적인 맥락에서는 ‘너무’를 쓰기보다는 ‘참, 정말, 아주, 매우’ 등을 써서 표현하는 것이 좋다고 봅니다</u>(‘온라인 가나다’ 게시판, 2009. 1. 19. 밑줄 인용자).

24) 이에 대해서는 임규홍(2004) 참조. 한편 이석규(1987)은 부정적 의미를 ‘너무$_1$’로, 긍정 강조의 의미를 ‘너무$_2$’로 분류하기도 하였다.

뒤따를 때 그에 상응하는 후행 요소가 축자적으로는 부정적인 의미여도 화용적으로는 긍정 강조를 가져온다.25) 이와 관련하여 주로 임규홍(2002, 2004) 등에서 어느 정도 논의된 바 있는데, 기존 연구를 검토하면서 본고가 특별히 살펴볼 사항들을 논의해보겠다.

첫 번째 특성은 '너무'와 긍정의 심리 용언과의 공기에 대한 것이다. 이에 대해서는 큰 이견이 없을 것이다. 그런데 본고는 긍정 강조 '너무'가 긍정의 정서적 형용사26)와 긍정의 감정동사가 결합한 후 그에 뒤이어 후행절이 제시될 때, 후행절의 분석 양상은 형용사와 동사 각각이 모습을 다소 달리함을 언급하고자 한다. 결론부터 말하자면, 긍정 강조 '너무'는 근본적으로는 정서적 형용사와 주로 결합하는 속성을 지니며, 이차적으로 긍정의 감정동사와 결합한다고 본다. (15)의 '['너무'+동사]+후행절' 예문을 (16)의 '['너무'+형용사]+후행절' 예와 비교하여 보자.

(15) ㄱ. <u>너무</u> 사랑해서 못 사귄다 / 슬프다 / 이별한다.
  ㄴ. <u>너무</u> 사랑해서 미칠 것 같다.
  ㄷ. 그를 <u>너무</u> 사랑해서 가슴이 터질 것 같다.
  ㄹ. 연기를 <u>너무</u> 잘해서 말문이 막혔다.

(16)27) ㄱ. ??<u>너무</u> 좋아서 못 사귄다 / 슬프다 / 이별한다.
  ㄴ. <u>너무</u> 좋아서 미칠 것 같다.
  ㄷ. 그가 <u>너무</u> 좋아서 가슴이 터질 것 같다.
  ㄹ <u>너무</u> 반가워서 말문이 막혔다.
  ㅁ. <u>너무</u> 행복해서 어쩔 줄 몰랐다.

(15ㄱ)에서 보듯이 '너무'가 긍정의 감정동사 '사랑하다'와 공기할 때는

---

25) 이 부분에 대해서는 임규홍(2002)에서 '너무'의 화용적 용법이라 이른 바 있다.
26) 이에 대한 종류로는 '좋다, 재미있다, 통쾌하다, 후련하다, 즐겁다, 기쁘다, 뿌듯하다' 등이 있다. 김정남(2005 : 114) 참조.
27) (16)의 몇 예는 임규홍(2002 : 18)에서 가져왔다.

그 후행절이 축자적으로 부정적 의미일 경우, 실제로도 부정적 의미가 환기되는 경우가 많은 듯하다. 이는 동일한 구조인 (16ㄱ)에서 '좋다'가 들어가면 의미가 어색해지는 것과 비교할 때 큰 차이가 난다. (15ㄴ)은 후행절의 화용적 의미가 긍정적인지 부정적인지 판단하기 어렵다. 이는 (16ㄴ)의 후행절이 선행절에 대한 과장법적 긍정으로 해석되는 것과 비교할 때 더욱 명확하다. 물론 이러한 의미는 맥락을 통해 파악이 되어야 하는 것이지만, 맥락이 없더라도 (15ㄴ)과 (16ㄴ)의 의미 해석에 차이가 있다는 점은 부인할 수 없다. 따라서 긍정의 감정동사가 '너무'와 공기하는 경우, 후행절은 축자적으로 부정적 의미일 때 실제로도 부정적 의미를 환기하는 경우가 많으며 긍정 강조로 쓰이는 것은 상당히 제한된 양상을 보이는 듯하다. (15ㄷ, ㄹ)이 긍정 강조의 '너무'로 무난히 해석되는 경우이다.

　이처럼 긍정의 감정 형용사·동사의 후행절 분석 양상이 다소 다르게 나타나는 이유는 무엇일까. 정도부사는 주관성을 큰 특성으로 갖는다(서상규 1991 : 24). 본고는 앞서 '너무'가 상태성을 지닌 요소에 [정도성]을 부여한다고 전제하였는데, 정도부사의 주관성과 형용사의 주관적 판단성이라는 특성이 어우러져 '너무'가 이처럼 긍정 강조의 화용론적 속성을 지닐 때는 상대적으로 형용사에 잘 적용됨을 보이는 듯하다. 실제로 긍정 강조 '너무'가 사용된 이전 시기 문헌을 보면 확실히 긍정의 정서적 형용사와의 공기가 우세하다(예문 (19) 참조).[28] 따라서 긍정 강조의 '너무'는 긍정의 정서적 형용사가 공기하는 것이 전형적인 용법이었으며, 이것이 차츰 동사와 공기되는 현상으로 확대되는 것으로 보인다.

　두 번째 특성은, (17)을 통해 긍정 강조 '너무'의 의미 해석에 대한 기존 연구를 살펴본 후 본고의 논의를 보이고자 한다.

---

28) 한편 아직도 긍정 강조의 '너무'가 어색하다고 느끼는 화자들이 많다는 점이 화용적 사용 양상인 긍정 강조의 '너무'가 기본 의미의 '너무'에 비해 공기관계가 더욱 제약적인 점에 어떤 영향을 준다고 볼 수도 있음직하나, 이에 대해 필자는 아직은 유보적인 입장을 취한다.

(17) 너무 좋아서 정신이 아찔했다.

임규홍(2002)는 긍정 강조 '너무'를 "선행절의 긍정 감정동사의 정도를 화자 자신의 기준에 지나치게 표현함으로써 긍정 결과절을 이끌어 선행정보를 강조하는 것"이라고 규정하였다. 따라서 (17)은 후행절이 축자적으로는 부정적 의미이지만 실제로는 너무 좋은 것이 극에 달하여 황홀한 상태에 이른 것으로 해석된다. 그리고 부정의 의미를 가진 '너무'가 긍정의 의미로 사용되는 양상에 대하여, 임규홍(2002)와 이석규(1987)은 각각 '너무'의 부정적 의미가 긍정적 의미로 극성이 전성 및 역전된 것으로 논의하였다. 임규홍(2002)는 정도 부사가 맥락에 따라 의미 전성이 유연한 특성을 지니고 있다는 점을 근거로 들었으며, 이석규(1987)은 '너무'의 '지나침'이 극성 역전되는 기제에 대하여 별다른 언급을 하지 않았다. 그러나 이러한 기존 논의들은 대체로 큰 논란의 여지는 없는 듯하다.

한편 (17)과 같은 구조에서, '너무'는 다른 정도부사가 갖지 않은 다소 특이한 구성을 보일 수 있다.

(18) (애인에게 프로포즈를 받고 기뻐하는 (ㄴ)에게 친구 (ㄱ)이 좋았냐고 질문하는 장면)
　　ㄱ. 그렇게 좋았어?
　　ㄴ. 그냥 좋은 게 아니라 <u>너무</u> 좋아서 정신이 아찔했어.
　　ㄴ'. (그냥 좋은 게 아니라) <u>너무</u> 좋아서 정신이 아찔했어.
　　ㄷ. ?그냥 좋은 게 아니라 <u>아주</u> / <u>매우</u> / <u>정말</u> / <u>진짜</u> 좋아서 정신이 아찔했어.
　　ㄷ'. <u>아주</u> / (?)<u>매우</u> / (?)<u>정말</u> / (?)<u>진짜</u> 좋아서 정신이 아찔했어.

(18ㄱ)의 질문에 대한 대답으로서 (18ㄴ)은 상위언어적 부정의 절과 "'너무'+피수식어' 구성, 그리고 뒤따르는 후행절[29]로 구성되어 있다. 이때 상

---

29) 상위언어적 부정의 절과 대(對)가 되는 용어로는 '수정절' 혹은 '대체' 항목이라고 함.

위언어적 부정과 수정절 사이에 ‘‘너무’+피수식어’가 삽입된 점을 유의해서 보자. 이때의 수정절은 긍정 강조 ‘너무’의 규정에 부합하게, 축자적으로는 부정적인 의미이나 화용적으로는 긍정의 의미를 일으킨다. 한편으로는 상위언어적 부정 절의 대체 항목이 마치 ‘너무’의 피수식 요소보다 ‘척도상 높은 위치에 있는 요소’로서 나타난 듯하며, 따라서 이것은 ‘너무 좋다’를 강조하는 것처럼 보일 수 있다. 실제로 상위언어적 사용의 구성 상, 상위언어적 부정 뒤에 수정절 및 대체 항목이 오는 것은 상당히 자연스러운 구조인데 그 사이에 ‘‘너무’+피수식어’의 삽입은 다른 정도부사에서는 잘 나타나지 않는 모습이다. (18ㄷ)에서 보듯이 일반적인 강조 기능의 정도부사 ‘매우, 아주’ 등은 전혀 안 되는 것은 아니지만 ‘너무’에 비해 다소 어색하게 느껴진다.

이에 대한 해석을 위하여 몇 가지 사항을 검토함으로써 논의를 펴고자 한다. 우선 수정절의 측면을 살펴보자. (18ㄴ)의 수정절은 앞서 언급했듯이 상위언어적 부정의 수정이나 대체라고 볼 수 있지만 실제로 여기서는 선행 어휘요소 ‘좋다’를 강조하는 기능이기도 하다.[30] 실상 ‘아찔하다’라는 후행요소는 선행요소 ‘좋다’보다 척도상 상위의 값이라 할 수 있다. 이는 수정절이 ‘너무’의 후행절로서 축자적으로는 부정적 의미이나 화용적으로 긍정의 의미로 해석된다는 논의에서도 벗어나지 않는다. 따라서 이 수정절 앞에, ‘좋다’와 이를 강조하는 부사의 삽입이 용인되는 것이다. 임규홍(2002)이 이러한 후행절을 ‘과장법’에 해당한다고 본 것도 이와 궤를 같이 한다.

다음으로 ‘‘너무’+피수식어’ 측면을 보자. ‘너무’가 수식하는 요소는, 주지하듯이 상위언어적 부정의 반향운용소[31]에 사용된 어휘 요소와 동일한,

---

30) 일반적으로는 상위언어적 부정의 절 다음에 나오는 절이 수정 혹은 대체의 성격이라 할 수 있는데(오명기, 2000 : 178, Horn, 1989 : 374 참조) (18ㄴ)의 구성에서는 대체로 봐도 가능하나 강조의 성격이 큰 것 같다. 참고로 수정 및 대체의 후행절이 나타나지 않더라도 상위언어적 사용으로 볼 수 있음을 Horn(1989)에서 언급한 바 있다.

31) Sandt(1991)에서 논의된 것으로, 극성이 전환되는(polarity-reversed), 즉 긍정서술이 부정 서술로, 혹은 부정서술이 긍정서술로 전환되는 식으로 모든 반응적 발화에는 반향 운용소(echoing operator)가 존재한다고 하였다. 반향 운용소의 역할로 반향발화가 긍정극

긍정의 정서적 형용사이다. 왜 이 구성에서 여타의 정도부사보다 '너무'가 자연스럽게 허용되는 것일까. (18ㄴ)의 구조에서 긍정의 정서적 형용사를 수식할 때, 다른 어떤 정도부사보다도 '너무'가 잘 허용되는 것은 '너무'가 긍정 강조에 가장 적합함을 반증한다. 물론 현대어에서 '너무'가 극단의 감정 표현에 다른 어떤 부사들보다도 자주 사용되기 때문에, '너무'가 더 자연스럽게 수용된다고 할 수도 있다. 어떻게 보더라도 긍정의 정서적 형용사 수식과, 이보다 상위의 척도 요소가 사용된 후행절이 강조 기능을 하는 데 무리없이 쓰일 수 있는 부사는 '너무'라 할 수 있다.

한편 (18ㄴ)의 상위언어적 부정의 절은 '너무+용언'과 함께 사용될 경우 정보성이 낮기 때문에 (18ㄴ)과 같이 생략되는 것이 자연스럽게 느껴질 수 있다. 정보성의 관점에서는 (18ㄴ)에서 상위언어적 부정 절의 반향 운용소와 '너무'의 피수식 요소는 어휘의미가 중복되므로 이들의 동시 사용은 충분히 부자연스러움을 일으킬 수 있다. 그러나 굳이 이 둘을 써서 (18ㄴ)으로 표현할 수도 있는데, 그렇다면 이는 강조 효과의 극대화를 일으키려는 의도이다. 이처럼 상위언어적 부정이 나올 때, 이에 후행하는 '너무'는 다른 정도부사에 비해 수정절에 과장법적 기능을 하는 상위 척도 요소와 잘 결합하며, 이것은 긍정 강조적 의미 특성을 보여주는 '너무'에서 볼 수 있는 독특한 예라 할 수 있다. 한편 후행절의 과장법적 상위 척도 요소와 결합하는 현상은 다른 정도부사에서도 어느 정도 가능하다. (18ㄷ´)은 (18ㄷ)에서 상위언어적 부정을 생략한 구성이다. 이때 여타 정도부사들도 그런대로 수용가능한 듯하나 '너무'만큼 자연스럽게 어울리지는 않는 것 같다.32)

성을 띠게 되면 극성이 전환되어 부정적 반응이 나오게 되며, 부정극성을 띠게 되면 극성이 전환되어 긍정적 반응이 나오게 되는 것이라 설명하였다. 오명기(2000 : 177~178)

32) 본고는 마땅히 과장법적 기능의 상위 척도 요소의 결합 양상에 대하여 '너무'와 기타 정도부사들과의 분석이 이루어져야 할 것이나 이에 대한 정밀한 분석은 시간 및 지면 상 한계로 추후에 좀 더 고민해 봐야 할 듯하다. 다만 본고는 '너무'가 여타 정도부사 들에 비해 긍정 강조적 특성으로서 통사 구조 상의 제약을 상대적으로 덜 받는다는 점을 언급하고자 한다. '너무'의 이러한 특성은 앞에서도 살펴보았거니와 자주 사용됨

이상으로 살펴본 ‘너무’는 ‘아주, 매우’와 같은 단순 강조의 부사가 가지지 못한 상당히 독특한 성격을 지니고 있다. 긍정 강조 ‘너무’가 이전 시기에 나타난 예를 보자.

(19) ㄱ. 胡騎ㅣ 坚치이다 호몰 듣논 듯ᄒ요니 <u>너무</u> 깃거셔 셔욼 이룰 묻노라 (두시언해, 초간본, 3 : 27b)
　　ㄴ. 말삼도 <u>너모</u> 곰압슴니다 (고목화, 884)
　　ㄷ. 우셔가며 구경을 ᄒ다가 <u>너무</u> 됴화셔 허리가 ᄭᆞᆫ어질 만침 웃든 위인 (행락도, 628)
　　ㄹ. <u>너모도</u> 조와셔 가로쒸고 셰로쒸며 관문 압헤 셧더니 (한월, 147)
　　ㅁ. <u>넘오나</u> 잘되엿다 (화세계, 220)

(19)에서 보듯이 이러한 의미로서의 쓰임은 신소설이 나온 시기부터 출현빈도가 부쩍 높아졌다.[33] (19ㄷ)은 앞에서 살펴봤듯이 후행절에 과장법적 기능의 상위 척도 요소가 나타나 해당 용언의 의미를 극대화한 경우에 해당한다. 이러한 긍정 강조의 ‘너무’는 중세어 이래부터 오늘날까지 이어지고 있다. 앞서 언급했듯이, 찬반의 논란 가운데서도 여전히 긍정 강조의 ‘너무’를 인정하지 않는 견해가 우위적임을 보았다. 그러나 긍정 강조로 사용된 ‘너무’가 직관상 용인된다거나 ‘너무’가 긍정의 문맥에서 사용되는 것을 현대어의 자연스러운 현상으로 보겠다는 등의 견해는, 단순히 개인적인 직관이나 사용 양상 이상의 성격이라는 것을 위의 문증을 통해 확인할 수 있다.

으로 인해 일어나는 현상과 큰 관련이 있다고 본다.

33) (19ㄹ)와 같이 ‘너무’에 보조사가 붙은 어형은 문헌 상으로 19세기에서부터 확인되며 (아래 소설류는 19세기 작으로 추정함), 20세기 초에 이르러서는 이것이 양적으로 급증하였다.

　　ㄱ. 그대 ᄀᆞᆺᄒᆞᆫ 영걸의 아달을 두엇스니 <u>너무도</u> 감축ᄒᆞ나 (김학공전)
　　ㄴ. 말하기가 <u>넘우도</u> 붓쓰러웟다 (신숙주부인전)
　　ㄷ. 형벌함이 <u>너모도</u> 악착하고나 (신숙주부인전)

5. 결론

이상으로 본고는 '너무'의 어형성과 함께 이것의 다양한 통사, 의미적 특성을 살펴보고 이를 통시적 관점에서 검토해 보았는데 이를 간단히 정리하면 다음과 같다.

'너무'의 어형성에 있어서는 성조를 고려하지 않은 분석과 성조를 고려한 분석으로 나누어 살펴보았다. 전자의 논의에 의하면, '너무'는 동사 '넘-'에 부사파생접사 '-우'가 붙어 형성된 파생부사이다. 그러나 후자의 논의를 받아들이게 되면, 사동사 '너므-'(LL)에서 영파생되어 파생부사가 된 '너므'(LL)를 거쳐 'ㅡ>ㅜ'의 변화로 인해 '너무/너모'가 형성된 것으로 설명된다. 이러한 분석들은 '너무'의 중세어 통사 구성 분석에 있어서도 논의를 달리하는 모습을 보이는데 본고는 후자의 견해를 받아들이는 입장을 취하였다.

'너무'의 통사 구성은 네 가지로 유형화하여 통시적인 양상을 살펴보았다. 제1유형은 '너무+(부사(어))+용언' 구성, 제2유형은 '너무+'ᄒᆞ-'' 타동사형 구성, 제3유형은 '명사구+너무+'ᄒᆞ-'' 구성, 제4유형은 '너무+명사+'-이다'' 구성이다. 제1, 2유형은 중세어에서부터 현대어 시기까지 지속되고 있으나 제3유형은 18세기 이후에 사라졌으며, 제4유형은 20세기 초에 보이는 바 비교적 현대어적 특성을 가진 통사 구성으로 확인되었다.

'너무'의 의미론적 고찰에서는 그 의미를 크게 세 가지로 분류하여 살펴보았다. 첫째는 '너무'의 기본적 의미라 일컬어지는 '지나침'(過)의 부정적 의미이다. 이는 '너무'의 어원적인 '지나침'의 원래 의미가 아직도 남아 있어 부정적 의미를 가짐을 뜻하며 중세어에서부터 현대어에까지 사용되는 '너무'의 기본적 의미이다. 둘째, 단순히 대상에 대한 평가적 의미인 단순 강조이다. 이는 색채 형용사와 같은 평가 형용사나 형상 형용사 등과 공기하는 경우에 나타날 수 있는 의미 특성이다. 셋째, 긍정의 심리 용언과 공기하는 긍정 강조의 의미이다. 이때의 '너무'는 그것이 공기한 요소보다 척도 상 높은 위치에 있는 요소와 잘 어울림으로써 부정의 극성을 역전하는 기능을 하며, '너무'의 긍정 강조적 특성이 상위언어적 부정의 절과 수정절 사이에 삽입된 절로 나타날 수 있음도 살펴보았다. 이는 다른 정도부사로서는 다소 담당하기 어려운, '너무'의 독특한 구성으로 보았다. 이러한 긍정 강조의 '너무' 또한 중세어 때부터 사용되다가 현대어 시기에는 사용량이 급증하여 현재 이에 대한 규범성 평가에 찬반 논란을 야기하고 있다.

본고는 현대에 매우 빈번하게 사용되는 '너무'에 대한 전체적인 이해를 밝히려는 목적으로, 통시적 고찰 방법을 동원하여 '너무'의 통사, 의미론적 측면을 가능한 한 아우르고자 하였다. 그러다 보니 현대어의 양상과 비슷한 논의는 매우 간소하게 기술하였고 기존 연구자들 사이에서 특별히 논란의 여지가 많았던 부분을 충실히 보이는 데 역점을 두었다. 특히 의미론적 측면에서 긍정 강조의 '너무'가 논란의 불씨가 되는 현 상황에서, 이에 대한 현대적인 관점에서의 의미 기술이 심도 있게 이루어져야 통시적 현상을 통해 어떤 의미를 부여할 수 있을 것이라 생각하였다. 그러다보니 통사론적 측면에서는 크게 4가지 구성을 유형화하여 제시하는 데 그쳤으며, 통사, 의미론적 측면 중에서도 의미론적 논의에 다소 치중한 감이 있다. 또한 긍정 강조 '너무'의 기술에서 동사와 형용사가 나올 때 후행절의 해석 양상이 다름을 밝히는 부분에서는 후행절의 시제, 서법 상의 제약현상을 깊이 있게 천착하지 못한 것이 아쉬움으로 남는다. 본고의 미진한 점은 후속 과제로 남겨둔다.

현재 널리 쓰이는 부사의 다양한 의미 기능과 사용 양상을 고찰함에 있어 그것이 이전 시기에는 어떻게 쓰여 왔는지 함께 살펴보게 될 때, 현대어 부사 연구를 더욱 의미 있게 만들어 준다. 그러한 점에서 본고의 연구는 의의를 부여할 수 있으리라 기대한다.

참고문헌

구본관(1998), ≪15세기 국어 파생법에 대한 연구≫(국어학총서 30), 탑출판사.

김성규(1995), '사릇다'류의 파생어, ≪남학이종철선생 회갑기념 : 한일어학논총≫, 국학자료원, 381-394.

김성규(2007), 중세국어의 형태 분석과 성조, ≪한국어학≫ 37, 한국어학회, 19-45.

김정남(2005), ≪국어 형용사의 연구≫, 역락.

박희식(1984), 중세국어의 부사에 대한 연구, ≪국어연구≫ 63.

서상규(1991), 정도부사에 대한 국어학사적인 조명과 그 분류에 대하여, ≪연세어문학≫ 23, 연세대학교 국어국문학과, 219-266.

서정수(2006), ≪국어문법≫, 한세본.

서종학(1983), 15세기 국어의 후치사 연구 : 체언·용언·부사 파생의 후치사를 중심으로, ≪국어연구≫ 53.

손남익(1996), 국어 부사와 수식 대상 : 의미론적 공기현상을 중심으로, ≪한국어학≫ 4, 한국어학회, 47-66.

손춘섭(2001), 정도부사의 의미와 기능에 대한 고찰, ≪한국어의미학≫ 9, 한국어의미학회, 97-130.

신지연(2002), 정도부사의 범주화 기준에 대하여, ≪어문학≫ 78, 한국어문학회, 71-86.

심재기(1982), ≪국어어휘론≫, 집문당.

오명기(2000), 상위언어적 부정 현상의 화용론적 분석, ≪현대문법연구≫ 19, 현대문법학회, 171-190.

이석규(1987), 현대국어 정도어찌씨의 연구, 건국대학교 박사학위 논문.

이현희(1994), ≪중세국어 구문연구≫, 신구문화사.

이현희(1996), 중세국어 부사 '도로'와 '너무'의 내적 구조, ≪이기문교수 정년퇴임 기념논총≫, 신구문화사, 644-658.

이현희(2006), '멀리서'의 통시적 문법, ≪관악어문연구≫ 31, 서울대학교 국어국문학과, 25-93.

임규홍(2002), 국어 정도 부사 "너무"의 화용론적 의미, ≪배달말≫ 30, 배달말학회, 1-22.

임규홍(2004), 정도부사 '너무'의 어형성과 공기 특성, ≪우리말글≫ 32, 우리말글학회, 77-100.

정연찬(1970), 중세 국어 성조의 변동과 기본형, ≪한글≫ 146, 한글학회, 79-116.

조익선(1998), 국어 정도부사의 고찰, ≪동악어문논집≫ 23, 동악어문학회, 351-388.

최현배(1971), ≪우리말본≫, 정음문화사.

최홍열(2005), ≪정도부사의 유의어 연구≫, 역락.

한재영(1985), 중세국어 성조에 관한 일고찰 : 특히 피동사와 사동사의 파생을 중심으로, ≪국어국문학≫ 93, 국어국문학회, 413-429.

허웅(1975), ≪우리 옛말본 : 15세기 국어 형태론≫, 샘문화사.

홍사만(2002), 국어 정도 부사의 하위 분류, ≪어문론총≫ 36, 경북어문학회, 32-74.

황병순(1984), 국어 부사에 대하여, ≪배달말≫ 9-1, 배달말학회, 73-99.

Horn, L. (1989), *A Natural History of Negation*, Chicago : The University of Chicago Preass.

'스싀로'와 '절로'의 변화 양상에 대하여

오 규 환

1. 서론

동일한 형태소가 통합된 단어일지라도 개별 단어들은 저마다의 역사를 가지고 있으며 단어들이 형성되었을 시기의 공시적 원리에서 결코 자유로울 수 없음은 주지의 사실이다. 예컨대 15세기의 '춤[舞]'이라는 단어에서 분석이 가능한 '-움'이라는 형태를 명사형 어미로 간주하여야 할 것인지, 파생 접미사인 '-음'의 이형태로 간주하여야 할 것인지, 만약 파생 접미사인 '-음'의 이형태로 '-움'을 설정하여야 한다면 '여름[果實]'에서 분석할 수 있는 '-음'과의 관계는 어떻게 설정하여야 하는지가 그간의 논의들에서 주목을 받았던 사실도 단어 형성에서 보이는 공시태와 통시태의 문제가 얼마나 중요한 문제인가를 방증하는 경우라 할 것이다.

또한 이와 유사한 경우는 아래의 (1)~(2)에 보이는 '-로' 결합형 부사에서도 마찬가지로 확인할 수 있을 것이다.

(1) ㄱ. 이제 公이 祿俸 토미 젹디 아니호디 <u>스싀</u> 奉養호미 이 ᄀᆞᄐᆞ시니 (今
　　　　公이 受俸이 不少호디 而<u>自</u>俸이 若此ᄒᆞ시니) (내훈, 초간본, 3 : 63b)

　　ㄴ. 龍이 삿기ᄂᆞᆫ <u>스싀로</u> 샹녯 사ᄅᆞᆷ과 다못 다ᄅᆞ니라 (龍種<u>自</u>與常人殊)
　　　　(두시언해, 초간본, 8 : 2a)

　　ㄷ. 자기의 일은 <u>스스로</u> 하는 어린이가 되어야 한다.

(2) ㄱ. 활살올 感ᄒᆞ야 <u>저</u>를 害ᄒᆞ고 (感弓箭ᄒᆞ야 以<u>自</u>傷ᄒᆞ고) (능엄경언해,
　　　　8 : 104b)

　　ㄴ. <u>절로</u> 가며 <u>절로</u> 오ᄂᆞᆫ 집 우흿 져비오 (<u>自</u>去<u>自</u>來堂上燕) (두시언해,
　　　　초간본, 7 : 3b)

　　ㄷ. 그 동안 알 수 없었던 원리를 깨닫게 되자 수많은 문제들이 <u>절로</u>
　　　　풀렸다.

　　ㄷ´. 그 동안 알 수 없었던 원리를 깨닫게 되자 수많은 문제들이 <u>저절</u>
　　　　<u>로</u> 풀렸다.

(1ㄱ)과 (2ㄱ)은 각각 15세기에 이미 어휘화한[1] 부사로 논의되어 왔던 (1ㄴ)
과 (2ㄴ)의 '스싀로'와 '절로'의 선행 성분인 '스싀'와 '저'가 명사적인 용법
으로 쓰인 경우를 보인 것이고, (1ㄷ)과 (2ㄷ)은 현대 국어에서 보이는 '스
스로'와 '절로'의 경우를 보인 것이다. (1)~(2)가 모두 이전 시기에는 명사
적인 성격을 가지던 형태와 '-로'라는 문법 형태가 통합하여 부사가 형성
되었다는 점과 '-로'에 선행하는 어휘 형태의 의미가 "自"라는 점에서는 어
느 정도의 공통점을 가진다.

　그러나 (1)~(2)에 보이는 '스싀'와 '저'는 그 성격이 완전히 동일하지 않
다고 할 수 있다. 필자가 알고 있는 범위 안에서 (1)의 '스싀'는 주격형을

---

1) 어휘화라는 술어는 논의마다 너무나도 다른 개념으로 쓰이고 있는바, 술어의 사용에 언
　제나 유의하여야 할 것이다. 박진호(1994)에서는 어휘부의 등재소가 아닌 구성, 예컨대
　구나 문장과 같은 통사론적인 단위가 어휘부에 편입되는 현상을 일컫기 위하여 어휘화
　라는 술어를 사용한 반면, 宋喆儀(1992)에서는 이전 시기에서는 복합어로 간주되던 단어
　가 현대에서는 더 이상 복합어로 간주될 수 없게 된 현상을 일컫기 위하여 어휘화라는
　술어를 사용한 바 있다. 본고에서 사용하는 어휘화라는 개념은 이현희 외(2007)의 어휘
　화로서 '어휘 형태와 문법 형태의 결합체가 하나의 어휘 형태로 인식되는 경우'를 일컫
　는 개념이다.

제외한 어떠한 형태도 문증되지 않는 반면,2) (2)에 보이는 ‘저’의 경우에는 다양한 격조사가 통합한 형태가 문증되기도 하거니와 ‘스싀’와는 달리 여러 가지 용법을 보이기 때문이다.

주지하듯이 단어가 아닌 구성이 단어화를 겪는다고 할 때에는 여러 가지 요인들이 관여하기 마련이다. 어휘부 내부에서의 저장의 경제성보다는 발화 산출의 경제성을 고려하여 화자가 공시적인 문법으로는 기술이 쉽지 않은 구성을 어휘부에 등재시키는 경우도 있을 것이며, 어떠한 구성이 잦은 빈도로 사용되어 그 구성이 어휘부에 등재되는 경우도 있을 것이다. 본고에서는 전자와 관련이 있는 대표적인 부사로 ‘스싀로’를, 후자와 관련이 있는 대표적인 부사로 ‘절로(저절로)’를 대상으로 삼아 형태적으로는 ‘-로’라는 형태가 통합하여 동일한 것처럼 보이지만 의미적으로는 다소 다른 양상을 보였을 것으로 예상되는 ‘스싀로’와 ‘절로’의 통시적 변천 과정을 음미하고자 한다. 이러한 과정 가운데 소박하게나마 현대 국어에서 빈번하게 쓰이는 ‘-로’ 결합형 단어들 중 대표적인 것들로 논의되어온 ‘스스로’와 ‘절로’의 의미와 기능에 대하여 엿볼 수 있는 기회가 생길 것으로 기대하고 있기 때문이다.

이후의 논의는 다음과 같이 이루어질 것이다. 2장에서는 ‘스싀로’류의 단어들이 어떠한 통시적 과정을 밟았는가를 살피고, 3장에서는 ‘절로’류의 단어들의 변화 양상을 추적하여 볼 것이다.3) 마지막으로 4장에서는 본고의

---

2) 혹자는 ‘스싀’를 ‘스스+ㅣ’로 분석하여 ‘스스’의 주격형이 ‘스싀’로 나타났음을 주장할 수도 있을 것이다. 그러나 다음과 같은 석독구결 자료들은 후기 중세국어 시기 이전에 도 ‘스싀’라는 형태가 존재하였음을 잘 보여준다.

  (i) 若セ 自ᄒᄆ 食ソ仒セ 時ᐣ十丁 {是}リ 念言ノ尸入乙 作ソナ尸丁 (화소 09 : 13-15)
  (ii) 或ソ丁 外道 出家人リ尸入乙 作ソ分 或ソ丁 山林彡十 在ソ彡ᅑ 自ᄒᄆ 勤苦ソ分 (화 엄 19: 19)
  (iii) 因緣ᄆ 本ᄆハ 自ᄒᄆ 有ソ丁ヒ刀 自 無セ亐 他作 無セ亐ソ分 (구인 14 : 15)

3) 주지하듯이 ‘스싀로’는 ‘스스로’, ‘스스로’, ‘스싀로’, ‘시스로’ 등과 같은 형태로도 나타 나며 ‘절로’는 ‘절노’와 같은 형태로도 나타나는바, 음성형식이 다른 형식들을 아울러 언급할 때에는 각각 ‘스싀로’류와 ‘절로’류로 부르고자 한다.

논의를 정리하고 미처 언급하지 못한 문제들을 제시하는 것으로 논의를 마무리하고자 한다.

2. '스싀로'류 단어의 변화 양상

본장에서는 '스싀로'류의 통시적 변화 양상을 살피고자 한다. 우선 논의 전개의 편의를 위하여 본고에서 살펴 본 사전들에서 정의된 현대 국어의 '스스로'를 다소 장황하게나마 보이면 다음의 (3)과 같다.[4]

> (3) ㄱ. 조선말 대사전
> 스스로 「부」
> ① <u>제가 또는 제 힘으로.</u> | 스스로 할수 있는 일은 되도록 남의 손을 빌지 않아야 한다. / 신념은 혁명투쟁속에서 자신이 스스로 준비해야 하는거요. ≪장편소설 "잊지 못할 겨울"≫
> ② 남이 시키거나 말하기전에 자진하여. ‖ ~일을 찾아서 하다. [후략]
> ③ <u>저절로.</u> ‖ ~웃음이 나오다.§ ④ (명사로 쓰이여) 남이 아닌 자기자신. ‖ ~가 알아서 할일. [후략]
> ㄴ. 표준국어대사전
> 스스로 「I」「명」 <u>자기 자신.</u> ¶그는 {스스로를} 속이고 있다. / 우리의 민족 문제는 우리 {스스로가} 해결해야 할 것이다. [후략]
> 「II」「부」「1」 <u>제 힘으로.</u> ¶{스스로} 할 수 있는 일을 남에게 미루지 마라. § 「2」 남이 시키지 아니하였는데도 자기의 결심에 따라서. ¶그는 {스스로} 입대하였다. [중략] §[<스싀로≪석상≫←스싀+-로]
> ㄷ. 우리말 큰사전
> 스스로 (어) <1>=저절로. &~로 웃음이 나오는 일이었다. <2> 자진하여. &담배를 ~ 끊다. ~ 물러가다. <한> 자진02. <3> 제 힘으로. &~ 할 수 있는 일을 찾아 보아라. ~ 돕는 자에게 복이 있나니.

---

4) 예문의 밑줄은 모두 필자가 친 것이다. 이는 이후의 논의에서도 마찬가지이다.

    (이) 자기 자신. &~가 ~에게 물어보라. ~를 생각해 보았다. (어)
    [스스-로>스싀로]
  ㄹ. 금성판 국어대사전
    스스로【드사사(私私)+-로】Ⅰ「부」① 제 자신이. 제 힘으로. ‖
    ~ 깨우치다. [후략] ② 자진하여. ‖ 누가 시키기 전에 ~ 하다.
    Ⅱ「명」자기 자신. ‖ 너는 지금 너 ~를 속이고 있다.

(3)에서 볼 수 있듯이 명사를 먼저 등재할 것인가 아니면 부사를 먼저 등재
할 것인가의 차이점만이 보일 뿐, 본고가 확인한 사전들에서는 모두 현대
국어의 ‘스스로’를 명사와 부사의 용법을 모두 가지고 있음을 지적하고 있
다. 한편 현대 국어의 ‘스스로’는 이전 시기의 ‘스싀로’가 가졌던 “자기 자
신이”라는 의미와는 달리 “제 힘으로”, “저절로”라는 의미를 가지고 있음도
주목하여야 할 것이다.

  한 가지 흥미로운 점은 ‘스스로’의 이전 형태 및 어원에 대한 설명을 베
풀고 있는 ≪금성판 국어대사전≫에 제시되어 있는 어원 정보이다. 그러나
다음의 (4)에서 볼 수 있듯이 ≪금성판 국어대사전≫에서 ‘스스’의 선대형
으로 추정하고 있는 ‘私私’와 같은 형태는 ‘스싀로’에 보이는 ‘스싀’에 대응
되지 않는다고 할 수 있다.

  (4) ㄱ. 나라일을 因緣ᄒᆞ여 _私私_ 일ᄒᆞ기를 憑公營私라 ᄒᆞ니 (인어대방, 1 : 1a)
     ㄴ. 태상왕太上王이 째의 좌상左相이 되샤 스스私私 밧출 파罷ᄒᆞ시며
       (열성후비지문, 1 : 3a)

(4)는 이전 시기에 보였던 ‘私私’의 용례를 보인 것인데 그 시기가 모두 18
세기 이후라는 점은 ≪금성판 국어대사전≫에서 기술하고 있는 ‘私私’라는
형태가 ‘스싀로’에 보이는 ‘스싀’와는 어떠한 관련도 없음을 잘 보여주는
예라고 할 것이다.

  한편 다음의 예들은 15세기의 ‘스싀’라는 형태 몇 예와 ‘스싀로’류 단어
들의 용례를 간추려 본 것이다.

(5) ㄱ. 이제 公이 祿俸 토미 젹디 아니호더 <u>스싀</u> 奉養호미 이 ᄀ티시니 비
  록 <u>스싀</u> 眞實로 淸白ᄒ며 儉約ᄒ야도 밧 사ᄅ미 公孫이 뵈니블 둡던
  譏弄이 ᄌ모 잇ᄂ니 (내훈, 초간본, 3 : 63b)

ㄴ. 비록 能히 禁티 몯ᄒ나 ᄎ마 도ᄋ리여 張文節公이 宰相이 ᄃ외야 스
  싀 奉養호미 河陽ㅅ 掌書記ㅅ 시졀 ᄀ티 ᄒ더니 親히 ᄒᄂ논 밧 사ᄅ
  미 規諫ᄒ야 닐오디 (내훈, 초간본, 3 : 57a-57b)

(6) ㄱ. 누위 닐오디 죵이 하니 엇뎨 <u>스싀로</u> 受苦호미 이러ᄒ뇨 (내훈, 초간
  본, 3 : 42a)

ㄴ. 오직 元氣ㅣ 샹녜 調和호믈 보면 큰 믈겨릐 病을 ᄀ장 밍ᄀ로몰 스
  싀로 免ᄒ리라 (두시언해, 초간본 3 : 72a)

(7) ㄱ. 부텨와 祖師왜 엇뎨 사ᄅ믹게 다ᄅ시료 사ᄅ믹게 달온 고돈 能히 스
  스로 心念을 護持ᄒ실 ᄯᄅ미라 (목우자수심결, 20b)

ㄴ. 聖朝ㅣ ᄒ마 賊土의 더러우믈 아ᄅ시니 一物이 <u>스스로</u> 皇天ㅅ 恩慈
  룰 니벳노라(聖朝已知賤土醜一物自荷皇天慈) (두시언해, 초간본, 15 : 2a)

ㄷ. 미햇 늘근 사ᄅ미 와 나그네 보아 ᄀᄅ맷 고기예 도눌 받디 아니ᄒ
  ᄂ니 오직 疑心호더 淳朴호 ᄯ히 <u>스스로</u> 호 山川이 잇ᄂ가 ᄒ노라(野
  老來看客河漁不取錢只疑淳朴處自有一山川) (두시언해, 초간본, 15 : 9b)

(5)는 '스싀'가 단독형으로 쓰인 경우를 모두 보인 것이다. (5ㄱ)에 보이는
'스싀'는 후행절의 주어가 나타나지 않았으나 "자기 자신을" 정도와 같이
재귀사적인 용법을 가지는 것으로 해석하여 후행절의 주어를 '公'으로 해석
할 수 있을 것이며, (5ㄴ)에 보이는 '스싀' 역시 (5ㄱ)과 마찬가지로 후행절
의 주어가 나타나지 않은 것으로 미루어 보아 재귀사적인 의미인 "자기 자
신이" 정도로 번역하여 후행절의 주어를 '張文節公'으로 해석할 여지가 있
는 것으로 보인다.5) (6)에 보이는 예들도 (5)와 마찬가지로 '스싀로'가 출현
한 문장의 주어가 문면에 드러나 있지 않음에도 불구하고 재귀사적인 용법
을 보이고 있는 듯하다.

한편 (7)의 경우는 15세기에 보였던 '스스로'라는 형태를 보인 것이다. (7

---

5) 15세기의 '스싀'라는 형태는 총 60회 출현하는데 그 중에서 ≪杜詩諺解≫ 初刊本에 53회
  나 출현한다는 점이 흥미롭다.

ㄱ)의 경우는 앞서 언급하였던 (6)의 경우와 마찬가지로 현대 국어의 '스스로'의 의미, 즉 "혼자서"의 의미를 가지는 것인지 "자기 자신이"라는 재귀사적인 의미를 가지는 것인지 확언할 수 없는 듯하다. 그러나 (7ㄴ, ㄷ)에 보이는 '스스로'의 경우는 각각 '一物이'와 '짜히'라는 주어가 실현되어 있는바, 현대 국어의 '스스로'의 의미와 유사한 해석을 받을 수 있을 뿐, 재귀사적인 의미는 가지지 못한다고 할 것이다. 요컨대 15세기에 확인할 수 있는 '스싀'는 모두 재귀사적인 의미를 가지는 것으로 해석할 수 있으나 '-로'가 통합한 '스싀로'나 '스스로'의 경우는 재귀사적인 의미를 가지는 것으로 해석할 가능성과 그렇지 않은 가능성이 모두 존재하는 것이다.

16세기에 들어서면서 '스싀로'라는 형태는 ≪飜譯小學≫에서 몇 예, 그리고 ≪杜詩諺解≫ 重刊本에서 어느 정도 발견할 수 있을 뿐, 대부분 '스스로'와 같은 형태로 나타난다. 다음의 (8)은 16세기에 보였던 '스싀로'류의 용례를 보인 것이다.

(8) ㄱ. 네 이제 굴오디 엇데 <u>스스로</u> 편안티 아니ᄒᆞᄂᆞ뇨 (소학언해, 5 : 6a)

　　ㄴ. 내 일즙 大勇을 夫子ᄭᅴ 듣ᄌᆞ오니 <u>스스로</u> 反ᄒᆞ야 縮디 아니ᄒᆞ면 비록 褐寬博이라도 내 惴케 몯ᄒᆞ려니와 <u>스스로</u> 反ᄒᆞ야 縮ᄒᆞ면 비록 千萬人이라도 내 王호리라 ᄒᆞ시니라(吾嘗聞大勇於夫子矣로니 <u>自</u>反而不縮이면 雖褐寬博이라도 吾不惴焉이어니와 <u>自</u>反而縮이면 雖千萬人이라도 吾往矣라 ᄒᆞ시니라) (맹자언해, 3 : 11b)

　　ㄷ. 굴ᄋᆞ샤디 므슴 冠고 굴오디 素로 冠ᄒᆞᄂᆞ니라 굴ᄋᆞ샤디 <u>스스로</u> 織ᄒᆞᄂᆞ냐 굴오디 아니라 粟으로 ᄡᅥ 易ᄒᆞᄂᆞ니라(曰奚冠고 曰冠素ㅣ니라 曰 <u>自</u>織之與아 曰否ㅣ라 以粟易之니라) (맹자언해, 5 : 19b)

(9) ㄱ. 제 빅셩이 <u>스스로</u> 니르리 이쇼디 은 일빅 량으로ᄡᅥ 내게 브틴 이 죽거늘 (소학언해, 6 : 75b)

　　ㄴ. 曾子ㅣ 굴ᄋᆞ샤디 내 夫子ᄭᅴ 듣ᄌᆞ오니 사롬이 <u>스스로</u> 致훈 者ㅣ 잇디 아니ᄒᆞ니 반ᄃᆞ시 親喪인뎌(曾子ㅣ 曰吾ㅣ 聞諸夫子호니 人未有<u>自</u>致者也이니 必也親喪乎ㅣ뎌) (논어언해, 4 : 61a)

　　ㄷ. 이제 國家ㅣ 閒暇ᄒᆞ거든 이 時를 미처 般樂ᄒᆞ며 怠敖ᄒᆞᄂᆞ니 이ᄂᆞᆫ <u>스스로</u> 禍를 求홈이니라(今國家ㅣ 閒暇ㅣ어든 及是時ᄒᆞ야 般樂怠敖ᄒᆞᄂ

니 是는 <u>自求禍也</u>ㅣ니라) (맹자언해, 3 : 26b)

위의 (8)은 '스스로'가 재귀사적 용법을 보이는 것으로도 해석할 여지가 남아 있는 경우를 보인 것이며, (9)는 '스스로'가 현대 국어의 용법과 거의 동일하게 쓰이는 경우를 보인 것이다. 본고에서 관찰한 바에 따르면 (8)과 같이 문면에 주어가 드러나지 않은 문장에서 '스싀로'류가 쓰인 용례보다는 (9)와 같이 문면에 주어가 이미 드러나 있고, 그 주어의 능력을 나타내는 '스싀로'류의 용례가 더 많이 나타나는 듯하다.

이러한 용례들을 통하여 짐작하건대, '스싀로'류에서 보이는 의미는 이미 16세기 정도에 이미 두 가지로 나누어진 것이 아닌가 한다. 요컨대 15세기에 "자기 자신이"라는 의미와 "혼자서"라는 의미를 가지던 '스싀로'류는 16세기에 이르러 후자의 의미로 더욱 빈번히 사용하게 된 것으로 보인다.

17세기 이후의 자료들에서는 현대 국어의 '스스로'의 의미와 유사한 '스싀로'류를 더욱 많이 관찰할 수 있다. 다소 장황하게나마나 그 예를 여기에 언급하여 두고자 한다.

(10) ㄱ. 德이 日로 新ᄒ면 萬邦이 懷ᄒ고 志ㅣ <u>스스로</u> 滿ᄒ면 九族이 離ᄒ리니 王은 힘 ᄡᅥ 大德을 昭ᄒ샤 民의게 中을 建ᄒ쇼셔 (서전언해, 2 : 8a)

　　ㄴ. 民이 辟이 多ᄒ니 <u>스스로</u> 辟을 立디 마롤 디어다 (시경언해, 17 : 31a)

　　ㄷ. 만일 네 淸ᄒ면 네 <u>스스로</u> 네 뎌 淸名을 바드려니와 어더 나 아의게 눈홈이 이시리오 (오륜전비언해, 4 : 38b)

　　ㄹ. 子ㅣ ᄀᆞᆯᄋᆞ샤ᄃᆡ 賢을 보고 제ᄒᆞᆯ 思ᄒ며 不賢을 보고 안ᄒ로 <u>스스로</u> 술필디니라(子曰見賢思齊焉ᄒ며 見不賢而內<u>自</u>省也ㅣ니라) (논어율곡언해, 1 : 38b)

(11) ㄱ. 샹샹의 도적 ᄆᆞᆷ을 막고 ᄂᆞᆷ의 것 도적 말라 ᄒᆞᄂᆞ니 네 <u>스스로</u> 내 말대로 ᄒᆞ나흘 두어 방 보게 ᄒᆞ라 (노걸대언해, 상, 30b)

　　ㄴ. 일경이 잠시롤 뎡명하다가 두로혀 즉시 <u>스스로</u> 그 옥을 다ᄉ리고 말ᄒᆞᆫ 사롬을 찬튝ᄒ니 (천의소감, 2 : 20a)

ㄷ. 내 비록 혹을 못ᄒ나 결단ᄒ야 이ᄂ 흐디 아니ᄒ리니 진실로 스스
로 붓그리며 진실로 스스로 숑ᄒ노라 (어제경세문답, 3b)

ㄹ. 만일 긔별 듣고 파총이 <u>스스로</u> 꾀리 뒤히 이셔 믄들 영을 티거나
밋 쟝관이 문득 스스로 영을 쩌나 거즛 선봉이라 일ᄏᄂ 쟈롤 다
군법으로뻐 다스리라 (병학지남, 12a)

(10)과 (11)에서 볼 수 있듯이 17세기 이후의 자료들에서 간취되는 '스싀로'
류의 의미는 대체로 현대 국어의 그것과 크게 다르지 않다. 즉 15세기에서
볼 수 있는 '스싀로'류의 의미와는 달리 재귀사적인 용법을 거의 보이지 않
는 것이다.

지금까지의 논의를 정리하여 도식으로 정리하면 다음과 같다.

(12) '스싀로'류의 통시적 변화 양상

구 분	15세기	16세기	17세기 이후
형 태	스싀로, 스스로	스싀로, 스스로, 스스로, 스싀로 등	스스로, 스스로 등
재귀적 용법	어느 정도 확인됨	소수의 경우가 확인됨	거의 확인되지 않음
부사적 용법	어느 정도 확인됨	빈번히 확인됨	매우 빈번히 확인됨

'스싀로'류의 통시적 변화와 관련된 논의를 끝맺기 전에 '스싀로'류가 보
였던 의미 분화의 동인에 대하여 간략하게 언급하고자 한다. 17세기 이후
에 발견되는 '스스로'라는 형태는 출현 빈도가 거의 10,000회에 육박할 정
도로 빈번하게 쓰이었던 부사였던바,6) 본고는 이러한 잦은 출현 빈도가 단
어의 의미 분화에 어느 정도는 영향을 끼쳤을 것으로 추측하고 있다.

Brinton & Traugott(2005)에서는 어휘화와 문법화의 상관관계를 고찰하는
가운데 문법화나 어휘화를 겪기 이전의 구성이 가지고 있던 본래의 의미가
그 구성의 잦은 출현 빈도를 1차적인 원인으로 삼아 환유나 은유가 일어날

---

6) 16세기까지 출현하였던 '스싀로'류의 출현 빈도가 총 200회 정도임을 감안할 때, 이러
한 수치는 17세기 이후의 '스싀로'류가 굉장히 높은 빈도로 사용된 것임을 알 수 있다.

수 있음을 지적하였으며 이러한 의미 변화는 단일어에서도 이루어질 수 있음을 지적한 바 있다. 이러한 기술은 본고의 논의에 많은 점을 시사한다고 할 수 있을 것이다. 왜냐하면 16세기의 '스싀로'류의 출현 빈도와 17세기 이후의 '스싀로'류의 출현 빈도를 비교하였을 때, 17세기의 그것이 훨씬 높은 수치로 나타난다는 사실이 이와 같은 기술에 어느 정도는 부합한다고 여겨지기 때문이다.

요컨대 본고에서는 15세기 이후부터 단일한 부사로서 언중들에게 인식되어 왔던 '스싀로'류의 단어들은 16세기를 기점으로 하여 활발하게 사용되기 시작하였으며 이렇게 빈번히 사용되는 동안, 제 나름대로의 의미 분화를 겪어 현대 국어의 '스스로'가 가지는 "제 힘으로"라는 의미까지도 획득하게 된 것으로 파악하고자 한다. 이후의 논의에서는 15세기의 '스싀로'류와 유사하게 "自"라는 의미를 가졌던 '절로'의 통시적 변화 양상을 살펴보고자 한다.

4. '절로'류 단어의 변화 양상

지금까지 본고에서는 이전 시기에 "自"의 의미를 가졌던 부사 중 하나인 '스싀로'류에 대한 논의를 진행하였다. 본장에서는 '스싀로'류와 유사하게 "自"의 의미를 보였던 '절로'류의 통시적 변화 양상에 대하여 논의하여 보는 자리를 마련하고자 한다. 앞서 논의하였던 '스싀로'류와 마찬가지로 논의 전개의 편의를 위하여 본고에서 살펴본 사전들에 정의된 현대 국어의 '절로'의 경우를 다소 장황하게나마 보이면 다음의 (13)과 같다.

    (13) ㄱ. 조선말 대사전
        절로02〈22〉 <u>「부」</u> '저절로'의 준말. 【13】 절로 죽은 고목에 꽃피

거든 = '절로 시들어죽은 나무가 다시 살아나서 꽃이 필 때가 되
면'이라는 뜻으로 절대로 이루어질 수 없는 일이여서 도저히 기약
하기 어려운 경우에 이르는 말. (=)병풍에 그린 닭이 홰를 치거든.
군밤에 싹 나거든. 곤 닭알 꼬끼요 울거든. 배꼽에 호송나무 나거
든. 인경 꼭지가 말랑말랑하거든. 롱마같기 사이에 뿔나거든.
ㄴ. 표준국어대사전
절로01「부」 '저절로'의 준말. ¶어깨춤이 {절로} 나다 / 신바람이
{절로} 나다 / 한숨이 {절로} 나다 / 그의 우스꽝스러운 모습을 보
자 {절로} 웃음이 터져 나왔다. §[절로<석상> ← 저+-ㄹ-+-로]
절로02「부」 '저리로'의 준말. ¶우리는 이쪽으로 갈 테니 너는 {절
로} 가라.§
ㄷ. 우리말 큰사전
절로02 (어)'저절로'의 준말. 절로 죽은 고목에 꽃 피거든.
절-로03 '저리로'의 준말. 절-로 (어) 절로. 스스로
ㄹ. 금성 국어대사전
절로01 「부」 ① '저절로' 의 준말. ∥ 그분을 뵐 때마다 고매한 인
품에 ~ 머리가 숙여진다. ∥ '저리로'의 준말. ∥ ~ 가서 놀아라.

(13)에서 확인할 수 있듯이 본고에서 확인한 사전에서는 모두 현대 국어의
'절로'를 '저절로'의 준말로 처리하고 있다.

그러나 '절로'를 '저절로'의 '준말'로 이해하는 것은 전혀 온당하지 않다
고 할 수 있다.[7]

(14) ㄱ. 한 가지 싱각이 그 몸이 쾌츠ᄒ고 그 마음이 평시와 갓ᄒ야지는
동시에 쏘 <u>저절로</u> 복발ᄒᄂ도다 (두견성, 62)
ㄴ. 웨 나를 바리고 가셧노 ᄒ고 싱각ᄒᄂ 동시에 더운 눈물이 <u>저절로</u>
소스나 샤진은 안기 속으로 보ᄂ 듯이 희미ᄒ게 되더라 (두견성, 74)

위의 (14)에서 확인할 수 있듯이 '저절로'라는 형태는 19세기에 이르러서나
확인할 수 형태인바, 이 형태가 줄어들어서 '절로'라는 부사가 형성되었을

---

7) 본고에서 이해하고 있는 '준말'의 정의는 宋喆儀(1993ㄴ)의 '준말'의 개념과 동일하다.

가능성은 너무나도 희박하다고 할 수 있을 것이다. 후술하겠지만 '절로'라
는 부사는 이미 15세기부터 그 모습을 드러내고 있었기 때문이다.

15세기에 확인할 수 있는 '절로'의 용례는 다음의 (15)와 같다.

(15) ㄱ. 七寶塔이 따해셔 솟나아 虛空애 머므니 無數 幢幡이 그 우희 둘이
고 百千 바오리 <u>절로</u> 울어늘 ᄀ문ᄒ ᄇᄅ미 부니 微妙ᄒ 소리 나더
라 (석보상절, 11 : 16b)

ㄴ. 내 믄득 發心ᄒ야 큰 通達ᄋᆞᆯ 得호니 如來 나ᄅᆞᆯ 주샤 袈裟ㅣ 모매 着
ᄒ고 鬚髮이 <u>절로</u> 뻐러디니이다(我ㅣ 頓發心ᄒ야 得大通達호니 如來
惠我ᄒ샤 袈裟ㅣ 着身ᄒ고 鬚髮이 <u>自落</u>ᄒ니이다) (능엄경언해, 5 :
63b)

ㄷ. 이 經 니ᄅᆞ실 ᄊᆞᄅᆞ문 안ᄒ로 恚惱 憂愁와 밧ᄀ로 罵怖杖擯 여러 難
이 <u>절로</u> 업스ᄅᆞ니 能히 忍에 便安히 住ᄒ신 젼치시니 忍은 主티 아
니호미 몯ᄒ리로다 (법화경언해, 5 : 41b)

ㄹ. 오직 七氣湯ᄋᆞᆯ 머겨 그 氣分ᄋᆞᆯ 논화 노기며 막딜여 미요ᄆᆞᆯ ᄒ트면
그 氣分이 <u>절로</u> 긋ᄂᆞ니 七氣湯ᄋᆞᆯ 닛우 머기면 效驗이 샏ᄅᆞ니 ᄯᅩ 蘇
合香元을 머규미 됴ᄒ니라 (구급방언해, 상, 12b)

ㅁ. 有時예 붑과 磬子ㅅ 소리 <u>절로</u> 나ᄂᆞ니 디ᄂᆞ 희예 고기 자ᄇᆞ며 나모
뷔여 오ᄂᆞ 사ᄅᆞ몰 ᄯᅩ 보리로다 (두시언해, 초간본, 7 : 32b)

(15)에서 확인할 수 있는 '절로'의 의미는 현대 국어의 그것과도 크게 다르
지 않을뿐더러, 이러한 양상은 (16)에 제시하는 16세기의 경우에서도 마찬
가지이다.[8)

(16) ㄱ. 나리 오라며 ᄃᆞ리 기프면 密密히 니서 擧티 아니ᄒ야도 <u>절로</u> 擧호
미 ᄯᅩ 흐르ᄂᆞ 믈 ᄀᆞᄐᄒᆞ야 ᄆᆞᅀᆞ미 空ᄒ며 境이 괴외ᄒ야 快樂ᄒ야 便
安ᄒ리라 (몽산법어, 고운사판, 11a)

ㄴ. 寂照ㅣ라 호ᄆᆞᆫ 寂은 ᄆᆞᅀᆞ미 근원 업슨 本體오 照ᄂᆞ ᄆᆞᅀᆞ미 근원 업

₈₎ 홍미로운 점이 있다면 '절로'와 관련된 주어가 유정체언인 경우보다는 무정체언인 경우
가 더욱 많이 관찰된다는 사실이다. 본고에서는 이와 관련된 해석을 내릴 만한 여력이
없다. 이와 관련된 문제는 후고의 과제로 삼고자 한다.

슨 고대 <u>절로</u> 아논 本用이니라 (법집별행록, 83a)

ㄷ. 兀然 無事히 안조니 보미 오매 프리 <u>절로</u> 프르놋도다 (선가귀감, 5a)

ㄹ. 凡夫논 그런 주를 몰라 브터 나ᄂ니라 ᄒ며 <u>절로</u> 나니라 ᄒᄂ니
이 브른 브터 나며 <u>절로</u> 나매 븓디 아니ᄒ니라 (칠대만법, 6b)

ㅁ. 祥이 옷슬 그르고 쟝ᄎᆺ 어름을 ᄭᆞ고 어드랴 ᄒ더니 어름이 믄득
<u>절로</u> 헤여디여 두리에 ᄲᅱ여 나거늘 가져 도라오니라 (소학언해,
6 : 22a)

(16)에서도 확인할 수 있듯이 16세기의 '절로'도 15세기에 보이는 '절로'의
분포나 의미가 크게 다르지 않다. 그러나 15~16세기의 '절로'의 분포와 의
미가 크게 다르지 않다고 하여도, '절로'의 통시적 변화와 관련된 서술을
끝맺기에는 석연치 않은 점이 남아 있다. 그것은 바로 '절로'를 '저+-로'로
분석할 때 단어 내부에 새로이 등장하게 된 'ㄹ'과 관련된 것이다.

앞서 살펴보았듯이 ≪표준국어대사전≫에서는 '절로'의 형성을 '저+-ㄹ-
+-로'로 분석한 바 있는데, 어중에 보이는 'ㄹ'을 '-ㄹ-'로 처리한 점을
미루어 볼 때, 선어말 어미들과 같은 의존 형태소로 간주한 것이 아닌가 한
다. 그러나 본고에서는 이와 같은 처리에 의문을 제기하고자 한다. 주지하
듯이 15~16세기에는 개음절 구조를 가지는 단음절 체언에 '-로'가 통합할
경우에 수의적으로 'ㄹ'이 선행 체언의 받침에 표기되는 경우가 상당 수 보
이는데 '절로'의 어중에 보이는 'ㄹ'도 이와 동궤의 원인에서 기인한 것으
로 간주할 수 있기 때문이다.

(17) ㄱ. 내 이제 도로 널로 本來ㅅ 願에 行ᄒ던 道롤 憶念케코져 홀씨 (법화
경언해, 2 : 31a)

ㄴ. 父母ㅣ 날 生홈이여 엇디 <u>날로</u> ᄒ여곰 瘵케 ᄒᄂ뇨 (시경언해, 11 :
17b)

ㄷ. 내 뎌의 顔色을 ᄉ랑홈이 아니라 내 뎌의 뎌 節義롤 ᄉ랑ᄒ며 내
<u>뎔로</u> 더부러 아므란 私情이 잇논 줄이 아니라 그저 뎌의 뎌 一點心
을 공경ᄒ노라 (오륜전비언해, 7 : 40b)

ㄹ. 공젼이 져금으로ᄡᅥ 게얼은 ᄆᆞ옴 내야 거즛 <u>걸노</u> ᄒᄂ 쳬 말며 (경

신록언석, 66a)

(17)에서 확인할 수 있듯이 어중에 'ㄹ'이 표기에 반영되는 현상은 15세기부터 18세기까지, 더 나아가서는 현대 국어에서까지 확인할 수 있는 현상인데, 이러한 현상은 대부분 단음절 체언인 '너', '나', '저', '거'[9] 등에 국한되어 나타나는 현상이다.[10] 이러한 현상이 유독 개음절 구조의 단음절 체언에서만 일어나는 것인가에 대하여 아직 본고에서는 단언할 수는 없는 형편이지만 'ㄹ'이나 'j'가 가지는 양음절적인 성격 때문에 이러한 현상이 일어난 것이 아닌가 한다.

　요컨대 15세기부터 확인이 가능한 '절로'라는 부사는 '저+-로'라는 내적 구조를 가지는 것이며 어중에 'ㄹ'이 적히는 현상은 이전 시기의 단음절 체언이 보이는 형태음운론적 현상과 관련이 있는 현상이라는 것이다. 또한 앞서 언급하였던 '스싀로'류와는 달리 '절로'는 재귀사적 용법을 보이는 경우를 확인할 수 없었으며 이전 시기부터 현대 국어와 유사한 의미를 가지고 있었음을 확인할 수 있었다.

5. 결론 및 남은 문제

　지금까지 본고에서는 '스싀로'류와 '절로'류의 단어의 통시적 변화 양상에

---

9) 여기서의 '거'는 '것'과 동일한 분포를 보이는 형식명사 '거'이다.

10) 17세기 이후의 문헌에서 보이는 '절로'류는 대부분 '절노'로 표기된다는 점만이 다르므로 여기에 그 몇 예들을 언급하는 것으로 '절로'류의 통시적 변화에 대한 논의를 끝맺기로 한다.

　　(ⅰ) ㄱ. 너인듕 도적ᄒᆞ여 먹으면 도로 아니 열게 ᄒᆞ리라 ᄒᆞ니 사ᄅᆞᆷ이 직희엿더라 복셩
　　　　 홰 <u>절노</u> 힝노의 나셔 여름이 텬도 ᄀᆞᆺ고 마시 비샹 ᄒᆞ더니 (계축일기, 하, 44a)
　　　　ㄴ. 신이 이에 ᄀᆞ마니 쇽조ᄅᆞᆯ 업고 산즁의 ᄃᆞ라나 피ᄒᆞ야 제 져즐 먹이니 <u>절노</u> 즙
　　　　 이 나는디라 (종덕신편, 5a)

대하여 살펴보았다. 본고의 논의를 다음과 같이 정리하여 제시하기로 한다.

> (21) ㄱ. 15세기의 '스싀로'류는 "자기 자신이"라는 의미와 "혼자서"라는 의
> 미를 모두 보여주고 있으나, 16세기에 들어서면서 전자의 의미보
> 다는 후자의 의미를 보이는 경우가 빈번히 나타나기 시작하였다,
> 한편 17세기에 이르러서는 전자의 의미를 보이는 '스싀로'류는 쉽
> 게 찾아보기 힘들게 되었으며 현대 국어의 경우와 마찬가지로 "혼
> 자의 능력으로"라는 의미를 보이는 경우가 압도적으로 많이 보이
> 게 됨을 확인하였다. 본고에서는 17세기에 이르러서 현대 국어와
> 거의 동일한 의미를 획득하게 된 '스싀로'류의 의미 변화가 잦은
> 빈도로 사용된 것에 기인하였음을 주장하였다.
>
> ㄴ. '절로'류는 15세기부터 현재에 이르기까지 거의 동일한 의미를 지
> 니고 있음을 확인하였는데, 본고에서는 '절로'의 어중에 보이는
> 'ㄹ'이 이전 시기의 1음절 체언과 '-로'의 통합에서 보이던 '널로',
> '날로', '뎔로', '걸노' 등에서 보이는 'ㄹ'과 동일한 성격을 가지고
> 있었음을 논의하였다. 또한 현대 국어 사전류에서 '저절로'의 준말
> 로 정의하고 있는 '절로'가 '저절로'의 준말로 이해되는 것이 온당
> 하지 못함을 지적하였다.

이러한 논의에도 불구하고 본고의 논의가 더욱 설득력을 얻기 위하여서는 다음과 같은 문제들을 합리적으로 설명하여야 할 것이다.

첫째, 본고에서는 "自"라는 동일한 의미를 가졌을 것으로 생각하였던 '스싀로'류와 '절로'류의 상관관계에 대하여 천착하지 못한 채로 논의를 성급하게 진행한 감이 없지 않다. '스싀로'류의 단어의 의미는 변화하였지만 어떠한 이유로 '절로'류의 의미는 이전 시기부터 유지되었는가를 좀 더 정밀하게 관찰하여야 할 필요를 새삼 통감하는 것도 본고의 논의가 거칠게 진행되었음을 여실히 보여주는 것이라 할 것이다.

둘째, 본고에서는 '저절로'의 형성 원리나 형성 과정에 대하여는 전혀 언급하지 못하였다. '절로'를 '저절로'의 준말로 이해될 수 없음을 비판하였으나 이와 같은 비판은 '저절로'의 형성 원리나 형성 과정에 대하여 분명하게

언급할 수 있을 때에만 유효할 것임은 두말할 나위가 없을 것이다.

셋째, 본고에서는 '절로'의 어중에 보이는 'ㄹ'이 여타의 단음절 체언에서 보이는 현상과 동궤의 것으로 해석하였으나, 이에 대한 서술이 지나치게 거칠게 서술한 감이 없지 않다. 어떠한 원인에 의하여 유독 단음절 체언에서만 이러한 현상이 일어나는지를 밝히는 것도 앞으로 해결하여야 할 흥미로운 과제라 할 것이다. 본고에서는 이러한 문제점들을 고스란히 후일의 과제로 삼고자 한다.

참고문헌

高永根(1989/1999), ≪國語形態論硏究≫(增補版), 서울대학교 출판부.
구본관(1998), ≪15세기 국어 파생법에 대한 연구≫(國語學叢書 30), 太學社.
국립국어연구원 편(1999), ≪표준국어대사전≫, 두산동아.
김 현(2006), ≪활용의 형태음운론적 변화≫(國語學叢書 56), 太學社.
김민수 외 편(1996), ≪금성판 국어대사전≫, 금성출판사.
김성규(1999), 빠른 발화에서의 음절수 줄이기, ≪애산학보≫ 23, 애산학회, 109-
        137.
김완진(1973), 국어 어휘 마멸의 연구, ≪진단학보≫ 35, 진단학회, 37-59.
김창섭(1996), ≪국어의 단어형성과 단어구조 연구≫(國語學叢書 21), 太學社.
김창섭(1997), 합성법의 변화, ≪國語史 硏究≫(田光鉉·宋敏 先生 華甲記念), 太學社,
        815-840.
南廣祐(1997), ≪教學 古語辭典≫, 教學社.
박진호(1994), 통사적 결합 관계와 논항구조, 서울대학교 석사학위논문(國語硏究
        123).
박진호(1999), 형태론의 제자리 찾기, ≪형태론≫ 1-2, 박이정, 319-340.
사회과학원 언어학연구소 편(1992), ≪조선말대사전≫, 사회과학출판사.
송원용(2002), 형태론의 공시태와 통시태, ≪국어국문학≫ 131, 국어국문학회, 169-
        194.
송원용(2005), ≪국어 어휘부와 단어형성≫(國語學叢書 50), 太學社.
宋喆儀(1983), 파생어 형성과 통시성의 문제, ≪國語學≫ 12, 國語學會, 47-72.
宋喆儀(1992), ≪國語의 派生語 形成 硏究≫(國語學叢書 18), 太學社.
宋喆儀(1993ㄱ), 언어 변화와 언어의 화석, ≪國語史 資料와 國語學의 硏究≫(安秉禧
        先生 回甲紀念論叢), 문학과 지성사, 352-370.
宋喆儀(1993ㄴ), 준말에 대한 形態音韻論的 考察, ≪東洋學≫ 23, 단국대학교 동양학
        연구소, 25-49.
宋喆儀(1997), 파생법의 변화, ≪國語史 硏究≫(田光鉉·宋敏 先生 華甲記念), 太學社,
        840-876.
安秉禧(1966), 不定格(Casus Indefinitus)의 定立을 위하여, ≪동아문화≫ 6, 서울대학교
        동아문화연구소, 99-101.
안주호(1997), ≪한국어 명사의 문법화 현상 연구≫, 한국문화사.
오규환(2008), 현대 국어 조사 결합형의 단어화에 대한 연구, 서울대학교 석사학위

논문(國語研究 197).

李基文(1977), ≪國語音韻史研究≫, 塔出版社.

이상욱(2004), '-음', '-기' 명사형의 단어화에 대한 연구, 서울대학교 석사학위논문 (國語研究 173).

이상욱(2007), 임시어의 위상정립을 위한 소고, ≪형태론≫ 9-1, 박이정, 46-67.

이성하(1998), ≪문법화의 이해≫, 한국문화사.

이승명(1987), 국어 준말의 형태와 구조, ≪장태진박사 회갑기념 국어국문학논총≫, 삼영사, 201-221.

이승재(1992), 융합형의 형태분석과 형태의 화석, ≪周時經學報≫ 10, 탑출판사.

이양혜(2000), ≪국어의 파생접사화 연구≫, 박이정.

李翊燮(1992), ≪國語 表記法 研究≫, 서울대학교 출판부.

이지양(1998), ≪국어의 융합현상≫(國語學叢書 22), 太學社.

이지양(2003), 국어 준말의 성격, ≪성심어문논집≫ 25, 성심어문학회, 285-316.

이진호(2008), ≪통시적 음운 변화의 공시적 기술≫, 삼경문화사.

李珍昊·飯田綾織(2009), ≪小倉進平과 國語音韻論≫, 제이앤씨.

李賢熙(1991), 국어 어휘사 연구의 흐름, ≪국어학연구 100년사≫, 일조각.

李賢熙(1994), ≪中世國語 構文研究≫, 新丘文化社.

이현희(2005), 현대국어의 화석과 그 역사적 해석, ≪國語學≫ 45, 國語學會, 275-289.

이현희 외(2007), 『牧牛子修心訣』에 대하여, ≪冠嶽語文研究≫ 32, 서울大學校 國語國文學科, 33-119.

이호승(2001), 단어형성과정의 공시성과 통시성, ≪형태론≫ 3-1, 박이정, 113-119.

채현식(1994), 국어 어휘부 등재소에 관한 연구, 서울대학교 석사학위논문(國語研究 120).

채현식(2003), ≪유추에 의한 복합명사 형성 연구≫(國語學叢書 46), 太學社.

최형용(2003), ≪국어 단어의 형태와 통사 : 통사적 결합어를 중심으로≫(國語學叢書 45), 太學社.

한글학회 편(1992), ≪우리말 큰사전≫, 어문각.

허 웅(1975), ≪우리옛말본≫, 샘출판사.

Bauer, L.(1983), *English Word-Formation*, Cambridge University Press.

Brinton, L. J. & Traugott, E. C.(2005), *Lexicalization and language change*, Cambridge University Press.

Bybee, J. L.(1985), *Morphology : A Study into the Relation between Meaning and Form*, Amsterdam : John Benjamins.

Bynon, T.(1977), *Historical Linguistics*, Cambridge University Press.

Di Sciullo & Williams, E.(1987), *On the Definition of Word*, MIT Press.

Haspelmath, M.(2002), *Understanding Morphology*, London : Arnold.

시간부사 '이믜'에 대해서

이 수 연

1. 서론

이 논문은[1] 현대한국어(이하 '현대어'라고 부르기로 함)의 '이미'에 해당하는 중세·근대한국어(이하 '중세어', '근대어'라 함)의 시간 부사 '이믜'의 특성을 고찰하는 것을 목적으로 한다. 중세어에서의 '이믜'는 현대어에서의 쓰임과 달리 'ㅅ'이나 '-서'와 결합하는 등 다양한 표기의 변화[2]를 거쳐 현대에 이르렀고, 내포하는 의미도 달랐다. 중세어에서의 '이믜'류가 과거와 미래의 의미를 동시에 나타내고 있다는 점은 일찍이 시간부사의 연구를 통해 알려진 사실이지만, 그 의미들이 구체적으로 어떤 문맥에서 간취되는지, 또 '이

---

[1] 이 글을 작성하는 과정에서 자료의 해석과 논지의 전개에 많은 도움을 주신 이현희 교수께 지면을 빌어 감사드린다.

[2] 중세어, 근대어의 '이믜'는 '이믜, 이믯, 이뮈, 이뫼' 등 다양한 모습을 가지고 나타나는데, 이들을 아울러서 '이믜'류라고 하겠다. 다만, 이들을 특정한 부류로 묶어 구분할 필요가 있을 때는 '이믜셔'류, '이미'류 등으로 부르기도 하겠다.

믜'류와 '이믜셔'류가 각각 어떤 의미적 특성을 가지는지에 대한 논의는 많지 않다.

따라서 본고에서는 '이믜'류의 표기 변화와 의미적 특징을 좀 더 면밀히 관찰해보고자 한다. 이를 위해 사전과 국어사 자료 말뭉치 검색을 통해 '이믜'류가 나타나는 용례를 모두 검색한 후 이들의 분포와 의미를 살펴보았다. '이믜'류는 현대국어에서와 마찬가지로 그 쓰임이 매우 빈번한 부사로 다양한 시기와 여러 문헌에 걸쳐 나타남을 알 수 있었다.

2장에서는 이러한 '이믜'류의 다양한 형태를 해당 시기의 표기법과 함께 논하며 '이믜'류에서 현대어 '이미'가 되는 과정을 통시적으로 살펴보도록 하겠다. 3장에서는 '이믜'류의 의미가 과거와 미래를 각각 어떻게 나타내고 있는지에 대해 설명하고 이것이 중세인들의 어떠한 시간의식을 반영하고 있는지에 대해 논의하고자 한다. 특히 '이믜'류와 '이믜셔'류의 대조적인 차이에 초점을 맞출 것이다.

2. '이믜'에서 '이미'로

2.1. 형태별 출현 시기와 빈도

'이믜'는 매우 다양한 모습으로 중세와 근대의 여러 문헌에 등장한다. 현재 문증된 형태로는 '이믜, 이믜셔, 이믓, 이민, 임의, 임의셔, 이뮈, 이믜, 이미, 임이'가 있다. 이들은 시기별, 문헌별로 그 분포가 복잡하여 우선 이에 대한 설명을 간략하게 하고자 한다.

가장 먼저 문헌에서 나타나는 형태는 '이믜셔'이다. ≪두시언해≫(초간본)(1481)와 박통사 언해류, 노걸대 언해류에 나타나는데, ≪박통사신석언해≫(1765) 이후로는 문증되지 않는다.

    (1) ㄱ. 춤 츠는 무리 <u>이믜셔</u> 㱇애 오르니라 (舞馬旣登㱇) (두시언해, 초간본,
        6 : 13a)

      ㄴ. <u>이믜셔</u> 발 조쳐 피 내오려 (一發就蹄子放血着) (번역박통사, 43a)

그런데 ≪두시언해≫(중간본)(1632), ≪박통사신석언해≫(1765)에 '이믜셔'가
나타난다고 하여 엄밀하게 17세기와 18세기에 '이믜셔'가 사용되었다고 보
기는 힘들다. 이들은 해당 문헌의 초간본의 언어를 반영하고 있고, 실제로
≪두시언해≫(중간본)의 예들은 ≪두시언해≫(초간본)에 나타난 예들을 그대
로 포함하고 있기 때문이다.

  '이믜셔' 다음으로 '이믜'가 나타난다. 16세기 초반의 문헌에서부터 등장
한다.

    (2) <u>이믜</u> 주그매 슬피 셜워ᄒᆞ기를(旣歿哀毀) (동국신속삼강행실도, 8 : 26a)

'이믜'는 ≪번역노걸대≫(1517)에 가장 처음으로 나타는데 19세기 말까지
가장 높은 빈도로 사용되는 표기형이었다. '이믜셔'가 '이믜'에 문법형태
'-셔'가 결합하여 나타난 형태로 본다면, '이믜셔' 이전에 '이믜'가 문증되
는 것이 시기상 타당하겠지만 현재까지 문증된 자료로서는 '이믜셔'가 '이
믜'보다 30년 정도 앞서서 나타난다고 할 수 있다. 그러나 '이믜' 역시 그와
비슷한 시기에 함께 사용되었거나 먼저 사용되고 있었으나 문증되지 않을
뿐이라고 생각된다.[3]

  '이밋'도 16세기 문헌에서 문증된다. 그러나 그 이후로는 나타나지 않는다.

    (3) 봄이 비와 이슬이 <u>이밋</u> 젓거든 君子ㅣ 볿고(春雨露旣濡 君子履之) (소학
        언해, 2 : 25a)

---

3) 이러한 견해는 민현식(1989)에서도 관찰된다. 또한 이에 대해 이병기(2006 : 683)에서의
   고려시대 석독구결 자료에 대한 논의를 추가할 수 있다. '旣'와 '已'가 '㢱'와 통합한 예
   만 보이며 이를 '이믜셔'로 읽어 왔다고 하였다. 이는 고려시대에 '旣'와 '已'가 '이믜'로
   실현되었음을 짐작하게 한다.

(3)의 예와 같이 ≪소학언해≫(1588)에서만 10여 예가 나타난다. '이믯'은 '이믜'와 '-ㅅ'이 결합한 형태이며, 이에 대한 설명은 다음 절에서 하도록 하겠다.

17세기부터는 '이미'류가 나타난다. '이미'는 '이믜'류와 같이 '-셔'가 결합된 것과 'ㅅ'이 결합된 것이 모두 문증된다. 용례는 다음과 같다.

> (4) ㄱ. 도저기 녀기되 <u>이미</u> 주것다 ᄒ야 ᄇ리고 가니 (동국신속삼강행실도, 3 : 83b)
>
> ㄴ. 춤 츠는 ᄆ리 <u>이미셔</u> 牀애 오르니라 (두시언해, 중간본, 6 : 13a)
>
> ㄷ. 그러나 父母의 命을 <u>이밋</u> 어기면 貞靜ᄒ 德을 일오미 어려오니 (여훈언해, 上 41b)

'이미'는 ≪동국신속삼강행실도≫(1617)에서 처음 문증되어 ≪가례언해≫(1632)와 17세기의 ≪서전언해≫, ≪납약증치방≫, 1737년의 ≪여사서언해≫에 20여 예가 나타난다. 이후 ≪완월회맹연≫과 ≪조야첨재≫, ≪열녀춘향수절가≫ 등에서도 그 예가 문증된다. '이미셔'는 ≪두시언해 중간본≫(1632)에 단 한 예가 나타날 뿐인데, 이는 ≪두시언해 초간본≫에서 '이믜셔'로 나타난 예였다. '이밋' 역시 ≪여훈언해≫(1658)년에 단 한 예가 나타날 뿐이다.

분철표기를 하고 있는 '임의'는 16세기 후반, '임의셔'는 17세기 후반 문헌에 처음 나타난다. 18세기에는 '이뮈', '이뫼'도 나타나는데, 그 예를 함께 제시한다.

> (5) ㄱ. 아바님이 <u>임의</u> 죽기룰 결단ᄒ시니 ᄌ식들히 ᄎ마 살아시리잇가 (동국신속삼강행실도, 8 : 22b)
>
> ㄴ. 내 ᄒ 번의 ᄒ 오리 사 <u>임의셔</u> 예셔 이 활을 짓쟈 (노걸대언해, 하, 29a)
>
> ㄷ. 오히려 床의 ᄯ나디 몯ᄒ다가 닐어오매 <u>이뮈</u> 느저실시 믄득 慙惶ᄒ야 일즉이 梳洗룰 못ᄒ고 (여사서언해, 2 : 11b)

ㄹ. 쵹왕 연이 <u>의뢰</u> 항복ᄒ매 됴셔ᄒ야 그 족속을 낙양으로 옴기라 (총
　　덕신편, 上 18a)

'임의'는 ≪소학언해≫(1588) 이후로 19세기 말 독립신문까지 광범위하게
나타나고, '임의셔'는 ≪노걸대언해≫(1670), ≪박통사언해≫(1677), ≪박통
사신석언해≫(1765)의 세 문헌에만 10여 예가 나타난다. '이믜셔'가 나타나
던 문헌에만 한정되어 소수의 예가 나타나는 것이다. 따라서 이 당시의 '임
의셔'는 그 형태가 활발히 사용되었다기보다는 이전의 ≪번역노걸대≫와
≪번역박통사≫의 언어를 반영한 것이라고 할 수 있을 것이다. '이뮈', '이
뫼'도 나타나는데 '이뮈'는 1737년의 ≪여사서언해≫에 한 예가 나타난 이
후로 ≪조야회통≫과 ≪조야첨재≫에만 한정되어 50여 예가 나타나고, '이
뫼'의 경우는 ≪종덕신편≫(1758) 이후로 ≪완월회맹연≫과 ≪홍길동전≫
등에 10여 예가 나타날 뿐이다. '*임읫, *이뫼셔, *이뮈셔, *이묏, *이뭿' 등
의 예는 나타나지 않는다.
　현대형인 '이미'는 18세기 중반 이후에 나타난다.

　(6) ㄱ. 하ᄂᆞᆯ이 <u>이미</u> 느저시니 대되 니별ᄒ쟈 (박통사신석언해, 1 : 7b)
　　　ㄴ. 경무쳥에 피구 ᄒ엿단 말은 <u>임이</u> 등지 ᄒ엿거니와 (매일신문3(440))

≪박통사신석언해≫(1765)와 ≪중간노걸대언해≫(1795)에서 한 예가 나타나
고, ≪을병연행록≫의 몇 예를 제외하면 대부분이 19세기 이후의 문헌에서
나타난다. ≪조선어사전≫에 나타나는 형태도 '이미'이다. 총 140여 예가
나타나는데, 이는 19세기 이후에도 1,500예가 넘게 나타나는 '이믜'와는 대
조된다. 즉 19세기 이후에도 가장 널리 사용된 예는 '이믜'였던 것임을 알
수 있다. '이미'의 분철 표기인 '임이'는 19세기 후반에 30여 예가 나타날
뿐이다.
　이상 기술한 내용을 표로 나타내면 아래와 같다. 음영으로 처리한 부분
은 실제 형태가 나타난 기간을 나타내고, 해당 표기형이 처음으로 나타난

문헌도 기록하였다. 이 중 가장 오랫동안 널리 사용된 형태는 '이믜'이고, '이믯, 이미셔, 이밋'은 하나의 문헌에만 한정되어 나타났음을 알 수 있다.

	15세기	16세기	17세기	18세기	19세기
이믜		번역노걸대(1517) 外			
이믜셔	두시언해(1481) 外				
이믯		소학언해(1588)			
이미			동국신속삼강행실도(1617)外		
이미셔			두시언해중간본(1632)		
이밋			여훈언해(1658)		
임의		소학언해(1588) 外			
임의셔			노걸대언해 (1670) 外		
이뮈				여사서언해(1737) 外	
이뫼				종덕신편(1758) 外	
이미					박통사언해(1765) 外
임이					이언언해 (1883) 外

2.2. 표기의 변화

앞 절에서 살펴보았듯이 '이믜'류 부사는 매우 다양한 모습으로 문증된다.[4] 이는 대부분 해당 시기의 표기법의 변화로 인한 것으로 보인다. 특이한 것은 문법형태 '-셔'와 결합한 '이믜셔, 임의셔' 등이 나타난다는 것이다. 여기에서는 '이믜'류 부사의 이표기들을 표기법의 변화와 함께 고찰해 본다.

국어사의 기술에서 분철 표기는 주로 17세기 이후의 근대 국어의 표기법

---

4) 필사본에는 더욱 다양한 예가 나타난다. '님의, 이무, 임믜, 임미, 임에, 임우' 등의 형태도 나타나는 것으로 연구되었으나 본고의 논의에서는 필사본의 예들에 대한 설명은 생략하도록 한다.

에서 두드러지던 특징 중 하나이지만, '이믜'와 '임의'의 공존은 16세기 후반부터 나타난다. 또한 19세기 후반의 '임이'도 그러한 표기 의식을 반영한 것으로 보인다. 19세기의 '늬>ㅣ'의 음운 변화가 '이믜>이미'에 반영된 후 이를 분철 표기한 '임이'가 나타나는 것이다.

'이믜'와 '이미'의 혼기는 이미 후기 중세 국어 시기에 시작된 'ㆍ'의 혼란으로 인한 것으로 보인다. 'ㆍ'의 비음운화로 원래는 'ㆎ'로 표기되던 것이 '늬'로 표기되는 것이 변화의 바른 방향이겠지만, 이러한 표기의 혼란이 기존의 '늬'로 표기되던 단어와 'ㆎ'로 표기되던 단어 사이의 혼동을 유발할 수 있다. 즉, '이믜' 표기형이 원래 존재하고 있었는데, 'ㆎ'와 '늬' 표기가 혼란을 일으키자 '이믜'와 '이미'가 혼기되기 시작한 것이다. 그러나 이때 '이미'는 '이믜'의 단순한 혼기가 아니라 어느 정도 음운론적 실체를 가지고 있었던 것으로 보인다. 이후에 나타나는 '이뫼'가 '이미'에서 원순모음화한 형으로 파악할 수 있기 때문이다.

'이뫼'와 '이뮈'는 각각 '이미'와 '이믜'에서 원순모음화가 반영된 표기형이라고 할 수 있다.5) 이 시기에 '늬>ᅱ'의 원순모음화를 수행한 표기형들은 여러 문헌에서 존재한다. 최전승(2004)에서는 비어두음절에서 양순음의 원순성에 동화되어 원순모음화한 표기형들이 16세기부터 존재가 확인되고, 이것이 17세기를 거쳐 18, 9세기와 현대의 지역방언까지 확대되어 있다고 하였다. 그 예는 다음과 같다.6)

    (7) ㄱ. 션븨>션뷔(儒) : 글 ᄒᆞᆫ 션뷔나(22ㄴ)

       ㄴ. 보븨>보뵈(寶) : 보뵈예 오슬(47ㄱ), 보뵈로운 목숨(11ㄱ)

       ㄷ. 이믜>이뮈(旣) : 이제 이뮈 흐터디고(42ㄴ)

---

5) '이뮈'나 '이뫼'의 이중모음 'ᅱ'와 '늬'를 상향 이중모음으로 볼 것인지, 하향 이중모음으로 볼 것인지에 대해서는 연구자마다 그 의견이 다르다고 할 수 있다. 본고에서는 이기문(1998 : 153)과 최명옥(2004 : 250~262)에 따라 19세기 이전의 'ᅱ'와 '늬'는 각각 'uy', 'oy'인 하향 이중모음으로 파악하고자 한다.

6) 아래의 예는 모두 최전승(2004 : 129)에서 가져온 것으로 이는 18세기 ≪念佛普勸文≫의 것이다.

　　ㄹ. 아븨>아뷔(父) : ᄌ식은 아뷔 말을 드르니(22ㄴ)
　　ㅁ. 말믜>말뮈(事由) : 구지 죽으믈 말뮈아(7ㄱ)

최전승(2004)에서는 특히 '션븨>션뷔'의 변화가 16세기의 ≪번역소학≫
(1518)과 임진난 이전 자료인 ≪청주언간≫ 등에서 등장하기 시작하였다는
사실을 바탕으로, 이러한 후기 중세어에서의 원순모음화와 근대어에서의
원순모음화가 동일한 선상에 있는 것이라고 주장한다.

　'·>ㅗ'의 변화 역시 일찍이 주목을 받아왔다. 이기문(1978), 이숭녕(1988),
최명옥(1982) 등에서 '·>ㅗ'의 변화가 반영된 여러 예들을 살펴 볼 수 있
는데, 특히 최명옥(1998)에서는 후기 중세국어에서 발견되는 '말ᄉᆞᆷᄾ말솜
(言)', '노ᄅᆞᆨᄾ노루(獐)'와 함께 '나비ᄾ나뵈(蝶)', '도치ᄾ도최(斧)'의 예를 들고
있다. '·'가 그 전후에 있는 원순모음 '오'나 양순음의 원순성에 동화되어
'오'로 원순화된 과정을 거쳤다고 설명한다.[7] 이에 근거하여 '이믜>이뫼'의
변화도 원순모음화를 수행한 것으로 받아들일 수 있다.

　그러나 '이뫼'를 '一>ㅗ'의 변화로 설명한 연구도 있다. '一>ㅗ'는 원순
모음화의 일반적 범주에서는 벗어나는 것이지만, 백두현(1988)에서는 순자
음 뒤에서 '一>ㅗ'의 변화를 지적하고 다음과 같은 예를 제시하고 있다.[8]

　(8) 볼화 火(4b), 비보롤포 飽(22a), 보틀졉 接(4b) 너몰유 踰(25b) (유합(1700))
　(9) 일로보터(一브터, 22 : 49b), 수포래(林, 25 : 4a), 머모로라(15 : 18a) (두시
　　　언해, 중간본)

백두현(1988)에서는 원래 '·-ㅗ, 一-ㅜ'의 대립쌍이 '·'의 소실로 혼란을

---

7) 최명옥(1982)에서는 후기 중세국어에서 발견되는 원순모음화 현상과 근대국어에서 발생
　된 원순모음화 현상을 엄격히 구분해야 한다고 하였으나, 최전승(2004)에서는 그 구체
　적인 근거는 찾을 수 없다고 지적하였다. 본고에서는 이에 대해 더 깊이 있는 논의를
　전개하지는 않지만, 근대국어의 원순모음화 현상과 중세국어의 그것을 구분한다고 해
　도, 근대국어에서의 '이믜>이뫼'의 변화역시 원순화의 범주에서 충분히 설명될 수 있다
　고 본다.
8) 아래의 예문은 모두 백두현(1988 : 177~187)에서 가져온 것이다.

빚어 이러한 변화가 생겨났다고 주장하였다. 'ᆞ'의 변화로 'ㅗ'가 대립쌍
을 잃어버리자 'ㅗ'는 그 짝을 'ㅡ'에서 찾을 수밖에 없었고, 모음들 간의
대립 관계가 동요되는 불안정한 상태에서 'ㅡ>ㅗ'의 변화가 생겨났다는 것
이다. 또한 ≪훈몽자회≫에서의 '나므, 부므(父母)'의 예를 들어 '으'와 '오'
의 대립관계가 증명될 수 있다고 하였다. 이러한 견해를 빌어 '이믜'와 '이
뫼'가 혼기할 수 있었다고도 해석할 수 있다. 그러나 백두현(1988), 이현희
(1996)에서 지적하듯, 'ㅡ>ㅗ'의 변화는 국어사에서 그 예를 쉽게 찾을 수
없는 경우이므로 '이뫼'는 '이믜'의 출현과 함께 'ᆞ>ㅗ'의 변화가 반영된
표기형으로 보는 것이 더 타당할 듯하다.

2.3. '이믯'과 '이믜셔'

중세어·근대어에서 부사 뒤에 'ㅅ'이 나타나는 예들은 흔한 편이다. 권
용경(2001 : 66)에서는 '시간 부사'나 '공간 부사'가 사이시옷의 쓰임과 밀접
한 관련이 있는 것으로 보았다. 그러나 '이믯, 이믲' 등과 같은 예들은 일반
적으로 후행 요소인 NP를 수식하는 사이시옷으로 보이지는 않는다. 이때의
'ㅅ'은 이현희 외(1997ㄱ)에서 제시된 '부사어에 붙어서 다시 부사를 만드는
접미사적 요소'로 보는 것이 옳을 것이다. 권용경(2001)에서도 이러한 용례
로 '쟝촛, ᄌᆞ못' 등을 들고 있다.
'이믜'류 부사 중 '이믜셔'가 나타나는 것은 다소 특이하다. 이현희(2006 :
54)에서는 '머리셔', '노피셔'처럼 '이믜셔'의 문법 형태 '-셔'가 부사에 직
접 통합한 것으로 보았다. 이현희(2006), 안병희·이광호(1990), 민현식(1989)
등에서는 '-셔'를 '잇-' 및 '이시-'(有)와 관련된 '시-'의 부동사가 문법화하
여 형성된 것으로 '있다'라는 [존재]의 의미를 바탕으로 한다고 보았다. 이
현희(2006 : 50)에서는 특히 '-셔'가 [존재]의 의미에서 도출되어 공간적·시
간적 同起性이나 근거, '-로부터'[出發點]의 의미를 더 가지게 된다고 보았다.
그러나 현대어에서는 '이미'라는 형태 자체에 '-서'가 결합한 '이미서'라

는 형태는 매우 어색하다. '멀리서, 높이서'가 현대어에서 자연스럽게 쓰이는 것과는 차이를 가진다. 하지만 중세국어에서는 '-서'뿐 아니라 '출발점'의 의미를 가지는 '-브터'가 결합한 '이믜셔브터'도 존재한다. '머리셔브터'와 유사한 형태를 보이는 것이다.

> (10) 이 弟子도 쏘 져믄 느티 아니로소니 <u>이믜셔브터</u> 오늘 굴히여 무러 (두시언해, 중간본, 16 : 48a)

그런데 이현희(2006 : 55)에서 지적하였듯이 단일부사에 '-서'가 통합한 예는 극히 드물고, '이믜셔'의 의미가 '이믜'의 의미와는 일정한 차이를 가진다는 점에서 이 형태에 대한 추가적인 고찰이 필요하다고 하겠다. '이믜셔'의 의미에 대한 논의는 3장에서 이어질 것이다.

3. '이믜'의 의미

근대어의 '이믜'는 현대어와 같은 의미를 가지지만 그 이전시기에서의 쓰임은 조금 달랐다. 특히 '이믜셔'를 중심으로 나타나는 '미래'의 의미는 '이믜'의 의미와 관련하여 주목할만한 것이다. 본장에서는 이를 대응하는 한자어를 중심으로, "旣"를 의미하는 '이믜'류와 "就"를 의미하는 '이믜셔'류로 나누어 살펴보겠다.

3.1. "旣"를 의미하는 '이믜'류

현대어에서의 '이미'는 『표준국어대사전』에서 '다 끝나거나 지난 일을 이를 때 쓰는 말. '벌써', '앞서'의 뜻을 나타낸다.'라고 풀이하고 있다. 민현식(1989, 2004), 이주행(1989), 손남익(1995), 서정수(2005) 등에서도 '이미'는 시간상으로 화자가 예상한 어떤 시간보다 사건이 먼저 이루어져서 완료된 것을 의미하는 것으로 기술하고 있다. '이미'는 시간적으로는 '순서'를 나타내는 부사이며, 이미 그 사건이 '완료'된 것을 나타내기 때문에 완료상을 나타내는 것으로 해석된다고 하였다.

> (11) ㄱ : 오늘 경기 언제부터지?
> ㄴ : 응 이미 시작했어.

(11ㄱ)에서 화자가 예상하고 있는 경기 시작 시점보다 실제 경기의 시작 시점이 더 선행된 것이고, 위 예문에서는 '경기 시작'이 이미 완료된 상태이므로 '이미'가 사용될 수 있고, 이때 '이미'는 항상 과거형 서술어에 한해 사용된다.

중세·근대어의 언해문에서의 '이믜'는 주로 '旣'와 '已'를 번역할 때 사용되었다. 그 예는 다음과 같다.

> (12) ㄱ. <u>이믜</u> 이 둜 초ᄒᆞ룻날 王京의셔 떠나거니 (旣是言月初一日離了王京)
> (번역노걸대, 상, 上1ab)
> ㄴ. 武王이 <u>이믯</u> 殷나랏 亂을 平ᄒᆞ시니 天下ㅣ 周룰 宗ᄒᆞ거늘(武王己平殷亂 天下宗主) (소학언해, 2 : 36b)

(12ㄱ)의 예에서는 '떠나는 사건'이 이달 초하루에 '완료'되었음을 나타낸다. 사건의 완료를 나타내는 '了'가 함께 쓰여 그러한 의미를 강화하고 있다. (12ㄴ)의 예에서도 '나라의 난을 평정함'이 먼저 일어나 '완료'되었음을 의미한다.

한편 이주행(1989)에서는 '이미'가 동작동사와만 어울린다고 주장하였으나 '이미'는 상태를 나타내는 동사나 형용사와도 쓰일 수 있음을 알 수 있다.9)

(13) ㄱ. 물이 <u>임의 피곤ᄒ여</u> 쏘 큰 령을 넘지 못ᄒ리라 (무오연행록 6 : 77b)

　　 ㄴ. <u>임의 머디 아니ᄒ면</u> ᄒ로밤 더시기를 허홀딘더 명일의 일즉이 가고 맛당히 후히 샤례 ᄒ리라(旣不遠 敢借府上歇宿一宵 明日早行 卽當 厚謝) (包公 冤戴帽 7 : 75)

　　 ㄷ. <u>이믜셔</u> 큰 지븨 기우롬과 <u>다ᄅ니</u> 어루 ᄒᆞᆫ 남ᄀ로뻐 괴오리라 (旣殊 大厦傾, 可以一木支) (두시언해, 초간본, 6 : 44a)

(13ㄱ)의 예에서 부사 '임의'가 수식하는 것은 '큰 령을 넘지 못ᄒ리라'가 아니라 '피곤ᄒ여'이다. 말의 상태가 이미 피곤한 상태이니, 앞으로 큰 령을 넘지 못할 것이라는 의미이다. 이를 '말이 이미 피곤해져서' 혹은 '말이 이미 피곤해해서' 등의 자동사로 해석할 수도 있지만, 말의 상태에 대한 언급인 것은 분명하다. (13ㄴ)의 예에서 '임의'가 수식하는 대상은 '머디 아니ᄒ면'이다. 이 때의 '멀다'는 형용사이므로 '이믜'는 동사가 아닌 형용사도 수식할 수 있다는 점을 알 수 있다. (13ㄷ)의 예는 '(지금의 상황은) 큰 집이 기울어짐과 이미 다르니 하나의 나무로도 괼 수 있다' 정도로 해석 할 수 있다.[10] 즉, '이믜셔'가 '다ᄅ니'를 수식하므로 이 역시 형용사를 수식하는 경우로 볼 수 있을 것이다.

'이믜셔' 역시 '旣'에 해당되는 의미로 사용되었다. 그런데 특이한 점은 이러한 의미로 사용되는 '이믜셔'가 ≪두시언해≫에만 한정된다는 것이다. ≪두시언해≫(초간본)에서의 '이믜셔'의 몇 예를 다음에 제시한다.

---

9) 이주행(1989)에서는 '동작동사'라는 용어를 사용하고 있지만, 이것을 동사의 한 부류로 보고 '상태동사'와 대응하는 개념으로 사용한 것인지, 형용사와 동사의 구분을 '상태동사'와 '동작동사'로 하고 있는 것인지는 알 수 없다. '동작동사, 상태동사, 형용사' 등의 분류 문제는 본고의 논의를 벗어나는 것이므로 추가적인 논의를 전개하지는 않겠다. 다만 본고에서는 '동작을 나타내는 동사'가 아닌 '상태를 나타내는 동사' 혹은 '형용사'까지도 '이믜'가 수식할 수 있다는 사실을 용례를 통해 증명하고자 한다.

10) 이현희·이호권·이종묵·강석중(1997 : 321~326)에서는 위 구절이 ≪文中子≫에 "큰 집이 기울어진 것은 나무 하나로 지탱할 수 없다(大厦之傾, 非一木可支)."라 한 데서 가져온 표현임을 밝히고, 위 구절을 '이미 큰 집이 기울어진 것과 다르니, 나무 하나로 괼 수 있으리라'라고 현대어역하고 있다.

> (14) ㄱ. 徒衆올 보내요매 <u>이믜셔</u> 長上이 잇고 머리 가 戌邊호매 또 모미 잇
>   ᄂ니라 (送徒旣有長遠戌亦有身) (두시언해, 초간본, 5 : 27a)
>   ㄴ. 춤 츠는 ᄆ리 <u>이믜셔</u> 牀애 오ᄅ니라 (舞馬旣登牀) (두시언해, 초간
>   본, 6 : 13a)
>   ㄷ. 이믜셔 世間애 없믜여슈믈 免티 몯홀시 時時예 와 奔走ᄒ던 모믈
>   쉬노라 (두시언해, 초간본, 旣未免羈絆時來憩)(9 : 22a)

(14ㄱ)에서는 '徒衆을 보내는 사건'보다 '長上'이 존재하는 상태가, (14ㄴ)에서는 '춤추는 말이 상에 올라간 사건'이 과거에 일어나서 이미 완료되어 있음을 의미한다. (14ㄷ)에서는 '세간에 얽매어 사는 삶을 면치 못하는 상태'가 과거부터 지속되어 왔음을 나타낸다. 이러한 '이믜셔'의 용법은 1632년의 ≪두시언해≫(중간본)에서도 그대로 이어진다.

   그런데, '旣'의 번역으로서의 '이믜'가 항상 과거의 사건을 나타내는 것은 아닌 듯하다. 다음의 예를 보자.

> (15) ㄱ. 네 <u>이믜</u> 몰 ᄑ라 가거든 우리 벗 지어 가미 마치 됴토다(你旣賣馬去
>   時 咱們恰好做火伴去) (노걸대언해, 상, 7b)
>   ㄴ. 네 <u>이믜</u> 북경을 향ᄒ여 갈 ᄯ시면 나는 이 조선ㅅ 사롬이라 中國ㅅ
>   ᄯᅡ히 본ᄃᆞᆫ 돈니기 닉지 못ᄒ니 네 모로미 나롤 ᄃᆞ려 ᄒᆞᆫ가지로 벗
>   지어 가쟈(你旣往北京去 我是朝鮮人 中國地面素來行不慣 你好歹帶我
>   作箇同伴去) (노걸대신석언해 1 : 9b)
>   ㄷ. <u>임의</u> 머디 아니ᄒ면 ᄒ로밤 더시기를 허홀딘디 명일의 일즉이 가
>   고 맛당히 후히 샤례ᄒ리라(旣不遠 敢借府上歇宿一宵 明日早行 卽當
>   厚謝) (包公 免戴帽 7 : 75)

위의 예에서 '이믜'와 '임의'가 모두 '과거에 있었거나 완료된 일'을 나타내는 것은 아니다. (15ㄱ)과 (15ㄴ) 예는 '네가 (앞으로) 말을 팔러 갈 것이면~ 벗 지어 가자.', '네가 장차 북경에 갈 것이면~함께 가자'로 해석될 수 있을 것이다.[11] (15ㄷ)의 예는 '앞으로 멀지 않다면 하룻밤 더 있기를 허락할텐데 멀기 때문에 내일 일찍 가시라' 정도의 의미를 가진다고 할 수 있을

것이다. 따라서 위의 예에서의 '이믜'는 과거의 사건을 나타낸다고는 할 수 없다.

김원중(1989 : 174~176, 452)에서는 '이믜'의 이러한 쓰임에 대한 해석을 제시한다. '旣'는 본래 동사로서 '완결하다', '끝내다'라는 뜻이며 시간사로 사용되면 '지난 후', '머지않아'라는 뜻이 된다고 하였고, '已' 역시 '완료하다'의 의미를 가지고 있다가 시간사로 사용되면서 '오래지 않아', '이후에'라는 뜻을 가질 수 있다고 하였다.

3.2. "就"를 의미하는 '이믜셔'류

'이믜셔'는 15세기 후반 ≪두시언해≫(초간본)에 처음으로 등장하여 1765년 ≪박통사신석언해≫ 이후로는 보이지 않는다. 그리고 그 예도 ≪두시언해≫(초간본), ≪두시언해≫(중간본), ≪번역노걸대≫, ≪노걸대언해≫, ≪박통사언해≫, ≪번역박통사≫, ≪박통사신석언해≫에만 한정된다.[12]

또 하나 '이믜셔'의 특이한 점은 이 단어가 두 가지 의미로 사용된다는 것이다. 아래의 예를 보자.

(16) (번박) <u>이믜셔</u> 그 구은 고기 가져오라 (<u>就</u>將那燒肉來)(6a)

　　　(박언) <u>이믜셔</u> 그 燒肉을 가져오라 (상 3b)

(17) (번박) <u>이믜셔</u> 발 조쳐 피 내라 (<u>就</u>蹄子放血) (43a)

　　　(박언) <u>임의셔</u> 굽에 피 빠히리라 (상 38b)

　　　(박신) <u>이믜셔</u> 굽에 피 빠히라 (1 : 42a)

(18) (번노) <u>이믜셔</u> 쟝 조쳐 가져오라 (<u>就</u>將醬來)[13] (상 41a)

---

11) 그러나 이것은 한편으로 '네가 이미 말을 팔기로 마음을 먹었다면'으로 해석될 수도 있다. 이병기(2006ㄱ : 676~677)에서는 이러한 용법이 '상대방의 의도를 기정사실화하여 '~한 바에는'으로 해석될 수 있다'고 하였다. 하지만 (15ㄷ)에는 이러한 해석이 적용되기 어려우며, '마음을 먹었다'는 의미가 생략되어 나타났다고 보기도 어렵다.

12) 이하 위 문헌을 (두초), (두중), (번노), (노언), (박언), (번박), (박신)으로 칭하기로 한다.

13) 정광(2006)에서는 '就'에 해당하는 모든 형태를 '함께'로 현대어역 한다. (18)의 경우는 '장까지 함께 가져오라'로 번역하였고, (19)의 경우는 '빗자루를 함께 가져와서 쓸라'

(노언) <u>이믜셔</u> 져기 쟝 가져오라 (상 37a)
(19) (번노) <u>이믜셔</u> 믯뷔 조쳐 가져다가 짜 쓸라 (<u>就拿茖箒來掃地</u>)(상 69a)
(노언) <u>임의셔</u> 닛뷔 가져다가 짜흘 쓸라 (상 62a)

이는 백화문의 어록(語錄)인 '就'를 언해한 것으로 문맥상 '곧 그 구은 고기를 가져오라', '(말의) 발굽에서 피를 빼내라' '곧 쟝을 가져 오라', '곧 빗자루를 가져와서 땅을 쓸어라' 정도로 해석된다. '이믜셔'가 앞으로 일어날 행동을 지시하는 명령문과 함께 쓰이는 것이다.

(번노)와 (노언)에는 명령형 이외에도 청유형과 함께 나타나는 '이믜셔'가 존재한다. 청유형 역시 '앞으로 어떤 일을 함께 하자'는 의미로 사용되기 때문에 미래지향적이라고 할 수 있다.

(20) (번노) <u>이믜셔</u> 비단 사 가지고 가쟈 (一發買子將去)(하 23b)
(노언) <u>이믜셔</u> 비단 사 가져가쟈 (하 21b)

이러한 쓰임은 앞에서 살펴본 '이믜'류에서는 찾아 볼 수 없었다. 현대국어에서도 이러한 쓰임은 허용되지 않는다.

(21) ㄱ. *이미 밥을 먹어라.
ㄴ. *이미 학교에 가자.

로, (20)은 '함께 비단을 사 가지고 갑시다'로 현대어역 하고 있다. 이러한 견해는 석주연(2006)에서도 나타나며, 실제로 '이믜셔'가 '함께'라는 뜻으로 쓰인 예문도 존재하기도 한다.

(번노) 사룸 머글 거슨 안직 져그나 잇거니와 이 물둘흔 또 엇디ᄒ려뇨
　　　 <u>이믜셔</u> 져기 딥과 콩을 논힐훠 주디 엇더ᄒ고 (상 : 55b)
(노언) 사룸 머글 꺼슨 아직 져기 잇거니와 이 물둘흘 또 엇디ᄒ려뇨
　　　 <u>훔끠</u> 져기 딥과 콩을 논일워 줌이 엇더ᄒ뇨 (상 : 50a)

(번노)에서는 '이믜셔'로 언해된 '就'가 (노언)에서는 '훔끠'로 언해되고 있는 것이다. ≪老朴集覽≫이 '이믜셔'의 뜻풀이 중 '훔끠'가 들어 있기도 하다. 그러나 그렇다고 해서 모든 '이믜셔'를 '함께'로 해석할 수는 없다. 그렇지 못한 예가 분명히 존재하기 때문이다.

현대국어에서의 '이미'는 항상 평서문이나 의문문과 함께 나타날 뿐, 명령문이나 청유문과는 나타나지 않는다.

또한 '이믜셔'는 항상 '내일'이나 '앞날'을 의미하는 단어와 함께 쓰여서 앞으로 일어날 사건을 꾸미는 말로 사용되고 있다.

> (22) (번박) 우리 그 나래 각각 큰 밍셰 닐어 므슴 됴호 형뎨 지스면 엇더호고 (咱就那一日 各自說箇重誓, 結做好弟兄時如何) (24b)
> (박언) 우리 임의셔 그 날에 각각 듕호 밍셔롤 닐러 므옴 됴흔 兄弟을 지음이 어떠ᄒ뇨 (상 23a)
> (박신) 쏘 그 날 좁을 꼿고 듕호 밍셰ᄒ여 生死에 됴흔 兄弟을 미즈미 무던ᄒ다 (1 : 27b)
> (23) (번박) 이틋날 드듸여 게셔 분토애 졔ᄒ시고 (明日就那裏上墳了) (65a)
> (박언) 너일 임의셔 게셔 上墳ᄒ고 이바디 먹고 (상 57a)
> (박신) 너일 임의셔 게셔 上墳ᄒ고 밥 먹고 (朴新2 : 02b)

미래에 다가올 '그 날'에 대해 (박언)에서는 '임의셔'라는 형태를 넣어서 해석을 하고 있다. (22)는 '우리 장차 그 날에 각각 중요한 맹세를 하자' 정도로 해석될 수 있을 것이다. (23)의 예에서는 '就'가 '드디어, 임의셔' 등으로 해석되고 있는데, '너일, 이틋날'이라는 단어와 함께 사용되고 있음을 볼 때 이 역시 분명히 미래의 사건을 나타낸다고 할 수 있다.

이렇게 '미래'를 나타내거나 명령문, 청유문과 함께 쓰이는 '이믜셔'는 같은 시기의 '이믜'와도 그 쓰임이 다르고, 현대의 '이미'와도 의미나 용법이 완전히 다르다고 할 수 있다.

그런데 (번박), (박언), (박신), (노언), (번노)에서 항상 '이믜셔'가 미래의 사건을 꾸미는 부사로 쓰이는 것은 아니다. 아래의 예문을 보자.

> (24) (번박) 勘合 써 즉재 인 텨 날 주더라 (寫勘合就使印信與我來) (3b)
> (박언) 勘合을 써 이믜셔 인 텨 나롤 주더라 (상 6a)
> (25) (번노) ᄒ나히 짐 보ᄂ니 이셔셔 게셔 몰 노하 머기ᄂ니(有一箇看行李,

就放馬裏) (상 42ab)
(노언) 호나히 짐 보ᄂ니 이셔셔 <u>이믜셔</u> 몰 노한ᄂ니 (상 38a)

(24)의 예에서는 '나에게 주었다'는 과거 상황에 대해 '就'를 '즉재'와 '이믜셔'로 언해하고 있다. '즉시 도장을 찍어 나에게 주더라' 정도로 해석할 수 있을 것이다. (25)의 예에서는 '밖에 다른 벗이 또 있는가?'라는 질문에 대해 '이 짐 지키는 사람 하나가 거기서 말을 풀어 (물을) 먹이다'의 의미로 대답하고 있는데, 이때의 '이믜셔'가 수식하는 '노한ᄂ니'는 '놓-＋-앗-＋-ᄂ-＋-니'이므로 이는 과거의 사건을 수식하고 있음을 알 수 있다. '이미 한명이 짐을 보고 있다'는 의미인 것이다.

이렇게 볼 때, 중세국어 '이믜셔'류 역시 과거와 미래의 사건을 모두 나타낼 수 있었다고 할 수 있다. 동일한 한 형태가 과거의 사건과 미래의 사건에 모두 사용된다는 점에서 '이믜셔'의 용법은 매우 특이하다고 할 수 있다.

3.3. '이믜'와 시간 인식

'이믜'와 관련된 선행 연구에서는 주로 '이믜'는 과거를 나타내고 '이믜셔'가 미래를 나타내는 형태로 이 둘을 분리해서 논의하려는 의도가 엿보인다. 그러나 앞에서 살펴보았듯이 '이믜'도 과거는 물론 앞으로 일어날 일을 의미한다는 것을 알 수 있었고, '이믜셔'가 미래와 과거를 넘나들며 쓰이는 예들도 확인할 수 있었다. 이현희(2009)에서도 '이믜'의 이러한 특성에 대해 간략히 언급하고 있다.

이렇게 이전 시기의 부사 '이믜'류가 현대어 '이미'와는 달리 과거와 비과거를 모두 나타낼 수 있다는 점은 중세인들의 시간 의식이 현재와는 달랐음을 보여준다. 현대 국어에서도 '지금, 금방' 등이 현재를 중심으로 과거와 미래를 넘나들 수 있기는 하지만, '이미'는 완료를 나타내는 표지로 완전히 굳어져서 사용되고 있다. 민현식(1989, 2004), 이병기(2006ㄱ)에서는 비슷한 시간 부사 '흐마' 역시 과거와 미래를 넘나드는 부사로서 중세인들의 시간 의식을 보여준다고 하였다. '흐마'나 '이믜'가 '기정 사실의 미래 예정화' 혹은 '미래 예정 사실의 기정화'를 통해서 '곧 일어날 일'을 '이미 일어난 일'로 받아들이던 부사라는 것이다. 이러한 논의는 어느 정도 설득력이 있는데, 왜냐하면 '이믜'가 미래를 나타낼 때에 항상 아주 가까운 미래만을 나타내기 때문이다. 실제로 3장 2절의 예들에서 '이믜셔'가 '곧' 등으로 언해되고, '내일', '이튿날'과 같은 명사와 함께 사용되어 '그리 멀지 않은 일' 혹은 '예정된 일'을 나타내고 있음을 알 수 있다.

현대어에서도 '이미'가 현재에 쓰일 수 있는데, 이때에는 특수한 문맥을 필요로 한다.

> (26) 이미 먹고 있어.
> (27) 이미 먹는 중이야.

위와 같은 예문이 사용되기 위해서는 '(무언가를) (미래에) 먹을 것이냐?'라는 상대방의 전제가 필요하다. 즉, (27)과 같은 맥락에서는 가능하지만 (28)과 같은 맥락에서는 가능하지 않는 것이다.

> (26) ㄱ. 밥 언제 먹을 거야?
> ㄴ. 이미 먹고 있어 / 이미 먹는 중이야.
> (27) ㄱ. 밥 먹었어?
> ㄴ. *이미 먹고 있어 / *이미 먹는 중이야.

이렇게 '이미'는 '앞으로 일어날 것이라고 기대되는 미래의 일'에 대해 그 일이 벌써 일어나고 있음을 사용될 때 과거가 아닌 용법으로 사용될 수 있다. 이 때 중요한 것은 '어떤 일이 앞으로 일어날 것이라는 기대'보다 '그 일이 벌써 일어나고 있다'는 것이다. 아래의 예문을 보자.

(28) ㄱ. 난 이미 끝났어. 감독님께서 다시 기회를 주시지 않으실 거야.
ㄴ. 난 이제 끝났어. 감독님께서 다시 기회를 주시지 않으실 거야.

'나에게 다시 기회가 오지 않을 것이다'라는 동일한 명제에 대해 (28ㄱ)과 (28ㄴ)이 다 사용될 수 있는 것처럼 보이지만 상적 의미에 있어서는 차이가 난다. (28ㄴ)의 화자가 발화시부터 '앞으로 나는 가능성이 없을 것이다'라는 의미를 느낀다고 한다면, (28ㄱ)의 화자가 '가능성이 없었음'을 인식한 것은 발화시의 이전이기 때문이다.

이병기(2006ㄱ, 2006ㄴ)에 따르면 근과거나 근미래는 현대적 개념으로, 현재의 영역 안에 드는 광범위한 시역을 지시하는 시간 부사의 존재가 이전 시대에는 충분히 가능할 수 있다고 하였다. 중세에는 현재에 대하여 현대보다 훨씬 더 넓은 시역을 가졌을 것이라는 것이다. '이믜' 역시 '현재'를 기준으로 과거에 완료되어 '현재'까지 영향을 주는 일에 쓰였고, 장차 일어날 것이 '현재'에 기정사실화된 맥락에 사용될 수 있었던 것이다.

그러나 비과거를 나타내는 예들은 그렇지 않은 예들에 비해 그 수가 현저히 적다. 또한 '이믜셔'가 나타나는 문헌들도 그리 많지 않다. 용례 수로 보자면 '이믜'의 용례의 대부분은 어떠한 사건이 과거에 완료되어 그 상태가 현재까지 영향을 미치거나 어떠한 상태가 과거에서부터 지속되고 있음을 나타낸다고 할 수 있다. '이믜'가 비과거의 의미를 나타낼 수도 있었지만, 지배적인 의미인 '과거'로 점차 굳어져 간 것이다. 결국 '이믜'의 의미는 현대어에 이르러서 현대적인 시간 개념에 따라 '과거 완료'의 의미에 한정되어 그 의미역이 좁아졌다고 해석할 수 있겠다.

4. 결론

지금까지 중세·근대의 '이믜'의 형태와 의미에 대해 고찰해 보았다. '이믜'가 시기별, 문헌별로 달리 표기되는 형태를 살펴보고 이것이 국어의 표기법과 음운 변화를 어떻게 반영하고 있는지를 살펴보았다. '이믜'의 이표기들이 출현하는 시기를 표로 정리하였고, '이믜' 역시 분철표기, 원순모음화, 단모음화(ㅢ>ㅣ) 등 국어사 일반에서 관찰되는 여러 변화들을 거쳤음을 알 수 있었다.

특이한 것은 '이믜'가 현대어와는 달리 과거와 미래의 일을 함께 나타낼 수 있었다는 점이다. 이를 해당하는 한자 '旣, 已, 就'의 의미와 함께 기술해 보았다. '旣, 已'는 일반적인 완료의 의미로 '이믜, 이믜셔' 등으로 나타났지만 '就'는 미래의 의미를 가진 것으로 '이믜셔'류로만 나타났다.

이렇게 '이믜'가 완료와 미래라는 상반되는 의미를 동시에 나타낼 수 있는 형태로 사용된 것은 중세인의 시간 의식이 지금과는 달랐기 때문이라고 추측할 수 있다. '현재'에 대한 시역이 넓었기 때문에 '가까운 미래에 일어날 일'을 기정 사실화하여 나타낼 수 있었던 것이다. 중세국어의 'ᄒᆞ마' 역시 그러한 시간 인식이 가능한 표현이었다. 그러나 '이믜'나 '이믜셔'가 '미래'의 의미로 해석되는 예들은 근대국어로 오면서 점차 사라지는 것으로 보인다.

시간 부사의 사용은 인간의 시간 의식을 바탕으로 하므로 이에 대한 철학적인 탐구가 함께 이루어지면 더 의의 있는 연구 결과가 나올 수 있으리라 생각한다. 인간이 인지하는 시역이 어떻게 변화해 왔으며 이에 따라 한국어의 시간 표현이 어떻게 달라져왔는지에 대한 연구가 한 차원 높은 논의를 가능하게 할 것이다. 또한 '이믜셔'가 '就'를 번역한 것으로 나타나는 박통사 언해류와 노걸대 언해류의 문헌상의 특징도 고려될 필요가 있을 것이다. 백화문을 번역한 다른 문헌들과의 비교를 통해 '就'의 의미와 당시의 시간 인식을 좀 더 구체적으로 살펴볼 수 있으리라 생각한다.

참고문헌

고영근(2005), ≪표준 중세 국어 문법론≫(개정판), 집문당.

국립국어연구원 편(1996), ≪국어의 시대별 변천·실태연구≫ 1, 국립국어연구원.

국립국어연구원 편(1996), ≪국어의 시대별 변천·실태연구≫ 2, 국립국어연구원.

권용경(2001), 국어 사이시옷에 대한 통시적 연구, 서울대학교 박사학위논문.

김원중(1989), ≪허사사전≫, 현암사.

문숙영(2005), 한국어 시제 범주 연구, 서울대학교 박사학위논문.

민현식(1989), 중세국어 시간부사 연구, 서울대학교 박사학위논문.

민현식(2004), ≪국어의 시상과 시간부사≫, 한국학술정보.

박재연(2001), ≪고어사전 : 낙선재 필사본 번역고소설을 중심으로≫, 이회문화사.

박재연(2002), ≪중조대사전≫, 선문대학교 출판부.

백두현(1988), 'ᄋᆞ, 오, 으, 우'의 대립관계와 원순모음화, ≪국어학≫ 17, 국어학회, 177~202.

서정수(2005), ≪한국어의 부사≫, 서울대 출판부.

석주연(2003), ≪노걸대와 박통사의 언어≫, 태학사.

손남익(1995), ≪국어부사연구≫, 박이정.

안병희(1992), ≪국어사 자료 연구≫, 문학과 지성사.

안병희·이광호(1990), ≪중세국어문법론≫, 학연사.

이기문(1978), ≪16세기 국어의 연구≫, 탑출판사.

이기문(1998), ≪국어사개설≫, 태학사.

이병기(2006), '하마'와 시간 인식, ≪국어학논총 : 이병근선생퇴임기념≫, 태학사, 665~689.

이병기(2006), 한국어 미래성 표현의 역사적 연구, 서울대학교 박사학위논문.

이숭녕(1988), ≪이숭녕국어학선집≫(음운편, 3), 민음사.

이승명(2002), 중·근세 국어 부사 어휘의 변천, ≪배달말≫ 31, 123~156.

이주행(1989), 후기 중세국어 시간부사의 통사·의미론적 연구, ≪외국어로서의 한국어 교육≫, 연세대학교 한국어학당, 101~121.

이현희(1996), 중세국어 부사 '도로'와 '너무'의 내적구조, ≪이기문 교수 정년퇴임 기념논총≫, 태학사, 644~659.

이현희(2005), 현대국어의 화석과 그 역사적 해석, ≪국어학≫ 45, 국어학회, 275~288.

이현희(2006), '멀리서'의 통시적 문법, ≪관악어문연구≫ 31, 서울대학교 국어국문

　　　　　　학과, 25~93.
이현희(2009), "조초"의 문법사, 《진단학보》 107, 진단학회, 129~175.
장숙영(2008ㄱ), 《번역박통사(상)》, 한국문화사.
장숙영(2008ㄴ), 《박통사언해류》, 한국문화사.
정　광(1995), 《역주번역노걸대》, 태학사.
정　광(2004), 《노걸대》, 김영사.
정　광(2006), 《역주 번역노걸대와 노걸대언해》, 신구문화사.
선문대학교 중한번역문헌연구소[편](2003), 《박통사신석언해》, 선문대학교 중한번
　　　　　　역문헌연구소.
선문대학교 중한번역문헌연구소[편](2003), 《번역박통사》, 선문대학교 중한번역연
　　　　　　구소.
최명옥(2004), 《국어음운론》, 태학사.
최전승(2004), 《한국어 방언의 공시적 구조와 통시적 변화》, 역락.
홍윤표(1994), 《근대국어연구》, 태학사.
홍윤표(1995), 《17세기국어사전》, 한국정신문화연구원.
한글학회(1992), 《우리말 큰사전》 4, 어문각.
이현희 · 이호권 · 이종묵 · 강석중(1997), 《두시와 두시언해》, 신구문화사.

근대국어 부사 '므릇'에 대하여

최 윤 지

1. 서론

이 글은 근대국어의 부사 '므릇'과 그 이표기어(異表記語)들이1) 보이는 음운론적·형태론적·통사론적·의미론적 성격을 살펴보는 것을 목적으로 한다. '므릇'은 현대국어의 '무릇'에 대응되는 부사인데 음운론적으로 다양한 이표기어들을 가지고 있어 역사적인 변천 양상이 주목된다. 또한 그 내적 구성보다는 문장에서 쓰일 때의 통사적 양상과 의미가 흥미로운 것으로 보인다. 이는 한문 원문의 번역과 관련된 문제이기도 하다. 이러한 다양한 문제들을 장을 달리해 짚어보고 문맥에서의 쓰임을 자세히 관찰하여 기술하려 한다. 주로 근대국어에 발견되는 형태에 집중할 것이나, 통시적인 관

---

1) 앞으로 '므릇'과 그 이표기어들을 '므릇'류, 혹은 별다른 수식 없이 '므릇'이라고 부르기로 한다. 뒤에서 살펴볼 것처럼, 근대국어에서 가장 높은 빈도를 보이는 형태는 '믈읫'이지만 이는 중세국어에서보다 쓰임이 줄어드는 경향을 보이고, '므릇'이 근대국어 시기에 많이 쓰이기 시작한다는 점을 중시한 것이다.

찰도 병행하고 현대국어와의 관련성도 언급하여 설명력을 높이려 한다.

2. '므릇'의 음운·형태

  근대국어에서 가장 널리 쓰인 형태는 '므릇'인데 이는 중세국어의 '믈읫'으로 소급된다. 이 두 형태뿐만 아니라 '므른', '무릇', '무른', '믈윗', '므릿', '무롯', '무랏', '물읏', '물읫', '믈읏', '믈릇', '물릇' 등의 관련된 어형들이 나타난다. 이들 어형들과 그것이 쓰인 시기를 다음 표와 같이 정리한다.

  (1) '므릇'류 어형과 사용 시기

	15세기	16세기	17세기	18세기	19세기	20세기 이후[2)
므릇	–	3	63	89	127	142
므른	–	–	–	2	–	–
무릇	–	–	1	18	47	130
무른	–	–	–	1	–	–
믈읫	174	173	145	133	1	103
믈윗	–	–	4	–	–	–
므릿	–	–	8	43	1	18
므릿	–	–	3	–	–	1
무롯	–	–	–	11	15	180
무랏	–	–	–	–	–	2
물읏	–	–	–	1	1	12
물읫	–	–	–	1	1	11
믈읏	1	–	–	16	–	19
믈릇	–	–	–	–	1	1
물릇	–	–	–	–	–	1

우선 '므릇'은 16세기 후반부터 보이기 시작하는 어형이다. 표에서 볼 수 있듯이 후대로 갈수록 용례가 많아지고 있다. 두 번째 음절의 말음 'ㅅ'이 'ㄷ'으로 교체되는 표기가 18세기에 두 번 보인다.

'므릇'에서 첫 번째 음절의 모음이 'ㅜ'로 쓰여 현대 어형과 같은 꼴인 '무릇' 형은 17세기에 나타나 역시 후대로 갈수록 많이 쓰이고 있다. 말음절 종성이 'ㄷ'인 경우는 18세기에 한 예뿐으로, 왜어유해에서 '凡'자의 풀이에 쓰였다.

중세국어에서 가장 널리 쓰이던 어형은 역시 '믈읫'이었다. 그런데 표에서 알 수 있듯이 15세기에서 가장 많이 쓰였고 후대로 갈수록 쓰임이 줄어든다. 말음절 종성이 'ㄷ'인 경우는 17세기에 네 번 나타날 뿐이다. 연철된 표기인 '므릐'은 17세기부터 나타나는데, '므릿'도 함께 나타난다.

그 외에 '무릋', '무랏', '물읏', '물읫', '믈읏', '믈릇', '물릇' 등의 표기가 적게나마 나타난다. '무릇'이 20세기 초의 문헌에서 꽤 나타난다는 점도 특이하다.

정리하면, 근대국어 시기인 17~18세기에는 아주 다양한 어형이 공존했다는 것을 알 수 있다. 절대량에서 보면 중세국어부터 쓰이던 '믈읫' 형이 이때에도 가장 빈번히 쓰였다고 할 수 있지만, 16세기에서부터 문증되는 '므릇' 형이 점차 널리 쓰이게 되어 그 이후 시기에는 '믈읫' 형보다 사용 빈도가 높아지게 되었다.

또한, 같은 문헌이라도 하나의 어형만 쓰인 것이 아니라 여러 형태들이 같이 쓰인 것을 알 수 있다. ≪어제내훈≫의 예를 들면, 아래와 같이 序에서는 '므를'이 나타나고, 본문에는 '므릇', '믈읫', '믈읏' 등이 함께 나타난다.

(2) ㄱ. <u>므를</u> 사룸의 나미 하눌과 짜의 靈혼 거슬 투며 <御內序2b>
   ㄴ. 뭇 며느리 祭祀와 손디 졉후는 바애 <u>므릇</u> 일을 반두시 싀어마님끠
     請후고 버근 며느리는 뭇 며느릐게 請홀찌니라 <御內1 : 46a~b>

---

2) 20세기 초기의 문헌과 장서각 자료, 신소설 등의 문헌을 포함한 것이다.

ㄷ. 帝의 <u>믈읫</u> 御膳을 后ㅣ 반ᄃ시 친히 술펴 보더시니 <御內2 : 87b>
ㄹ. <u>믈웃</u> 봄이 느치 오ᄅ면 敎ᄒ고 <御內1 : 5b>

‘므릇’의 내적 구조에 대해서는 ≪어원사전≫의 내용부터 살펴볼 필요가 있다.

(3) 무릇2[—를] 昌 대체로 보아. 헤아려 생각하건대. [어원 √믈[衆]+읫[접사]. 변화 믈읫(석보 9 : 2)＞ 므릇(가례 1 : 2)＞ 무릇(왜어 상 : 26)＞ 무릇]

(3)과 같이 ≪어원사전≫에서는 ‘믈읫’의 어원을 ‘믈+읫’으로 분석하여 제시하고 있다. ‘믈(衆)’의 의미에서 ‘무릇’의 의미를 직접적으로 연결지을 수 있는 것은 아니지만, ‘다수’, ‘무리’의 의미에서 ‘일반적인’, ‘대체로’의 의미가 파생될 수는 있다고 생각된다.[3]

하지만 이러한 재구는 많은 점에서 타당성이 결여되는 것이다. 우선 ‘믈(衆)’의 성조와 ‘므릇’류의 성조가 일치하지 않는다. ‘믈(衆)’은 거성인 반면, 성조가 표시된 ‘므릇’류인 ‘믈읫’, ‘믈웃’ 등의 제1음절 성조는 모두 평성으로 나타난다.[4] 또한 ‘믈읫’이 거의 항상 분철된 꼴로 쓰이고 ‘므릇’의 표기가 17세기에서야 나타난 점을 고려할 때, 왜 ‘믈’에 ‘읫’이 결합한 형태가 ‘므릿’으로 표기되지 않았는지 의문이 들게 된다. 이때의 ‘ㅇ’은 유성음 ‘ɦ’에 준하는 것이 아닌지 생각해 볼 수 있다. 그렇다면 ‘믈읫’을 (3)처럼 분석할 수 없게 된다. 마지막으로 ‘믈[衆]’은 15세기에서도 ‘물’로도 쓰이고 ‘무리’도 16세기에 나타나는데, ‘믈읫’의 경우에는 17세기에 가서야 첫 음절 모음이 ‘ㅜ’인 ‘무릇’이 나타난다는 점도 문제이다.

그렇다면 ‘믈읫’이 15세기 이전 시기에 ‘믈(衆)’에서 연원했지만 그 이후

---

3) 한글학회의 ≪우리말큰사전≫의 ‘옛말과 이두’ 부분에서도 ‘믈’의 뜻풀이 중 참고에 ‘믈읫’을 기재하고 있어, ‘믈읫’과 ‘믈’의 통시적 연관성을 인정하고 있는 것으로 보인다.

4) 성조가 표시된 ‘므릇’류라는 것은, ‘므릇’의 많은 이표기어들 중 성조가 표시된 것들을 가리킨다. 이를테면 ‘므릇’, ‘므릿’, ‘므롯’ 등은 그것이 나타난 문헌과 시대의 성격상 성조가 표시되지 않았다.

‘믈읫’으로 어휘화되었고, ‘믈(衆)’ 자체는 15세기에서부터 ‘물’이라는 이형
태를 가지게 된 것이라고 설명할 가능성도 있다. 즉, ‘믈읫’은 ‘믈’의 변화
와 상관없이 고정된 형태이기 때문에, 첫 음절 모음이 ‘ㅜ’인 형태가 중세
국어에 나타나지 않은 사실로부터 ‘믈(衆)’과의 연결을 부인할 수는 없다고
할 수 있는 것이다. 하지만 이때도 여전히 성조의 문제는 남게 된다.

　15세기 이전 시기에 ‘믈(衆)’의 음운이 어떠하였을지 판단하는 것은 본고
의 한계를 넘어서는 일이기 때문에, 관련된 구결 논의를 참고하는 정도에서
마무리하기로 한다. 이승명(2002)에서는 남경란(2002 : 35)의 논의를 받아들여
≪구역인왕경(상)≫을 비롯한 5개의 문헌에서 얻어진 26개의 부사 어휘를
제시한 바 있다. 이 논의들에서는 ‘凡彡’를 ‘무릐’로 해독하여 중세국어의
‘믈읫’에 이어지는 것으로 보고 있다. 그런데 이에 대해 이승명(2002 : 140)에
서는 아래와 같이 ‘무릐’를 ‘므릐’와 함께 써서 첫 모음이 ‘ㅜ’인지 ‘ㅡ’인
지 명확하지가 않다.

> (4) 이승명(2002 : 140)의 논의
> 　‘凡彡(무릐)’/므릇
> 　‘므릐’는 ‘믈읫’의 발음식 표기로5) 후기 중세어의 연철 표기 방식과 같
> 　은데 ‘므릐’의 용례는 찾을 수 없고 후기 중세 국어에서 ‘믈읫’으로 쓰
> 　이고 현대에는 부사 ‘무릇’으로 쓰인다.6)

　남경란(2003 : 153)에는 분명히 ‘무릐’로 해독하고 있는데, 이를 인용하면
서 이승명(2002)에서는 왜 ‘무릐’와 더불어 ‘므릐’를 제시한 것인지 알 수 없
다.7) 이 논의들에서 ‘凡彡’를 ‘무릐’로 해독했든 ‘므릐’로 해독했든 상관없
이, ‘凡彡’를 이 두 음운형 중 하나로만 보아야 할 근거는 없다. ‘凡’이라는

---

5) ‘므릐’는 ‘믈읫’의 발음식 표기라는 설명에는 온당한 근거가 제시되어 있지 않다.
6) ‘므릐’의 용례는 42개가 검색되었는데 이는 모두 ‘믈(水)’의 처격형이다.
7) 이승명(2002)에서는 남경란(2002)를 인용하였는데 남경란(2002)를 직접 구할 수 없어 본
　고에서는 남경란(2003)을 살펴보았다. 배달말학회 발표문인 남경란(2002)을 학술지에 실
　은 것이 남경란(2003)이기 때문에 논의에 큰 변동이 없을 것이라 생각된다.

부사로 쓰인 한자를 훈독하면서 말음첨기자가 ‘ㅅ’로 현토된 것이기 때문이다.

따라서 ‘믈 / 뭀(衆)’과 ‘믈읫’, ‘므릇’이 통시적으로 어떠한 관계를 지니는지 알기 위해서는 중세국어 이전 단계의 용례에 대한 검토가 필요한 상황이다. ‘뭀(衆)’로 쓰인 예가 더 많기는 하지만 ‘믈(衆)’도 존재하기 때문에,8) ‘믈읫’과의 연관성을 완전히 부정할 수는 없다는 정도로 논의를 맺기로 한다.

3. ‘므릇’의 통사 · 의미

3.1. ‘므릇’과 한자어

이제 ‘므릇’이 문장 속에서 어떠한 역할을 하는지 그 통사적 · 의미적 양상을 살펴보기로 한다. 중세 · 근대의 문헌에서 한문의 번역문은 아주 큰 비중을 차지하는데, ‘므릇’ 역시 한문의 번역에서 자주 등장하므로 그 번역 양상을 관찰하는 것이 중요하다.

우선 ‘므릇’이 어떠한 한자에 대응되는지 살펴보기로 한다. ≪중한대사전≫을 참고하면 ‘諸’나 ‘凡’이 ‘므릇’과 관련됨을 알 수 있다. 우선 ‘諸’자를 보면, 주로 ‘여럿’이나 ‘모든’의 의미를 가지는 ‘여러’, ‘모돌’ 등의 단어로 번역되는데, 경우에 따라 ‘믈읫’으로 번역되기도 하였다.

> (5) ㄱ. 植諸善本 : <u>믈읫</u> 됴흔 根源을 시므시니라 <月釋 11 : 46a>
>
>   <u>여러 가짓</u> 善 미틀 시므니라 <法華 1 : 99b>
>
> ㄴ. 諸有所作 : <u>믈읫</u> 호시논 이리 <月釋 11 : 113a>

---

8) ‘믈(衆)’의 용례는 다음과 같은 것이 있다.

獅子ㅣ 혼 번 소리 호매 네 가짓 이리 잇ᄂ니… ᄂᆞᆫ 새 ᄠᅥ러디며 믌 즁싱이 다 기피 들 씨라 <月釋 2 : 38>

믈 륜(倫) <七千29b>

　　<u>여러 가짓</u> ᄒᆞᄂᆞᆫ 이리 <法華 1 : 182a>

(5)는 ≪월인석보≫와 ≪법화경언해≫에서 같은 구절이 어떻게 다르게 번역되는지를 보인 것이다. (5ㄱ)과 (5ㄴ)에서 모두 '諸'자가 쓰이고 있는데 ≪월인석보≫에서는 이를 '믈읫'으로 번역하고 ≪법화경언해≫에서는 이를 '여러 가짓'으로 번역함을 알 수 있다. 이 두 문헌은 비슷한 시기의 것이므로 '믈읫'과 '여러 가짓'의 번역 차이가 통시적인 것이라기보다는 문헌의 성격과 번역 방식의 차이인 것으로 보인다.

　'므릇'류에 더 많이 대응되는 것은 '凡'자이다. 즉 '凡'자는 거의 항상 '므릇'류에 대응되었다.

(6)　ㄱ. <u>凡</u>一應大小事務 都聽小官便宜處置 又賜與小官這把劒 自副將以下 有不用命者 先斬 後奏 這權也不輕了：<u>믈읏</u> 一應大小事務를 다 小官의 便宜處置를 듯게 ᄒᆞ고 ᄯᅩ 小官을 이 혼 ᄌᆞᆯ 칼ᄒᆞᆯ 주어 副將으로븟터 뻐 아러 命을 ᄡᅳ디 아닛ᄂᆞᆫ 者ㅣ 잇거든 몬져 斬ᄒᆞ고 후의 奏케 ᄒᆞ여시니 이 權이 ᄯᅩ 輕티 아니ᄒᆞ도다 <伍倫 8 : 17a>

　　ㄴ. <u>凡諸</u>卑幼 事無大小 毋得事行 必咨稟於家長：<u>믈읫 모든</u> ᄂᆞᆺ가오며 져믄 사ᄅᆞ미 이리 크니 져그니 업시 ᄌᆞ젼ᄒᆞ야 ᄒᆞ디 말오 모로매 집 얼우늬게 무러 ᄒᆞᆯ 거시니라 <飜小 7 : 1a>

(6)은 '凡'이 '믈읏', '믈읫'으로 번역된 것이다. 특히 (6나)를 보면 '凡'과 '諸'가 함께 쓰였을 때 '凡'은 '믈읫'으로 번역되고 '諸'는 '모든'으로 번역되었음이 주목된다.

　그런데 이러한 번역 양상을 살펴보면 다음과 같은 의문들이 제기된다. 우선 '諸'를 번역한 (5)와 같은 '믈읫'의 경우 '여러 가짓'과 같은 관형사의 지위를 가진 것으로 해석될 수 있는데, 그렇다면 '므릇'이 관형사와 부사의 지위를 함께 가진 것으로 볼 수 있느냐 하는 것이다. 또한 (6)에서 '믈읫'의 쓰임은 현대국어와 유사해 보이는데, 더욱 면밀히 자료를 검토해 보았을 때 현대국어의 '무릇'과 어떠한 통사·의미적인 공통점과 차이점을 보이는지 논의가 필요하다. 다음에 이어지는 절들에서 이를 알아보기로 한다.

3.2. 현대국어의 '무릇'

우선 현대국어의 '무릇'에 대해 그 정의와 통사·의미적 특성을 짚어보기로 한다.

> (7) 무릇02-른「부」대체로 헤아려 생각하건대. ≒대범01(大凡). ¶{무릇} 법도란 지키기 위해 존재하는 것이다. / {무릇} 실패는 성공의 어머니이니 너무 실망하지 마라. / {무릇} 나라는 백성이 있어 있는 것이요….≪유현종, 들불≫ / 부모가 물려주는 거만의 유산은 {무릇} 불행을 낳기 쉽다.≪김유정, 생의 반려≫§#비대저02(大抵). [<므릇<믈읫<석상>]

(7)은 ≪표준국어대사전≫에 실린 '무릇'의 뜻풀이를 제시한 것이다. 현대국어의 '무릇'은 그 품사가 부사인 것으로만 정의되어 있고 관형사로 기술된 것은 찾을 수 없다.[9] 그 의미는 '대체로 헤아려 생각하건대'로 다수 소략하게 기술되어 있는데, 실제 '무릇'의 쓰임을 코퍼스를 통해 살펴봄으로써 의미를 따져보기로 한다.[10]

우선 '무릇'은 당위 표현이나 일반적인 사실을 나타내는 표현과 빈번히 공기함을 알 수 있다.

> (8) ㄱ. <u>무릇</u> 정의에는 본질에 대한 언급이 반드시 포함되어야 한다.
>   ㄴ. <u>무릇</u> 길이 아니면 가지를 말라.
>   ㄷ. <u>무릇</u> 먹고 사는 형편이 좋아질수록 뒤를 치우는 일의 비중이 점점 커지는 것은 당연하다.
>   ㄹ. 무릇 역사상의 위대한 시대에는 그 승리와 더불어 불행이 있는 법이다.

---

9) ≪조선말대사전≫, ≪우리말 큰사전≫, ≪금성 국어 대사전≫에서도 마찬가지이다.
10) 21세기 세종 계획 1,200만 어절 균형 말뭉치에서 뽑은 예를 사용한다.

(8ㄱ, ㄴ)은 당위 표현 '반드시', '-어야 하-', '말-'와 공기한 예이고 (8ㄷ, ㄹ)은 '당연하-', '-ㄴ 법이-' 등의 일반적 사실을 나타내는 표현과 공기한 예이다. 이때 '무릇'이 모두 문장의 맨 앞에 쓰인 것을 알 수 있는데, 반드시 그러한 것은 아니다. '무릇'이 문장 가운데에서 쓰인 예와, 당위나 일반적 사실 표현 외에 다른 특징적인 표현들과도 공기한 예를 (9)와 같이 보인다.

> (9) ㄱ. 부모가 물려주는 거만의 유산은 <u>무릇</u> 불행을 낳기 쉽다.
> ㄴ. 형식 절차를 문제삼아 그가 박살낸 훈병이 <u>무릇</u> 기하이던가.
> ㄷ. <u>무릇</u> 온갖 재판은 사법부만의 고유권한임을 우리는 잘 알고 있다.
> ㄹ. 아내란 <u>무릇</u> 남편의 입신출세를 위해 그의 그늘에서 철저히 희생하는 역할을 위해 존재한다는 생각이 그녀의 가슴속에 뿌리 깊게 심어진 탓이었다.

(9ㄱ, ㄴ, ㄹ)에서 '무릇'은 주어에 후행하는 위치에 쓰였다. '무릇'의 의미 특성상 (9ㄱ)처럼 '-은/는'이나 (9ㄹ)처럼 '-이란/란'과 공기하는 경우가 많다. 또한 (9ㄷ)처럼 '온갖'이나 '모든' 등의 전칭 표현과도 잘 호응한다.

이처럼 '무릇'은 총칭 표현과 관련된 일반적 사실이나 당위·의무를 나타내는 양태 의미를 가지는 부사라고 할 수 있다. '반드시', '당연히', '보통'과 같은 여타 양태 부사들의 의미와 용법을 끌어안는다. 또한 구어에서는 잘 쓰이지 않고 문어에서 고어적인 느낌을 가지고 쓰인다.[11]

(9ㄴ)은 '얼마'의 뜻을 가지는 '기하'라는 수 관련 표현이 쓰인 경우이다. 비슷한 문장들이 다음 (10)과 같이 말뭉치에서 몇 개 더 검색된다.

> (10) ㄱ. 소식이 끊이기를 <u>무릇</u> 십오륙 년, 대소가가 모두 궁금하게 여기던 것조차 이제는 지쳐 버리게 되었는데…
> ㄴ. 先人이 하세하신 지가 <u>무릇</u> 아홉 해다.

---

11) 실제로 말뭉치에서 '무릇'은 86번 쓰인 것으로 검색되는데 그 중 구어 자료는 3개뿐이었다.

(10)은 (9나)처럼 수 표현이 '무릇' 바로 뒤에 쓰인 문장들이다. 이러한 용법의 '무릇'은 ≪표준국어대사전≫의 뜻풀이에도 기재되지 않은 것처럼 잘 쓰이지 않는 고어적인 표현인 것으로 보인다. 그런데 3.3에서도 살펴보겠지만 현대국어 이전 시기에 이렇게 '무릇'이 수 표현과 공기하는 쓰임을 많이 보여서 (10)과 같은 예가 주목된다고 할 수 있다. 이때의 '무릇'은 '약', '대략'과 같은 의미인 것으로 보이는데, 그 품사가 문제시된다.

    (11) ㄱ. ≪표준국어대사전≫의 '약'
        약03約「관」(수량을 나타내는 말 앞에 쓰여) 대강, 대략 의 뜻으로, 그 수량에 가까운 정도임을 나타내는 말. ¶두 사람은 {약} 두 시간 동안 이야기를 나누었다. / 그동안 이곳을 다녀간 사람의 수는 {약} 2만 명에 이른다. / {약} 5초 후에 종이 울렸다. / 우리 집은 식비가 생활비 전체의 {약} 60%를 차지한다.
      ㄴ. ≪표준국어대사전≫의 '대략'
        대략大略「I」「명」「1」큰 모략(謀略).「2」대강의 줄거리. ≒애략(崖略). ¶{대략의} 내용 / 경찰은 사건의 {대략을} 발표하였다. / 이번 시험의 결과가 어떤지 {대략만이라도} 알고 싶다.§「II」「부」「1」대충 줄거리만 추려서. ¶그날의 사연을 {대략} 이야기할 동안에 연연이는 스스로 감동되어 목소리를 떨며 눈물을 흘렸다.≪김동인, 젊은 그들≫ §「2」대충 어림잡아서. ¶오늘 집회에 참가한 인원은 {대략} 1천 명으로 추산된다. / 화재의 피해액이 {대략} 1억이 넘는다.

    (11)은 ≪표준국어대사전≫에 실린 '약'과 '대략'의 뜻풀이를 가져온 것인데, 다른 사전에서도 품사에 있어서는 차이를 보이지 않는다. 즉 '약'은 관형사로, '대략'은 명사와 부사로 처리되어 있다. '약'과 '대략' 모두 '약 두 시간', '대략 두 시간'과 같은 용법으로 쓰이지만, '약'은 조사가 직접 결합하지 못하고 관형사적 용법으로만 쓰이는 반면 '대략'은 (11나)에서 보듯이 조사가 직접 결합할 수 있어 명사가 된다. 명사이면서 관형사로 쓰이는 것은 품사 판별을 할 때 명사로 보고 관형사적 쓰임은 '명사+명사'의 구조

로 해석하면 되기 때문에 굳이 관형사의 지위를 더 줄 필요가 없다. 따라서 '대략'은 명사, 관형사, 부사의 쓰임을 모두 가지지만 명사와 부사인 것으로만 처리할 수 있다.

그렇다면 비슷한 의미를 가지는 (9나), (10)과 같은 용법의 '무릇'은 어떠한지 살펴본다. 우선 (9나)와 (10나)는 '무릇'이 '기하'나 '아홉'을 직접 수식한다고 보면 관형사가 되겠지만, '기하이-', '아홉 해이-'와 같이 계사가 결합한 구를 수식한다고 볼 수 있기 때문에 부사로 처리해도 문제가 없다. 그런데 (10가)는 '십오륙 년' 뒤에 서술어가 없기 때문에 '무릇'이 '십오륙 년'을 수식하는 것으로 볼 수도 있어 관형사로 보일 수 있다. 하지만 이 역시 부사로 볼 수 있다. 비슷한 구조에서 '무릇'뿐만 아니라 다른 부사가 쓰일 수 있고, '하-', '이-' 같은 서술어나 계사가 생략된 것으로 볼 수 있기 때문이다. 김창섭(1993)에서는 (12)와 같은 예들을 종속접속절에서 '하-'가 생략되는 현상이라고 설명하였는데 특히 이 예들은 부사가 쓰인 경우이기 때문에 우리의 주장을 잘 뒷받침한다. '빠르게'나 '재미있게'가 '대답', '공부'라는 명사를 수식하는 관형사인 것이 아니라, 여전히 '대답하-', '공부하-'를 수식하는 부사인 것이다.[12]

> (12) ㄱ. 철수는 질문들에 너무 빠르게 <u>대답</u>, 진행자가 당황하면서…….
> ㄴ. 철수는 그 책으로 재미있게 <u>공부</u>, 처음으로 화석에 대해 알게 되었다.

지금까지 현대국어의 '무릇'의 통사와 의미에 대해 살펴보았다. 사전과 말뭉치를 동원하여 다소 장황하게 이를 기술한 것은 근대국어를 비롯하여 현대국어 이전 시기의 자료에서 나타나는 '므릇'을 더 면밀히 관찰하기 위

---

12) 이때 '하…' 생략형의 형태 기술을 어떻게 할 것이냐 하는 문제가 발생한다. 쓰인 문장에 따라 '하여', '하고', '하며' 등 여러 활용형을 상정해 볼 수 있기 때문에 정확히 말해서 '하-'가 생략된다고 할 수는 없다. 김창섭(1993 : 197)에서는 이를 '공부-∅-∅'와 같은 영형태소가 결합된 활용형으로 설명하고 있다.

해서이다. 또한 현대국어의 '무릇'과 근대국어의 '므릇'이 가지는 공통점과 차이점을 더욱 명확히 드러낼 수 있다. 다음 절에서 근대국어를 중심으로 '므릇'의 통사·의미적 특성을 살펴보겠다.

3.3. 근대국어의 '므릇'

근대국어의 '므릇' 역시 현대국어처럼 다양한 환경에서 쓰인다. 우선 (13)처럼 당위적인 의미를 가지는 문장에서 많이 쓰인 것을 알 수 있다.

> (13) ㄱ. 由是凡有發心者 要應離相也 此正勸離相發心也 : 이런 젼ᄎ로 <u>믈읫</u> 發心홀 사ᄅ몬 <u>모로매</u> 相올 <u>여희여ᅀᅡ</u> ᄒ리니 이 正히 相 여희여 發心호믈 勸ᄒ샤미시니라 〈金三 3 : 31b〉
>
> ㄴ. 凡生子, 擇於諸母與可者 必求其寬裕慈惠溫良恭敬愼而寡言者 使爲子師 : <u>믈읫</u> ᄌ식 나호매 모든 어미와 다뭇 可ᄒ 이예 ᄀᆯ희오ᄃ 반ᄃ시 그 어위크고 누그러오며 ᄌ샹ᄒ고 인혜로오며 온화ᄒ고 어딜며 공슌ᄒ고 조심ᄒ며 삼가고 말솜 져그니를 구ᄒ야 ᄒ여곰 ᄌ식의 스승을 <u>사몰디니라</u> 〈小學 1 : 3a〉
>
> ㄷ. <u>므릇</u> 凶ᄒ고 더러운 일을 다 시러곰 <u>參預티</u> 말라 〈家禮 10 : 4b〉
>
> ㄹ. 이웃네 일은 사롬의 도리에 큰 거시라 <u>므릇</u> 너희 어딘 빅셩이 웃듬으로 <u>맛당이</u> 더 힘쁠 쩌시니 〈警民重 29a〉

(13)은 '므릇'이 여러 가지 당위 표현과 함께 쓰인 문장들이다. '모로매', '-어ᅀᅡ ᄒ-', '반ᄃ시', '-ㄹ디니라', '-디 말라', '맛당이' 등과 공기하여 행동이나 의식에 대한 지침·당위의 의미를 더욱 잘 드러내고 있다. 문헌들이 불경이나 경서 등 백성들을 교화시키기 위한 성격을 가지고 있다는 점에 비추어 볼 때 이러한 구문들이 많이 쓰임은 쉽게 예측할 수 있다.

'므릇'은 (14)처럼 일반적인 사실이나 진리를 언급할 때에도 쓰인다.

> (14) ㄱ. 曲禮曰 凡視上於面則敖 下於帶則憂 傾則姦 : 曲禮예 ᄀᆯ오ᄃ 믈읫 봄

　　이 눗치 올이면 오만이오 씌예 느리오면 근심홈이오 기우리면 간
　　샤ᄒ니라 <小學 3 : 13b>
　ㄴ. 므릇 主婦는 닐온 主人의 妻ㅣ라 <家禮 1 : 23b>
　ㄷ. 므릿 이제 사롬은 兄弟만 ᄀᆞ튼이 업스니라 <시경9 : 6b>

(14ㄱ)은 사람을 대할 때의 시선에 대한 것으로, 상대방의 낯보다 올려다보
면 오만하고 띠보다 내려다보면 근심하는 것이고 시선이 엇갈려서 보면 간
사하다는 의미이다. 이는 일반적인 사실에 대한 견해에 해당하지만 간접적
인 명령, 즉 당위 표현으로 해석할 수도 있다. 즉 올려다보거나 내려다보거
나 시선이 엇갈려서 보는 것이 좋지 않으므로 그렇게 보지 말라는 뜻이 된
다. (14ㄴ, ㄷ)도 '主婦', '사롬'에 대한 일반적인 진술을 함으로써 간접적인
당위의 표현을 의도할 수 있다. 즉, 명령과 일반적 진술은 맞닿아 있는 화
행이 되어 '므릇'이 모두 포괄할 수 있는 영역이 된다.

　'므릇'은 (15)에서 볼 수 있듯이 '~란 것이'를 뜻하는 표현들과도 잘 공
기한다. 직접적으로 '盛服은', '겨집 ᄌᆞ식은'이라고 표현할 수도 있지만 한
문 원문을 살려서 '~이라 부르는 것은', '~가 되었는 자가'라는 우회적 표
현을 쓰고 있다. 이러한 번역 양상이 현대국어에도 영향을 끼쳐서 앞서 살
펴보았던 (9ㄹ)과 같은 표현이 '무릇'과 잘 공기하는 것으로 보인다.

　(15)　ㄱ. 므릇 盛服이라 닐온 거슨 벼슬 이시면 幞頭ㅣ며 公服이며 씌며 靴
　　　　　며 笏이오 <家禮1 : 27a>
　　　ㄴ. 믈읫 겨집 ᄌᆞ식이 되엿는 재 만일 겨집 스승의 ᄀᆞᆯ치믈 드러 아
　　　　　롬다온 말슴을 드리디 아니ᄒᆞᆫ 즉 <女訓上37b>

　앞서 현대국어에서 '무릇'이 수 표현과도 공기하는 경우를 살펴보면서,
그 때의 '무릇'을 관형사가 아닌 부사로 볼 수 있다고 하였다. 그런데 중세
나 근대국어의 '므릇'은 현대국어보다도 더 빈번히 수 표현과 함께 쓰이고
있었다.

(16) ㄱ. 閏돌은 혜디 말고 <u>므릇</u> 열석 둘이라 네논 날을 졈卜호야 祭호더니
　　　　〈家禮 9 : 18b〉

　　 ㄴ. 이 訓이 그 글이 <u>므릇</u> 혀나믄 말이오 그 됴目이 <u>므릇</u> 열 둘히어니
　　　　와 〈女訓下 47b〉

　　 ㄷ. 공으로 인호야 셩혼혼 재 <u>므릇</u> 이십팔인이오 〈種德上 19b〉

　　 ㄹ. 대져 덕상의 일이 난 후에 역적의 변 지으미 <u>믈읏</u> 몃 번이뇨 〈중
　　　　외윤음01a〉

　　 ㅁ. 부뫼 죽거놀 주검을 져다가 영장호고 거려롤 여슷 히롤 호고 조모
　　　　상의 쏘 시묘 삼 년 호니 <u>믈읟</u> 아홉 히롤 혼 번도 지븨 왕환티 아
　　　　니호니라 〈東國孝 1 : 37b〉

　　 ㅂ. <u>믈읫</u> 몃 마릿 그를 지으니오 〈杜重 22 : 16b〉

(16ㄱ)~(16ㄹ)은 '므릇'에 바로 수량 표현이 후행하는데, 계사 '이–'가 함께 쓰여 현대국어와 유사한 모습을 보이고 있다. 즉, 이때의 '므릇'은 '열석 둘'이나 '혀나믄 말', '이십팔인', '몃 번'을 수식하는 것이 아니라 여기에 '이–'가 결합한 구 전체를 수식하는 것으로 보면 굳이 관형사의 지위를 줄 필요가 없어진다. 실제로 중세국어와 근대국어 자료에서도 이러한 경우가 대다수이다.

그런데 (16ㅁ, ㅂ)과 같이 수를 나타내는 명사구를 수식하는 것처럼 보이는 문장들도 존재한다. (16ㅁ)에서는 '믈읟'이 '아홉 히'를, (16ㅂ)에서는 '믈읫'이 '몃 마리'를 수식하는 것처럼 보이는 것이다. 하지만 이 역시 부사로 볼 가능성이 더 크다. '믈읟' 또는 '믈읫'에 후행하는 구 전체를 수식하는 것으로 볼 수 있기 때문이다. (16ㅁ)은 '통틀어 헤아려 보건대, 아홉 해를 한 번도 집에 왕환하지 않았다', (16ㅂ)은 '통틀어 헤아려 보건대, 몃 마리의 글을 지었는가' 정도로 해석할 수 있어서 이때의 '믈읟', '믈읫'도 부사가 된다.

문제가 될 수 있는 것은 앞서 (5)에서 살펴본 '諸'의 번역으로서의 '므릇' 류이다. ≪법화경언해≫에서는 같은 한자가 '여러 가짓'으로 번역되어 있는데 이것이 ≪월인석보≫에서는 '믈읫'으로 번역되어 있다. 즉, '여러 가

짓'과 마찬가지로 '믈읫'도 관형사인 것으로 볼 수 있는 가능성이 있는 것이다. 하지만 같은 한문 어구를 번역했다고 해서 각각에 쓰인 어휘들을 일대일 대응시켜 같은 품사라고 규정짓는 것은 위험한 일이다. 그렇게 본다면 (5ㄱ)의 '됴훈'과 '善'도 같은 의미와 품사를 가진 것으로 보게 된다. 즉 다른 문헌에서 '여러 가짓'으로 번역되었다고 해서 그때의 '믈읫'이 반드시 관형사라고 단정할 수는 없다. 물론 (5)의 예들은 '諸'와 대응되므로 관형사인 것으로 처리하는 편이 자연스러울 수도 있다. 그러나 이러한 '諸'의 번역으로서의 '므릇'류가 매우 희소하다는 점과 한문 원문에서 '諸'의 용법을 더 깊이 따져보아야 한다는 점에서 (5)의 경우도 지금까지의 논의에서 크게 벗어나는 것은 아니라고 생각된다.

'므릇'의 품사에 대해서는 중국어에서 '凡'의 품사가 무엇인지 따져보는 것도 간접적으로 도움이 될 듯하다. ≪허사사전≫에서는 '凡'의 용례를 (17)과 같이 세 가지로 나누고 있다.

> (17) ㄱ. 凡事豫則立 不豫則廢. (禮記 中庸)
> 　　　 대체로 모든 일은 미리 준비하면 성공하고, 미리 준비하지 않으면
> 　　　 실패한다.
> 　　 ㄴ. 陳勝王凡六月. (史記 陳勝世家)
> 　　　 陳勝이 왕 노릇 한 것은 <u>전부</u> 6개월이다.
> 　　 ㄷ. 卿士師師非度 凡有辜罪. (尙書 微子)
> 　　　 卿士와 百官들은 모두 법도를 준수하지 않았<u>으므로</u> <u>모두</u> 죄가 있다.

(17ㄱ)는 문장 맨 앞에 쓰여 '대체로', '결국', '대개' 등으로 해석되는 부사로의 용법이고, (17ㄴ)는 수량의 합계를 나타내는 부사로의 용법이며, (17ㄷ)는 서술어 앞에 쓰여 '모두'의 뜻을 가진 부사의 용법이라고 한다. 그리고 [주의]를 덧붙여서, 명사 앞에 쓰인 '凡'은 '모든', '일체의'란 뜻으로 해석할 수 있지만 이로써 '凡'이 定語, 즉 관형사가 된다고 할 수는 없다고 한다. 그 근거로는 현대 漢語의 '凡是'와 같은 것이고 단지 구의 첫머리에 쓰

이며 全句의 수식어가 될 수 있으며 그 뜻은 단지 전부를 표시할 뿐만 아니라 결론까지도 내리기 때문인 점을 들었다. 즉, 관형사로 해석될 가능성은 있지만 문법·의미적인 면을 모두 따져보면 부사의 단일 품사를 가진 것으로 보는 것이 합당하다는 것이다. 이는 근대국어의 '므릇'도 부사의 지위를 가진 것으로만 보자는 본고의 주장과도 부합된다.[13)]

부사이면서 관형사의 지위를 가진다는 것은 통사적으로 보았을 때 여간 특이한 것이 아니다. 중세국어나 근대국어에서는 그러한 지위를 가지는 단어를 찾아보기 힘들고,[14)] 현대국어에서도 ≪표준국어대사전≫을 보면 '비교적'과 '천만'의 두 경우만 존재할 뿐이다.[15)]

(18) ㄱ. 비교-적(比較的)「I」「부」일정한 수준이나 보통 정도보다 꽤. ¶{비교적} 쉬운 문제 / 우리 사무실은 도심에 위치하고 있어 {비교적} 교통이 편리하다. §「II」「관」「명」다른 것과 견주어서 판단하는. 또는 그런 것. ¶{비교적} 고찰 / {비교적} 연구//{비교적인} 관점.

　　　ㄴ. 천만01韆萬「I」「수」「관」만의 천 배가 되는 수. 또는 그런 수의. ¶서울 인구가 {천만을} 넘은 지 오래다.//{천만} 도민. §「II」「명」「1」천이나 만이라는 뜻으로 아주 많은 수효를 이르는 말. ¶적이 {천만이} 온다 해도 난 두렵지 않소.§「2」이를 데 없음, 또는 짝이 없음의 뜻을 나타내는 말. 「III」「부」 아주, 전혀의 뜻을 나타내는 말. ¶앞으로는 그런 일이 {천만} 없도록 유의하게. / 그저 죽을 때라 잘

---

13) 일본어의 '凡そ(oyoso)'도 중국어나 한국어와 마찬가지의 용법을 가지고 부사로 쓰인다.

14) 중세국어의 '새' 역시 부사이면서 관형사의 지위를 가지는 것으로 볼 가능성도 있다. 주지하다시피 현대어의 '새'와는 달리 중세국어의 '새'는 조사가 결합할 수 있어 명사의 용법을 가지는데, 아래와 같은 예에서는 부사로 해석될 수도 있는 것이다.
沙彌는 새 出家혼 사ᄅ미니 <釋詳 6:2a>

15) 관형사와 형용사, 부사의 경계 문제에 대한 최근의 논의들에서는 '므릇'과 같은 단어들의 이중성을 인정하는 경향을 보이고 있다. 황화상(2009)에서는 '아주 (부자), 바로 (옆), 겨우 (셋), 무려 (갑절)' 등 이른바 체언수식부사에 대해 관형사가 아닌 부사의 단일 품사 지위를 줄 것을 주장한 바 있다. 이들은 체언을 수식하기는 하지만 체언의 '속성'이 어떠한지를 나타내기 때문에 여전히 부사라는 것이다. 이를 따르면 '므릇' 역시 체언수식부사 범주에 귀속시킬 수도 있다. 또한 목정수(2007)에서는 기존 품사 체계의 문제를 지적하고 새로운 형용사 범주를 설정하여 '집중 (연구하다), 확대 (적용하다)' 같은 구성에서의 '집중, 확대' 등을 형용사·부사 통용으로 설명하고 있다.

못하였습니다. {천만} 용서하옵기 바랍니다.≪현진건, 무영탑≫

(18)의 사전 기술을 살펴보면 '비교적'과 '천만'이 모두 관형사와 부사의 지위를 가지는 동시에 명사의 지위도 가짐이 주목된다. '비교적'과 같은 '-的' 파생 한자어는 불구적인 명사로 조사와 자유롭게 결합하지 못하고 계사와 주로 결합하여 쓰인다. 그런데 '비교적 고찰'과 같은 구성에서 '비교적'을 굳이 관형사로 따로 품사를 매길 필요는 없다. 명사가 명사를 수식하는 'N+N' 구성도 충분히 가능하기 때문이다. '천만'의 경우 역시 수사, 관형사, 명사, 부사의 네 품사를 주고 있는데 '천만 도민'과 같은 구성은 명사나 수사의 관형사적 용법인 것으로 환원시켜도 된다. 즉, '비교적'과 '천만' 모두 명사와 부사의 지위를 가진다고 보는 것이 더 합당하다.

 '비교적'과 '천만'이 모두 부사로 쓰일 때와 관형사적인 역할을 하는 명사로 쓰일 때 그 의미가 다름에 유의할 필요가 있다. 이는 '무릇'의 경우 일반적인 사실이나 당위의 표현에 쓰일 때이든 수량 표현 앞에 쓰일 때이든 모두 '통틀어 헤아려 보건대' 정도의 의미로 볼 수 있는 것과 다른 점이다. 즉, '무릇'은 통사적으로뿐만 아니라 의미상으로도 두 품사로 따로 매길 필요가 없다.

4. 결론

 이상에서 근대국어의 부사 '므릇'과 그 이표기어들이 보이는 음운론적·형태론적·통사론적·의미론적 특성을 살펴보았다. '므릇'은 통시적·공시적으로 다양한 이형태들을 가지고 있는데 이 중 근대국어에서 많이 쓰였던 것은 '믈읫'과 '므릇'이다. '므릇'의 통사적·의미적 특성은 한문 번역 양상을 살펴봄으로써 더욱 분명히 드러난다. 주로 '凡'자를 번역한 것이 '므릇'

이었으며 이는 한문 원문에서나 번역된 한국어에서나 모두 부사로 판별됨을 알 수 있었다. 관형사로의 용법이 보이지 않는 것은 아니지만, 한문 문법과 현대국어의 문법을 함께 살펴볼 때 굳이 관형사로 품사를 더 설정할 필요가 없음을 밝혔다. '므릇'의 내적구조와 어원은 본고에서 자세히 다루지 못하였다. 앞으로 '므릇'의 이표기어들의 음운적 특성을 더욱 면밀히 조사하고 15세기 이전 시기의 자료들을 포괄하여 이를 설명할 수 있는 작업이 이루어지기를 기대한다.

참고문헌

1. 논저류

김창섭(1997), '하다' 동사 형성의 몇 문제, ≪관악어문연구≫ 22, 서울대학교 국어
　　　　국문학과, 246-267.
남경란(2002), 대방광불 화엄경소의 구결에 대하여, ≪배달말학회 전국학술대회 발
　　　　표 논문집≫, 배달말학회.
남경란(2003), ≪대방광불화엄경소(권35)≫ 입곁(口訣) 연구, ≪배달말≫ 32, 배달말
　　　　학회, 137-159.
목정수(2007), 수상한 수식 구조에 대하여 : 부사의 境界에서, ≪어문논집≫ 40, 중
　　　　앙어문학회, 5-38.
이승명(2002), 중, 근세 국어 부사 어휘의 변천, ≪배달말≫ 31, 배달말학회, 123-
　　　　156.
이현희(2006), '멀리서'의 통시적 문법, ≪관악어문연구≫ 31, 서울대학교 국어국문
　　　　학과, 25-93.
황화상(2009), 관형사와 부사의 품사 설정에 대하여 : 이른바 체언 수식 부사를 중
　　　　심으로, ≪한국어학≫ 42, 한국어학회, 317-344.

2. 사전류

국립국어연구원 편(1999), ≪표준국어대사전≫, 두산동아.
김원중 편(1989), ≪허사사전≫, 현암사.
朴在淵(2002), ≪中韓大辭典≫, 선문대학교 중한번역문헌연구소.
오정환 편(1996), ≪어원사전≫, 한국문화사.
한글학회 편(1991), ≪우리말큰사전≫, 어문각.

부사 '너무'의 통시적 변화에 대하여

박 형 진

1. 서론

현대국어에서 '일정한 정도나 한계에 지나치게'의 의미를 가지고 있는 정도 부사 '너무'의 이전 시기 어형은 '너므, 너무, 너모' 등으로 나타난다.[1] 본고의 목적은 이들 '너무'류 부사가 보이는 음운론적·형태론적·통사론적·의미론적 성격을 통시적으로 기술하는 것이다.

현대국어의 정도 부사 '너무'는 '나, 도'와 같은 보조사와 자유롭게 결합할 수 있다는 점, '하다'와 결합하여 '너무하다'라는 새로운 의미의 어형을 만들어 낸다는 점, 공기 관계, 화용론적 의미 등에서 여타의 정도 부사 '아

---

1) 본고는 앞으로 '너므, 너무, 너모'와 같은 현대국어 부사 '너무'의 이전 시기 어형들을 편의상 '너무'류라 부르기로 한다. 이들을 '너무'류로 지칭하는 것은 어디까지나 현대국어의 어형이 '너무'라는 점을 고려한 편의상의 문제일 뿐이지, '너무'가 이들 부사 어형들의 기원적인 어형임을 말하는 것은 아니다. '너무'류 부사의 형성 과정에 대한 논의는 2장에서 본격적으로 이루어질 것이다.

주, 매우, 몹시, 꽤, 퍽' 등과는 조금 다른 특성을 보인다. 본고는 '너무'류 부사의 변화를 통시적으로 살펴봄으로써 현대국어 '너무'가 가지는 특징들이 '너무'류의 기원적인 성격에서부터 지속적으로 이어져 온 것인지 아니면 통시적 변화의 결과에 기인한 것인지를 살펴볼 수 있을 것이다.

이후의 논의는 다음과 같이 이루어질 것이다. 2장에서는 '너무'류 부사의 형성과 이후의 형태 변화 과정을 살펴볼 것이다. 3장에서는 문헌 자료를 통하여 '너무'류 부사의 공기 관계의 특성을 살펴보고, 이를 바탕으로 '너무'류 부사의 의미를 살펴볼 것이다. 4장에서는 본고의 논의를 간단하게 요약하고 문제점을 지적하면서 논의를 마무리할 것이다.

2. '너무'류의 형성과 형태 변화 과정

본장에서는 '너무'류 부사의 기원적인 형태가 무엇인지를 확인하고, 이후의 어형들이 어떤 음운론적·형태론적 변화과정을 거쳐서 현대까지 이어졌는지를 살펴볼 것이다.

2.1. '너무'류의 기원적 형태와 형성 과정

먼저 '너무'류 부사의 기원적인 어형을 확인하고 그 형성 과정을 살펴보도록 하겠다. '너무'류 부사 중에서 문헌 자료에서 가장 이른 시기에 발견되는 어형은 '너므, 너무, 너모'의 세 가지 어형이다. 이들은 공통적으로 15·16세기 문헌 자료에서 처음 발견된다. 아래에 '너므, 너무, 너모'가 발견되는 최초의 예들을 제시한다.

(1) ㄱ. 이벳 煩惱 몰 츠마 음담 <u>너므</u> ㅎ면 病이 나ᄂ니 (석보상절, 3 : 17b)

ㄴ. 뭇 우흿 두 하ᄂᆞ론 <u>너무</u> 게을이 便安ᄒ고 (석보상절, 6 : 36a)

ㄷ. ᄯᅩ <u>너모</u> 어위여 게을오매 니르디 마롤디니라 (내훈, 초간본, 2 : 14b)

(1ㄱ)은 '너므'의 예이고, (1ㄴ)은 '너무'의 예이고, (1ㄷ)은 '너모'의 예이다. 문헌 자료 상에서 확인되는 '너므, 너무, 너모'의 최초 출현 시기만을 살펴본다면 '너무'와 '너모'가 15세기의 ≪釋譜詳節≫과 ≪內訓≫에서 먼저 발견되고, 16세기 중엽의 ≪釋譜詳節≫ 권 3에서 '너므'가 발견되어 '너무, 너모'가 선대형이고 '너므'는 '너모, 너무'의 후계형으로 볼 여지가 있다.[2] 이러한 문헌 상의 출현 순서를 근거로 하여 구본관(1998 : 334~335)에서는 '너무'류의 기원적 어형으로 '너무'와 '너모'를 잡고, 이들의 형성 과정을 동사 어간 '넘-'에 부사 형성 파생접미사 '-오/우'[3]가 결합한 것으로 파악하였다.

그러나 '너무'류 부사의 기원적 형태를 '너무, 너모'로 잡고, 이들이 동사 어간 '넘-'에 부사 파생 접미사 '-오/우'가 결합한 것으로 처리하는 데에는 몇 가지 문제점이 있다. 첫째, 이현희(1996)에서 지적했듯이 '넘-'과 '너무, 너모'의 성조 관계를 적절히 설명할 수 없다는 문제가 있다. 상성의 성조를 가지고 있는 어간 '넘-'에 거성의 성조를 가지는 문법 형태 '-오/우'가 결합할 경우 그 결과인 '너무, 너모'는 '平去'의 성조를 가질 것이 기대되는데, '너모, 너무'의 성조는 '平平'으로 나타나기 때문이다.

주지하다시피 거성의 모음 문법 형태소 앞에서 상성의 성조를 가지는 어간은 평성으로 변하는 것이 일반적인 현상이다. '넘-'과 같이 상성의 성조를 가지고 있던 어간에 부사 파생 접미사 '-오/우'가 결합한 다른 어형의 성조 변화를 살펴보기로 하자.

(2) ㄱ. 닛-(上) : 닛우(平去)

ㄱ′. 닝-(上) : 닝우(平去)

ㄴ. 외-(上) : 외오(平去)

---

2) 주지하다시피 ≪釋譜詳節≫ 권 3은 16세기 중엽에 중간된 목판본이다.

3) 엄밀히는 '-ㅗ/ㅜ'로 표기하는 것이 바람직할 것이나 편의상 '-오/우'로 표기하기로 한다.

(2)와 '너무, 너모'의 성조를 비교해 보았을 때, '너무, 너모'를 어간 '넘-'에 부사 파생 접미사 '-오/우'가 직접 결합했다고 보는 것에는 문제가 있음을 알 수 있다.

둘째, '너무', 너모'를 '너므'의 선대형으로 볼 때, '너무, 너모'에서 '너므'로의 음운론적 변화 과정을 설명하기 어렵다는 문제가 있다. '너무, 너모'가 어간 '넘-'에 부사 파생 접미사 '-오/우'가 결합하여 형성된 것으로 본다면, '너모, 너무'에서 '너므'로의 변화과정을 적절히 설명할 수 있어야 한다. 그러나 역사적으로 'ㅡ>ㅜ/ㅗ'의 변화 과정은 음운론적으로 적절히 설명할 수 있지만 'ㅗ/ㅜ>ㅡ'로의 변화 과정은 음운론적으로 설명하기 어렵다.

이상과 같은 문제를 해결하기 위해 이현희(1996)에서는 '너무'류 부사가 동사 어간 '넘-'으로부터 형성된 것이 아니라, '넘-'의 사동사 '너므-'로부터 형성된 것으로 보았다. 이현희(1996)에서는 '平平'의 성조를 가지는 사동사 어간 '너므-'에서 영파생이 일어나 부사 '너므'가 형성되고, 이 '너므'에서 'ㅡ>ㅜ'와 'ㅡ>ㅗ'의 변화 과정을 통해 '너모', '너무'가 형성된 것으로 보고 있다. 이와 같은 설명은 '넘-'에 '-오/우'가 결합해서 '너무, 너무'가 형성되었다고 볼 때의 문제들을 해결할 수 있기 때문에 타당한 견해로 보인다. 이현희(1996)의 의견을 받아들일 경우 (1)에서 '너므'의 문헌 상 출현 시기가 '너무, 너모'보다 늦게 나타나는 것은 우연한 현상으로 생각할 수 있다. 또한 15~16세기에 이미 '너모'와 '너무'가 문헌에서 활발히 사용되는 것으로 보아 사동사 어간 '너므-'에서 영파생으로 '너므'가 형성된 것은 그보다 훨씬 더 이른 시기에 일어난 것으로 볼 수 있다.

2.2. '너무'류의 형태 변화 과정

본절에서는 2.1.의 논의를 바탕으로 '너무'류 부사의 기원적 형태인 '너므' 이후 '너무'류 부사의 형태 변화 과정을 살펴보기로 한다.

먼저 '너무, 너모'의 어형을 살펴보기로 하겠다. '너므'에서 '너무, 너모'

로의 변화 과정은 순자음 아래에서 'ㅡ'가 'ㅗ' 또는 'ㅜ'로 변하는 원순모음화로 설명할 수 있다. '너무', '너모'는 '너므'와 함께 '너무'류 중 문헌상에서 가장 높은 출현 빈도를 보인다. 문헌 자료에서 각 시기별로 '너므', '너무', '너모'가 출현하는 빈도를 조사하여 이들 어형 사이의 세력 관계가 어떻게 변화해 가는지를 알아보고자 한다. 문헌 자료에서 '너므', '너무', '너모'의 각 시기별 출현 빈도를 아래에 제시한다.

(3) '너므', '너무', '너모'의 각 시기별 출현 빈도

	'너므'	'너무'	'너모'	계
15세기	4회	53회	5회	62회
16세기	15회	23회	24회	62회
17세기	·	59회	67회	126회
18세기	5회	30회	60회	95회
19세기	·	54회	25회	79회
20세기	·	151회	2회	153회

　(3)을 통해서 '너므, 너모, 너무'의 세력이 통시적으로 변화한 양상을 잘 알 수 있다. '너므'는 15세기에서 18세기까지 꾸준히 나타나기는 하지만 '너무, 너모'에 비해서 상대적으로 아주 적은 빈도로 출현하고 18세기 이후에는 보이지 않는다. 이를 통해 '너무'류 부사의 기원적 형태인 '너므'는 15세기보다 훨씬 이른 시기에 형성되었고, 15세기에는 이미 쇠퇴의 길을 걷고 있었던 시기로 볼 수 있으며, 그 세력이 미약하게나마 18세기까지 유지되다가 18세기에 소멸한 것임을 알 수 있다.

　반면 '너무'와 '너모'는 15세기에 이미 '너므'의 세력을 잠식해가며 그 세력을 활발히 넓혀가고 있었으며 18세기까지 서로 비슷한 빈도로 사용되고 있다. 그러다가 19세기에 들어서면서 '너모'에 비해 '너무'의 세력이 더 커지고 20세기에 들어서면서 '너모'는 거의 소멸하고 '너무'만 남아 이것이 현대국어에까지 이어지고 있음을 알 수 있다.

다음으로 '너무'류 부사 중에서 '너므, 너무, 너모' 이외의 다른 어형을 살펴보도록 하겠다. 문헌 자료에서 발견되는 '너므, 너무, 너모' 이외의 '너무'류 부사의 어형으로는 '넘우, 넘오, 너머, 너모히'가 있다. 이들은 '너므, 너무, 너모'에 비해 상대적으로 적은 빈도로 출현한다.

먼저 '넘우'와 '넘오'의 어형을 살펴보도록 하겠다. '넘우'와 '넘오'는 17세기 문헌 자료에서 처음 나타나기 시작한다. 아래에 그 예를 하나씩 제시한다.

(4) ㄱ. 혹 믈을 <u>넘우</u> 만히 먹거셔 넝긔 위롤 샹ㅎ며 (마경초집언해, 上 : 74a)
　　ㄴ. 만일에 <u>넘오</u> 달혀 법에 그르면 늙은 믈이라 니르니 (신전자취염소
　　　　방, 13a)

(4ㄱ)은 '넘우'의 예이고, (4ㄴ)은 '넘오'의 예이다. '넘우'는 '너무'가 분철된 것이고, '넘오'는 '너모'가 분철된 것으로 볼 수 있으므로, 단순히 표기가 다르게 나타난 것이지 '너무', '너모'에서 음운론적인 변화가 있었다고는 볼 수 없다. 분철 표기인 '넘우'와 '넘오'가 17세기 문헌에서부터 나타나기 시작하는 것은 당시의 일반적인 분철 표기 양상과 궤를 같이 하는 것으로 볼 수 있지만, '너무', '너모'에 비해 적은 예가 발견된다. '넘우'는 17세기에는 《마경초집언해》와 《두창경험방》의 두 문헌에서만 소수의 예가 나타나고, 20세기 초 신소설 자료에서 몇 개의 예가 발견될 뿐이다. '넘오' 역시 17세기의 《신전자취염소방》에서 위 (4ㄴ)의 예가 단 한번 발견되고, 20세기 초 신소설 자료에서 소수의 예가 발견된다.

다음은 '너머'를 살펴보도록 하겠다. '너머'는 19세기 말과 20세기 초에 소수의 예가 발견된다. 아래에 그 중 몇 예를 제시한다.

(5) ㄱ. 으희년 <u>너머</u> 더운 고로 모물과 명쥬 거셜 입퍼지 안너니라 (여소학, 372)
　　ㄴ. 그 모친이 금지ㅎ야 왈 무신에 뚤이 <u>너머</u> 으롬드오니 필경 악훈 거
　　　　시 잇쓰리라 훈디 (여소학, 576)

(5)의 '너머'는 문맥상 후행하는 형용사를 수식하는 '너무'류 부사의 한 어형으로 볼 수 있다.

'너머'의 형성 과정에 대해서는 먼저 비원순모음화에 의한 '너모>너머'의 변화 가능성을 생각해 볼 수 있다. 그러나 여기에는 문제가 있다. 이진호(2005 : 131)에서 지적한 것처럼 비원순모음화는 '본도기>번데기, 봊나무>벚나무, 몬져>먼저, 보션>버선'과 같이 한 형태소 내부의 첫음절에서 일어나는 것이 일반적이었는데, '너모>너머'의 변화는 둘째 음절의 'ㅗ'가 'ㅓ'로 변한 것이어서 비원순모음화의 일반적인 경향에서 벗어나기 때문이다. 이런 점에서 '너머'는 '너무'나 '너모'와 같은 다른 '너무'류로부터 어떤 음운론적인 변화를 통해 형성되었다기보다는 동사 어간 '넘-'의 활용형이 부사로 굳어진 것으로 보는 것이 타당하다고 생각된다.

'너머'가 분철된 것으로 볼 수 있는 '넘어'도 문헌에서 확인이 된다. '넘어'는 '독립신문'에서 단 4개의 예가 발견될 뿐이다. 그 중 일부를 아래에 제시한다.

> (6) ㄱ. 돈 빌니고 십혼 사롬들이 <u>넘어</u> 만하 변리가 더 경흐게 된다더라 (독립신문)
> ㄴ. 일본 사롬의 둘나는 갑시 <u>넘어</u> 만혼 고로 그 디단을 사지 안코 (독립신문)

'너무'류의 특이한 어형으로 '너모히'가 확인되어 주목을 끈다. '너모히'는 '너모'에 다시 부사 파생 접미사 '-히'가 결합한 것으로 볼 수 있다. '너모히'는 ≪女訓諺解≫에서 그 예가 단 한번 나타난다. 아래에 그 예를 제시한다.

> (7) 믈읫 物을 撙節ᄒ며 앗겨 쳐셔 띠히 華려ᄒ며 奢치히 ᄒ며 <u>너모히</u> 쁘디 몯홀 거시오 (여훈언해, 초간본, 하 : 40a)

　　마지막으로 ‘너무’류에 보조사가 결합한 형태들을 살펴보도록 하겠다. 엄밀히 말해서 ‘너무’류에 보조사가 결합한 형태를 ‘너무’류에 포함시킬 수는 없을 것이다. 그러나 ‘너무’류에 보조사가 결합한 것도 ‘너무’류의 형태적 특성 중 하나로 볼 수 있다고 생각되어 간단하게 그 예를 살펴보고자 한다.

　　아래와 같이 현대국어의 ‘너무’에는 보조사 ‘나, 도, 나도’[4]가 자유롭게 결합할 수 있는 특성이 있다.

　　　(8) ㄱ. 영수는 <u>너무나</u> 빨리 걷는다.
　　　　　ㄴ. 영수는 <u>너무도</u> 빨리 걷는다.
　　　　　ㄷ. 영수는 <u>너무나도</u> 빨리 걷는다.

　　소수의 예이지만 ‘너무’류에도 (8)과 같이 ‘너무’류에 보조사가 결합한 예가 발견된다. 아래에 그 중 일부를 제시한다.

　　　(9) ㄱ. 子ㅣ ᄀᆞᆯ샤디 由ㅣ 勇을 好ᄒᆞ기 내게 <u>너므나</u> 取ᄒᆞ야 材혼 배 업도
　　　　　　다 (논어율곡언해, 1 : 43b)
　　　　　ㄴ. 눈 못본다 ᄒᆞ더니 <u>너모나</u> 눈도 셩ᄒᆞ고 여젼ᄒᆞ더이다 (현몽쌍룡기,
　　　　　　13 : 37b)

(9ㄱ)의 ‘너므나’는 ‘너므’에 보조사 ‘나’가 결합한 것이고, (9ㄴ)의 ‘너모나’는 ‘너모’에 보조사 ‘나’가 결합한 것이다. (9)외에 ‘너무’류에 보조사가 결합한 형태로는 ‘넘오나’, ‘넘우나’, ‘너모나’의 예가 모두 발견되지만 이들은 모두 대체로 19세기 말과 20세기 초의 신소설 문헌들에서 주로 발견된다. ‘너무’류에 ‘나’이외에 ‘도’가 결합한 형태로는 ‘넘우도’, ‘넘오도’, ‘너무도’, ‘너모도’가 발견되는데, 이들 역시 이전 시기에서는 발견되지 않고 19세기 말과 20세기 초의 문헌들에서 주로 발견된다. ‘나도’가 결합한 형태로는

---

4) ‘너무’ 뒤에 결합하는 ‘나도’를 하나의 보조사로 설정할 필요는 없을 듯하다. 이는 ‘너무’에 ‘나’와 ‘도’가 둘 다 결합한 것으로 보는 것이 타당하다. 다만 여기에서는 ‘너무’에 결합하는 양상을 보여주기 위해서 편의상 ‘나도’를 하나로 묶어서 표기하기로 한다.

'너무나도'의 형태만 단 한 번 보이는데, 이 역시 신소설 자료에서 발견된다.

이상의 예를 통해 한국어에서 '너무'류에 보조사 '나, 도, 나도'가 결합할 수 있는 현상이 19세기말부터 가능했다고 해석하는 것은 타당하지 않다고 생각된다. 오히려 (9ㄱ)의 존재를 통해 '너무'류에 보조사가 결합할 수 있는 현상은 최소한 18세기부터 일어날 수 있는 현상이었으되, 다만 그 예가 문헌에 나타나지 않는 것은 문헌의 문어적인 성격에 기인하는 것이라고 보는 것이 타당한 것으로 보인다. 현대국어에서도 문어체적 표현에는 '너무나, 너무나도, 너무도'를 쓰지 않는 경향이 이전 시기에도 존재했을 것으로 추측할 수 있기 때문이다. '너무'류에 보조사가 결합한 예를 보여주는 문헌 자료가 이전의 문헌 자료에 비해서 구어적 표현이 상대적으로 잘 드러날 수 있는 신소설 자료라는 것 또한 이러한 입장을 지지해 준다고 할 수 있다.

3. '너무'류의 공기 관계 특성과 의미

본장에서는 문헌 자료에서 나타나는 '너무'류가 어떠한 문맥에서 사용되는지를 살펴보면서 '너무'류가 보이는 다른 어휘들과의 공기 관계의 특성을 밝히고, 이와 함께 '너무'류의 의미론적 특성을 살펴보고자 한다. 본장의 논의는 '너무'류와 공기되는 성분을 그 통사적 성격에 따라 형용사, 동사, 부사로 나누어 진행하도록 하겠다.

3.1. '너무'류와 형용사의 공기

[정도의 높음][5]의 의미를 가지고 있는 '너무'류가 [+정도성]의 의미를

---

5) <표준국어대사전>에서는 '너무'의 의미를 '일정한 정도나 한계에 지나치게'로 제시하고 있다. 본고에서 '너무'류의 의미를 사전의 정의에 따라 [정도의 지나침]으로 나타내

가지고 있는 어휘와 자주 공기할 것이라는 것은 쉽게 추측할 수 있는 일이다. 실제로 '너무'류는, '상태'를 나타내기 때문에 [+정도성]의 의미를 가질 성격이 높은 형용사와 가장 높은 빈도로 공기된다. '너무'류와 형용사와의 공기를 형용사의 의미에 따라 성상 형용사, 심리 형용사, 감각 형용사, 평가 형용사의 경우로 나누어 살펴보고, 이때 '너무'류가 가지는 의미를 논의하도록 하겠다.[6]

① 성상 형용사와 '너무'류의 공기

다음은 '너무'류와 성상 형용사가 공기한 예이다.

> (10) ㄱ. 阿那律이 닐오디 닐굽 히 <u>너무</u> 오라다 사르미 목수미 無常흔 거시라 (월인석보, 7 : 2a)
>
> ㄴ. 이 버다 네 사흐논 딥피 <u>너므</u> 굵다 즘슝둘히 엇디 머그료 (번역노걸대, 상 : 19b)
>
> ㄷ. 이 드릿 보와 기동둘히 아러치와 견조면 <u>너므</u> 굳다 (번역노걸대, 상 : 38b-39a)

지 않고 [정도의 높음]으로 기술하는 것은 [정도의 지나침]으로 기술했을 경우 '너무' 자체에 [상황에 대한 부정적 태도]의 의미가 존재하는 것으로 받아들여질 가능성이 있기 때문이다. 본고는 '너무' 자체가 [상황에 대한 부정적 태도]의 의미를 내포하고 있다고 생각하지 않는다. '너무'가 쓰인 문장에서 마치 '너무'가 [상황에 대한 부정적 태도]를 가지고 있는 것처럼 느껴지는 것은 '너무'가 쓰이는 문맥이나 화용적 상황에 의한 것이지 '너무' 자체의 가지고 있는 의미가 아닌 것으로 보는 것이 타당하다. 이는 다음과 같은 현대국어에서의 '너무'의 예를 통해 쉽게 알 수 있다.

가. 영희는 너무 예쁘다.
나. 영희는 너무 예뻐서 인기가 많다. (화자가 영희를 부러워하는 경우)
다. 영희는 너무 예뻐서 인기가 많다. 짜증나. (화자가 영희를 시샘하는 경우)

'가, 나'와 '다'의 비교를 통해서 '다'에서 보이는 [상황에 대한 부정적 태도]의 의미는 화용적 상황에 의한 것임을 알 수 있다.

6) 의미에 따른 형용사의 분류는 이영경(2007)을 참고하였다. 이영경(2007)에서는 형용사를 심리 형용사, 성상 형용사, 평가 형용사, 비교 형용사, 존재 형용사로 나누고, 감각 형용사는 심리 형용사에 포함시켰다. 본고에서는 편의상 감각 형용사를 따로 분리시켰다. 그리고 '너무'류가 존재 형용사와 공기하는 예는 발견되지 않았기 때문에 제시하지 않았다.

ㄹ. 이 둥엣 뵈는 너브니 됴타 커니와 이 여러 뵈는 <u>너므</u> 좁다 (번역노
  걸대, 하 : 62a)

ㅁ. 녀느 쇠 말오 빙털로 밍굴요더 눌ᄒ란 <u>너므</u> 둗겁게 말오 (번역박통
  사, 16a)

ㅂ. 바탕이 <u>너므</u> 기니 네 나롤 나쇼와 더르게 ᄒ야다고려 (번역박통사,
  18b)

ㅅ. 텬망이 <u>너므</u> 너르고 (천의소감, 4 : 24a)

ㅇ. 옷 밤의 소리 그치디 아니ᄒ고 싀랑의 셩픔이 더옥 방ᄉᄒ야 하늘
  그믈이 <u>너므</u> 셩긔믈 다힝이 너기고 (속명의록, 4a)

(10)에서 '너무'류가 '오라-, 굵-, 굳-, 좁-, 둗겁-, 길-, 너르-, 셩긔-'와 같
은 성상형용사와 공기함을 알 수 있다. '너무'류가 성상 형용사와 공기하는
것은 15세기부터 20세기에 이르기까지 보편적으로 나타난다. 이들 예에서
'너무'류의 의미는 [정도의 높음]이고 [상황에 대한 부정적 태도]의 의미는
드러나지 않는다.

② 심리 형용사와 '너무'류의 공기

아래 (11)은 '너무'류와 심리 형용사가 공기한 예이다.

(11) ㄱ. 돈 세 나츤 밍ᄀ로미 됴코 얇픳 류셩 돈은 밍ᄀ로미 <u>너므</u> 두렵고
  (번역박통사, 19a)

ㄴ. <u>너므</u> 깃거셔 셔욼 이롤 묻노라 (두시언해, 초간본, 3 : 27b)

(11)에서 '너무'류는 '두렵-, 짏-' 등의 심리 형용사와 공기하고 있다. 이러
한 '너무'류와 심리형용사와의 공기 현상은 전 시기에 걸쳐 나타난다. 그리
고 이때의 '너무'류는 [정도의 높음]의 의미만 가지는 것으로 볼 수 있다.

③ 감각 형용사와 '너무'류의 공기

다음은 '너무'류와 감각 형용사가 공기한 예이다.

(12) ㄱ. 주근 사ᄅ미 가ᄉ물 바ᄅ 다히면 아니한 스싀예 도기 더워 이브로
　　　　므리 다 나면 즉재 씨리니 <u>너무</u> 덥게 말라 (구급간이방, 1 : 70a)
　　ㄴ. 츄동 간에 죠흔 무를 <u>너모</u> ᄲ게 저리지 말고 (규합총서, 7b)

(12)에서 '너무'류는 '덥-, ᄲ-'의 감각 형용사와 공기하고 있다. 성상 형용
사에 비해서 적은 예가 발견되지만 이러한 현상에 시기에 따른 제약은 없
는 것으로 보인다. '너무'류가 감각 형용사와 공기하는 경우에도 [정도의
높음]의 의미만 가지는 것을 알 수 있다.

④ 평가 형용사와 '너무'류의 공기

다음은 '너무'류와 평가 형용사가 공기한 예이다.

(13) 쳡예 공쥬의 옥슈룰 잡아 왈 오익(吾兒) <u>너모</u> 슈이 니러 풍한(風寒)의
　　　상(傷)ᄒ미냐 안싁이 엇지 블안ᄒ뇨 (현몽쌍룡기, 38b)

(13)에서 '너무'류가 평가 형용사 '쉽-'과 공기하고 있다. 적은 예가 나타나
지만 '너무'류가 평가 형용사와 결합할 수 있음을 알 수 있으며, 여기에서
도 '너무'류의 의미는 [정도의 높음]으로 볼 수 있다.

⑤ 형용사와 공기하는 '너무'류의 의미

이상에서 살펴본 바에 의하면 형용사 중 '너무'류와 공기하는 성상 형용
사, 감각 형용사, 심리 형용사, 평가 형용사는 모두 [+정도성]의 어휘적 의
미를 가지고 있다. 이와 같은 [+정도성]의 어휘적 의미를 가지는 형용사와
'너무'류의 공기 양상은 전 시기에 걸쳐 일어나고, 이때 '너무'류는 [정도의
높음]의 의미를 가진다.

3.2. '너무'류와 동사의 공기

'너무'류가 동사와 공기되는 경우도 높은 빈도로 나타난다. 그런데 '너무' 류가 동사가 공기할 때의 의미는 공기하는 동사의 어휘적 의미에 [정도성] 의 의미가 있을 때와 없을 때에 차이를 보이므로 이를 나누어서 살펴보도 록 하겠다.[7]

① 어휘적 의미로 [+정도성]을 가지고 있는 동사와 '너무'류의 공기

다음은 어휘적 의미로 [+정도성]을 가진 것으로 볼 수 있는 동사와 '너 무'류가 공기한 예이다.

> (14) ㄱ. 법 저티 아니코 져믄 사롬 모도고 복글 구ㅎ고 익글 면ㅎ여지라
> ㅎ야 방즈히 아당ㅎ여 <u>너므</u> 탐ㅎㄴ니 (정속언해, 20a)
> ㄴ. 갑슬 닐어 므슴홀다 네 그저 폴 갑슬 니른라 속졀업시 간대로 갑
> 슬 바도려 ㅎ노괴여 내 <u>너므</u> 혜아리디 아니ㅎ노라 (번역노걸대,
> 상 : 10b)
> ㄷ. 피니ㅎ며 해로오몰 혜아려 힘써 뎨격ㅎ라 법에 <u>너모</u> 허비ㅎ며 모
> 다셔 술 머고미 또 죄 인ㄴ니라 (경민편, 중 : 14a)
> ㄹ. 실셩통곡 ㅎ엿더니 <u>너모</u> 우다 외오 넉이실가 ㅎ더라 (계축일기,
> 상 : 13a)

(14)에서 '너무'류는 어휘적 의미로 [+정도성]의 의미를 가지고 있는 것으 로 보이는 '탐ㅎ-, 혜아리-, 허비ㅎ-, 울-'과 공기하고 있다. 형용사에 비해 낮은 빈도이지만 '너무'류가 [+정도성]의 동사와 공기하는 것은 시기에 따

---

7) 동사의 어휘적 의미에 [정도성]이 있는지 없는지를 판단할 수 있는 객관적인 방안을 찾 아보려 하였으나, 적절한 방안을 찾지 못하였다. '죽다'와 같은 경우 논리적으로 '죽는 상황'과 '안 죽는 상황' 사이에 중간 지점이 존재할 수 없으므로 [-정도성]의 의미를 가 지고 있는 것으로 비교적 쉽게 [정도성] 유무를 쉽게 판단할 수 있다. 그러나 '울다'와 같은 경우 그 판단이 쉽지 않은 점이 있다. 얼핏 보면 '우는 상황'과 '울지 않는 상황' 으로 [-정도성]으로 판단할 수도 있으나, '흐느끼는 상황', '펑펑 우는 상황' 등과 같이 우는 것에 [정도성]이 있는 것으로 판단할 수도 있다.

른 제약이 없이 나타난다. 이때 '너무'류의 의미는 [정도의 높음]의 의미만 가지는 것으로 볼 수 있다. 혹 (14ㄱ, ㄴ, ㄷ)에서 '너무'류에 '너무'류가 속한 문장이 나타내는 [상황에 대한 부정적 태도]가 나타나는 것이 아닌가 하는 의문을 제기할 수 있으나, (14ㄱ, ㄴ, ㄷ)의 문장에서 드러나는 부정적 의미는 '너무'류에서 기인하는 것이 아니라 동사 '탐ᄒ-, 혜아리디 아니ᄒ-, 허비ᄒ-' 자체가 가지고 있는 의미이다. (14ㄹ)은 부정적인 의미로 해석되지 않기 때문이다.

② 어휘적 의미로 [−정도성]을 가지고 있는 동사와 '너무'류의 공기

다음은 어휘적 의미로 [−정도성]을 가진 것으로 볼 수 있는 동사와 '너무'류가 공기한 예이다.

> (15) ㄱ. 네 이리 간대로 갑슬 바드려 말라 엇디 너를 주어야 올ᄒ료 즈름이 닐오되 나그내니 네 ᄀ장 <u>너모</u> 바드려 말라 (노걸대언해, 하 : 10a)
> ㄴ. <u>너무</u> 자다가 긔운을 일허든 (구급간이방, 1 : 85a)
> ㄷ. <u>너모</u> 머거 샹ᄒ면 (납약증치방, 12a)
> ㄹ. 술을 <u>너모</u> 자시고 취호믈 이긔디 못ᄒ야 (태평광기, 17b)

(15)에서 '너무'류는 어휘적 의미로 [−정도성]의 의미를 가진 것으로 볼 수 있는 '받-, 자-, 먹-, 자시-'와 공기하고 있다. (15)를 통해 '너무'류와 [−정도성]의 동사와의 공기도 전 시기에 걸쳐 일어나고 있음을 안 수 있다.

(15)에서 '너무'류의 의미는 (14)와는 조금 다른 양상을 보인다. (15ㄴ)을 살펴보기로 하자. (15ㄴ)의 동사 '자다'는 논리적으로 정도의 의미를 가지기 어렵다. 왜냐하면 '자는 상황'에는 어떤 정도를 설정하기는 어렵기 때문이다. 그런데 (15ㄴ)에서는 '자다'와 '너무'류가 공기하면서 일차적으로 '자다'에 ['많음'의 정도성]의 의미가 생기는 것으로 보인다. 즉 '너무 자다'구성이 '너무 많이 자다'의 의미를 나타내게 되는 것이다. 또한 '너무 자-'는 상

황을 부정적으로 바라보는 태도가 문장에서 드러나게 되는데, 이는 (14ㄱ, ㄴ, ㄷ)의 문장이 가지는 부정적 의미와는 다른 것이다. (14ㄱ, ㄴ, ㄷ)의 문장이 가지는 부정적 의미는 '너무'류와 공기하는 동사 '탐ㅎ-, 혜아리디 아니ㅎ-, 허비ㅎ-' 자체에서 비롯하는 것이지만, (15ㄴ)의 문장이 가지는 부정적 의미는 동사 '자다'에서 비롯하는 것이 아니라 '너무 자다'가 가지는 것이기 때문이다.

이와 같은 현상은 (15ㄱ, ㄷ, ㄹ)에서도 공통적으로 나타난다. 즉 '너무'류가 어휘적 의미로 [-정도성]을 가지는 동사와 공기할 때는 일차적으로 공기하는 동사에 ['많음'의 정도성]의 의미를 부여하고, 이차적으로 ''너무'류+동사'가 나타내는 [상황에 대한 부정적 태도]의 의미를 부여하는 것으로 볼 수 있다.

③ 동사와 공기하는 '너무'류의 의미

이상에서 살펴본 바에 의하면 '너무'류와 동사의 공기 현상은 전 시기에 걸쳐 나타나는데, 이때 '너무'류의 의미는 동사의 [정도성] 유무에 따라 달라진다고 할 수 있다. 동사의 어휘적 의미가 [+정도성]일 경우에는 '너무'류는 형용사와 공기할 때와 마찬가지로 [정도의 높임]의 의미만을 가진다. 그러나 [-정도성]의 어휘적 의미를 가지는 동사와 공기할 때는 일차적으로 동사에 ['많음'의 정도성]의 의미를 부여하고, 이차적으로 ''너무'류+동사'가 나타내는 [상황에 대한 부정적 태도]의 의미를 부여한다.

3.3. '너무'류와 부사의 공기

다음은 '너무'류와 부사가 공기하는 예이다.

> (16) ㄱ. 一金散은 고해 피 나미 <u>너무</u> 하 어즐ㅎ야 주거 가ᄂ니 (구급방언해, 상 : 63a)

ㄴ. 子ㅣ 굴ᄋ샤디 勇을 됴히 너기고 貧을 疾홈이 亂홈이오 사롬이오
仁티 아니ᄒ니롤 疾홈을 <u>너모</u> 심히 홈이 亂홈이니라 (논어언해,
2 : 33a)

(16)에서 '너무'류는 부사 '하, 심히'와 공기하고 있다. 동사, 형용사에 비해
적은 빈도이지만 부사와 '너무'류의 공기관계는 전 시기에 걸쳐 나타난다.
그리고 이때 '너무'류의 의미는 [정도의 높음]으로 볼 수 있다.

4. 결론

마지막으로 본고의 논의를 간단하게 요약하고 남은 문제를 제시하면서
본고의 논의를 마무리하고자 한다. 본고의 논의는 다음과 같이 요약할 수
있다.

(17) ㄱ. '너무'류의 기원적 형태는 '넘-'의 사동사 어간 '너므-'에서 영파
생된 '너므'이며 '너므'에서 '너무, 너모'가 다시 파생되었다.
ㄴ. '너므'의 형성은 15세기보다 훨씬 이른 시기에 이루어졌으며, 15세
기에는 이미 '너므'가 그 세력을 잃어가고 '너무'와 '너모'가 세력
을 키워가는 시기였다. '너모'와 '너무'는 18세기 말까지 공존하다
가, 19세기부터 '너모'가 쇠퇴의 길을 걷기 시작하여 현대국어에는
'너무'형만 남게 되었다.
ㄷ. '너므, 너모, 너무'형 외에 '너무'류는 '넘오, 넘우, 너머, 넘어, 너
모히'가 존재했는데, 이들은 소수의 예만 일부 시기에 발견된다.
ㄹ. '너무'류는 동사, 형용사, 부사와 공기할 수 있었으며, 공기 양상에
시대에 따른 제약은 없었던 것으로 보인다. 즉 공기 관계에 있어
서 '너무'류는 현대국어의 '너무'와 큰 차이가 없는 것으로 보인다.
ㅁ. '너무'류가 [+정도성]의 어휘적 의미를 가지는 형용사, 동사와 공
기할 경우 [정도의 높음]의 의미를 나타낸다.

ㅂ. ‘너무’류가 [-정도성]의 어휘적 의미를 가지는 동사와 결합할 경우
 ‘너무’류는 일차적으로 동사에 [‘많음’의 정도성]의 의미를 부여하
 고, 이차적으로 “너무’류+동사’가 나타내는 [상황에 대한 부정적
 태도]의 의미를 부여한다.

 본고의 문제점으로는 먼저 ‘너무’류가 가지는 특성을 현대국어의 ‘너무’
와 정밀하게 비교하는 과정이 부족했음을 들 수 있다. 또한 단순한 공기 관
계가 아닌 ‘너무’류의 통사적 특징도 자세히 살피지 못했다. 이들은 추후에
더 보완되어야 할 문제이다. 그리고 ‘너무’에서 파생된 것으로 보이는 ‘비
위에 거슬리는 말이나 행동을 도에 지나치게 하다’는 의미의 동사 ‘너무하
다’의 형성에 관한 문제도 더 살펴볼 수 있는 문제로 보인다.

참고문헌

고영근(1987), ≪표준 중세국어문법론≫, 탑출판사.
구본관(1998), ≪15세기 국어 파생법에 대한 연구≫(國語學叢書 30), 태학사.
곽충구(1990), 圓脣母音化 및 非圓脣母音化, ≪國語硏究 어디까지 왔나≫, 東亞出版社, 84-94.
김창섭(1996), ≪국어의 단어형성과 단어구조 연구≫(國語學叢書 21), 태학사.
송철의(1989), ≪국어의 파생어형성 연구≫(國語學叢書 18), 태학사.
안병희·이광호(1990), ≪中世國語文法論≫, 學硏社.
이상억(1990), 聲調, ≪國語硏究 어디까지 왔나≫, 東亞出版社, 128-138.
이영경(2007), ≪중세국어 형용사 구문 연구≫(國語學叢書 57), 태학사.
이진호(2005), ≪국어 음운론 강의≫, 삼경문화사.
이현희(1993), 국어 문법사 기술의 몇 문제, ≪한국어문≫ 2, 한국정신문화연구원, 57-77.
이현희(1994), ≪中世國語 構文硏究≫, 新丘文化社.
이현희(1996), 중세국어 부사 '도로'와 '너무'의 내적 구조, ≪李基文敎授 停年退任紀念論叢≫, 신구문화사, 644-659.
이현희(2006), '멀리서'의 통시적 문법, ≪冠嶽語文硏究≫ 31, 서울大學校 國語國文學科, 25-93.
임규홍(2002), 국어 정도 부사 '너무'의 화용론적 의미, ≪배달말≫ 30, 배달말학회, 1-22.
장윤희(2004), 현대국어 문법요소와 통시적 정보, ≪國語學≫ 45, 국어학회, 313-336.
허 웅(1975), ≪우리 옛말본: 15세기 국어 형태론≫, 샘문화사.

근대한국어 부사 '엇디'에 대한 연구

진 려 봉

1. 서론

이 글의 목적은 현대한국어 부사 '어찌'와 대응하는 '엇디'류 어형들(이하는 '엇디'로 통일함)이 근대한국어에서 가지는 음운론적·형태론적·통사론적·의미론적 특징을 살펴보는 것이다.

중세·근대 한국어 자료에서는 '어찌'의 의미를 나타내는 어형은 '엇데', '엇뎌', '엇더', '엇디', '어이', '엇찌', '어찌', '엍디', '엍지', '엇지', '엍지' 등과 같이 아주 다양하다. 유창돈(1980)을 비롯한 여러 학자들이 '엇데', '엇뎌', '엇더', 그리고 '엇디', '어이' 등 어형의 관계를 설명하려는 시도를 했는데1) 아쉽게도 많은 의문점이 있는 것으로 보인다. 이와 관련하여 이현희

---

1) 劉昌惇(1980 : 400~401)에서는 "'엇뎌'는 '엇디+어'의 형성이며, '엇데'는 '엇뎌+이'의 형성인 것뿐"으로 설명하고 있다. 그러나 이현희(1985 : 17)에서 지적하였듯이 어떤 때 '-어'가 결합되고 어떤 때 '-이'가 결합되는지 명백하지 않으며 과연 부사 자체에 '-어'나 '-이'가 붙어 또 다른 부사를 파생해 낼 수 있는지 의문이다.

(1985 : 17~20)에서는 이 어형들 사이의 관계를 해결하는 방안 세 가지를 다음과 같이 제시하였다.

첫째, ‘엇디’를 부사로만 보지 말고 명사로도 보자는 것이다. 명사 ‘엇디’에 조사 ‘에’가 결합된 것이 ‘엇뎨’이고 ‘엇뎨’가 삼중모음이 들어 있기 때문에 대단히 발음되기 곤란해서 이중모음으로 발음되어 ‘엇뎌’로 쓰이게 된다. 둘째, ‘엇디ᄒᆞ-’에 부동사형 어미 ‘-아/어’가 결합된 형이 ‘엇뎌’이며 이에 다시 ‘ᄒᆞ다’가 결합해서 ‘엇뎌ᄒᆞ다’가 생성되는데 이 어형의 파생부사가 ‘엇뎨’(← 엇뎌+이)라고 하는 것이다. 셋째, ‘엇디, 엇더, 엇뎌, 엇뎨’에서의 ‘-디, -더, -뎌, -뎨’를 개별적인 형태소로 보는 것이다.

이 세 가지 방언 중에서 첫째 방안이 15세기에 ‘엇디’가 명사로 쓰인 예가 보이지 않기 때문에 설득력이 없어 보이나 나머지 두 가지 방안은 모두 거부할 수는 없다. 본고에서는 이현희(1985)에서 제시한 위와 같은 방안들 중의 셋째 방안을 따르고 연구 대상을 ‘엇디’로 좁히겠다. 즉 ‘엇디, 엇더, 엇뎌, 엇뎨’에서의 ‘-디, -더, -뎌, -뎨’를 각각 개별적인 형태소로 보고 이 중에서 ‘엇디’가 근대한국어에서 가지는 음운론적·형태론적·통사론적·의미론적 특징을 검토해 보고자 한다. ‘엇디’는 중세·근대한국어에서는 부사로 쓰였을 뿐만 아니라 명사로 쓰이는 것도 확인이 되었으나[2] 이 글은 부사로 쓰이는 ‘엇디’의 특징을 검토하고 있기 때문에 명사로서의 쓰임을 보지 않겠다.

이 글의 2장에서는 ‘엇디’의 음운·형태론적 변화를 살펴본 다음에 3장에서는 ‘엇디’의 통사·의미적 양상을 미지칭과 부정칭에 중점을 두어 살펴보겠다. 4장은 결론으로 이 글에서 언급한 내용들을 요약·정리하면서 앞으로의 과제를 제시하기로 하겠다.

---

2) ‘엇디’가 명사로 쓰인 예는 다음과 같다.
　(1) 그듸롤 알어늘 그듸ᄂᆞᆫ 故人을 아디 몯홈ᄋᆞᆫ 엇디오 <小學 6 : 105a>
　(2) 녯 ᄠᅳ둘 의放ᄒᆞ얏거ᄂᆞᆯ 家禮애 이제 다 ᄡᅳ디 아니홈은 엇디오 <家禮 8 : 2a>

2. '엇디'의 음운·형태

근대한국어에서는 '엇디' 외에 '엇찌', '어찌', '얻디', '얻지', '엇지', '얻지' 등의 관련된 다양한 어형들이 나타났다. 문헌 자료에 근거하여 이들 어형들의 출현시기와 빈도를 정리하면 다음과 같다.

(1) '엇디'류 어형들의 출현 시기 및 빈도

	15세기	16세기	17세기	18세기	19세기	20세기 이후[3]
엇디	10	741	890	2123	265	3
엇찌	-	17	6	5	-	-
어찌	-	2	2	-	-	-
얻디	-	-	21	30	-	-
엇지	-	-	27	1450	4117	2673
얻지	-	-	-	28	-	-
어찌	-	-	-	-	1	-

2.1. 엇디

위 표와 같이 문헌 자료에서 가장 이른 시기에 발견되는 '엇디'류 어형은 '엇디'이다. 15세기 자료에서는 '엇디'가 쓰이는 예는 10번이 확인되었고, 이외의 어형들이 모두 발견되지 않았다. 15세기 자료에서 '엇디'가 쓰인 예를 보이면 다음과 같다.

(2) ㄱ. 네 獮猴돌히 내 나라홀 다 ᄒᆞ야ᄇᆞ리ᄂᆞ니 네 <u>엇디</u> 암홀 내야 주디 아니ᄒᆞᄂᆞ다 <月釋 7 : 17a>
   ㄴ. <u>엇디</u> 술 버리고 音樂ᄒᆞ야 ᄡᅥ 즐교몰 ᄒᆞ리오 <內訓 1 : 52b>
   ㄷ. <u>엇디</u> 늦거ᅀᅡ 罷ᄒᆞ시니잇고 <內訓 2 : 19b>

---

3) 여기서의 '20세기 이후' 자료에는 주로 20세기 초기의 문헌과 장서각 자료, 신소설 등의 문헌을 포함한다.

　　ㄹ. 時節이 危亂ᄒᆞᆫ 제 <u>엇디</u> 시러곰 眞實로 이런 ᄆᆞᄅᆞᆯ 닐위려뇨 <杜詩 16 : 42a>

확보된 문헌자료들에 의하면 '엇디'는 중세한국어 문헌 자료에서 가장 처음으로 나타났다. 그러나 김충효(2000 : 121)에 따르면 '엇디'는 고대 한국어인 고려가요에서 이미 확인됐다. 그 용례는 다음과 같다.

　(3) 날러는 <u>엇디</u> 살라ᄒᆞ고 ᄇᆞ리고 가시리잇고 <가시리>

　16세기에 들어 '엇디'의 사용빈도가 급증하고, 같은 시기에 공존하는 다른 어형인 '엇ᄶᅵ', '어ᄶᅵ'보다 훨씬 높은 빈도로 쓰였다. 이런 빈도상의 우세는 17, 18세기까지 유지하다가 19세기에 '엇지'에 우세를 잃고 20세기에는 거의 사용되지 않았다.

2.2. 엇디>엇ᄶᅵ, 엇디>어ᄶᅵ

　문헌 자료에 따르면 '엇ᄶᅵ'는 16세기부터 나타났고 17~18세기에도 가끔 쓰이다가 19세기에 소멸했다. 16세기의 문헌에서부터 중철표기의 방식이 나타나고 17~18세기에 거쳐 19세기에 이르기까지도 사용되었는데 중철 표기에 따라 '엇디'에서의 'ㅅ'이 중철되어 '엇ᄶᅵ' 어형이 나타났을 것이다. 16~18세기에 '엇ᄶᅵ'가 쓰인 예는 다음과 같다.

　(4) ㄱ. ᄒᆞᆫ 사ᄅᆞ미 닐오ᄃᆡ 인ᄉᆡᆼᄋᆞᆫ ᄑᆞᆯ니페 가비야온 들글 ᄀᆞᆮᄒᆞ니 <u>엇ᄶᅵ</u> 이리도록 슈고ᄒᆞᄂᆞᆫ다 <三綱동경烈 11b>
　　　ㄴ. 묘발이 웃ᄭᅩ 닐오ᄃᆡ 이 <u>엇ᄶᅵ</u> 겨지븨 능히 ᄒᆞᆯ 배리오 <三綱동경烈 20a>
　　　ㄷ. 비 턍만ᄒᆞ며 거스리는 긔운이 위관의 모듬이닝이다 왕이 ᄀᆞᆯ오샤ᄃᆡ 곳티기롤 <u>엇ᄶᅵ</u> ᄒᆞ리오 <馬經下 58b>
　　　ㄹ. 누의 닐오ᄃᆡ 죵이 만ᄒᆞ니 <u>엇ᄶᅵ</u> 스스로 굠롭기 이러톳 ᄒᆞᄂᆞ뇨 <御內 3 : 38b>

위의 (4ㄱ)과 (4ㄴ)은 16세기 문헌에서 '엇찌'가 쓰인 예들이고, (4ㄷ)과 (4ㄹ)은 각각 17세기와 18세기 문헌에서 확인된 예들이다.

16세기에 새로 나타난 어형은 '엇찌' 이외에 '어찌'가 있다. '어찌'는 '엇디'에서의 'ㅅ'이 연철되어 나타났을 것이다. 그러나 '어찌'는 사용빈도가 '엇찌'보다 낮을 뿐만 아니라 출현 시기도 짧다. '어찌'는 16세기와 17세기 문헌 자료에만 각각 2번이 확인되었는데 18세기에 소멸된 것으로 보인다. '어찌'가 쓰인 예들을 보이면 다음과 같다.

> (5) ㄱ. 내 ᄆᆞᆷ도 역시미 나니 두어라 <u>어찌</u>리 시브니 내 ᄆᆞᄆᆞᆫ 아모 ᄃᆡ도 브튼 ᄃᆡ 업시 인노라. <순천 83 : 10>
> ㄴ. 九月十五日 父 채, 민 냥셔방ᄶᅵ 도장 요ᄉᆞ이 <u>어찌</u> 인ᄂᆞᆫ다. <순천 84 : 3>
> ㄷ. <u>어찌</u> 남진늘 ᄶᅡ 아래 가 보료 ᄒᆞ더니 홀는 제 어버이 과연 남진 얼오려 ᄒᆞᄃᆡ <東新續烈 16b>

2.3. 엇디>얻디, 엇디>엇지>얻지

'얻디'와 '엇지'는 모두 17세기부터 나타난 어형이고 '얻지'는 조금 더 늦은 18세기부터 나타난 어형이다. 근대한국어 표기상의 중요한 특징 중의 하나는 종성 'ㅅ'이 'ㄷ'과 혼기되는 점이다. 15세기 한국어에서는 종성 'ㅅ'과 'ㄷ'이 엄격하게 구별되어 쓰이다가 16세기 문헌에서는 문란해지기 시작하여 17세기에 들어오면 거의 무분별하게 쓰이게 되었다고 한다. '얻디' 어형은 바로 '엇디'에서의 'ㅅ'이 'ㄷ'과 혼기함으로써 나타난 어형일 것이다. 'ㅅ'과 'ㄷ'의 혼기 현상은 16세기에 나타났지만 '얻디' 어형이 17세기 초의 문헌에서 처음으로 확인되었다. 이 어형은 17세기와 18세기에 쓰이다가 19세기에 소멸한 것임을 알 수 있다. '얻디'가 쓰인 예들을 보이면 다음과 같다.

(6) ㄱ. 父母끠 告ᄒ얏거시니 <u>엇디</u> 쏘 鞠ᄒᄂ요, 薪을 析호ᄃ 얻디 ᄒᄂ뇨
　　　<시경언해 5 : 7b>

　　ㄴ. 널뷔 도라보고 도적글 ᄡ지저 ᄀ로ᄃ <u>얻디</u> 나ᄅᆯ 수이 주기디 아니
　　　ᄒᄂ뇨 <東新三烈 3b>

　　ㄷ. 예나라히 니ᄅ러 흔이ᄅᆯ 권ᄒ야 ᄀ마니 도라 보내니 예왕이 데샹이
　　　ᄅᆯ 가도고 무러 ᄀ로ᄃ <u>얻디</u> ᄀ마니 왕ᄌᄅᆯ 보내뇨 <東新三忠 1b>

　　ㄹ. 辱이 아비 어믜게 믿처 사롬의 傳說홈을 니블시 <u>얻디</u> 븟그럽고 황
　　　공티 아니ᄒ리오 <女四 2 : 12a>

　　ㅁ. 釜山의셔 니ᄅᆞ심은 요ᄉ이는 <u>얻디</u> 디내옵ᄂ고 <개수첩해신어 2 :
　　　24a>

　　ㅂ. 내 그런 後에 浩然히 歸志ᄅᆯ 두니 내 비록 그러나 <u>얻디</u> 王을 숨ᄒ리
　　　오 <孟栗 2 : 77a>

위 (6ㄱ)~(6ㄷ)은 '얻디'가 17세기 문헌 자료에서 쓰인 예들이고 (6ㄹ)~(6
ㅁ)은 '얻디'가 18세기 문헌 자료에서 쓰인 예들이다.

'엇지'는 '얻디'와 같이 17세기부터 나타났는데 '엇디'에서의 'ㄷ'이 't'
구개음화를 겪어 나타난 어형이다. 이 어형은 17세기에 적은 양으로 쓰이
다가 18세기에 들어오면 '엇디'와 함께 '엇디'류의 주 어형으로 두루 쓰이
었다. 그리고 19세기에 가서 '엇디'를 뒤치고 주로 쓰였다. 20세기에는 다
른 어형이 거의 소멸되어 '엇지' 어형만이 쓰이는 것으로 보인다. 다음 (7)
은 각각 '엇지'가 17, 18, 19세기에 쓰인 예들이다.

(7) ㄱ. 강보의 ᄡ인 제로부터 셩장ᄒ도록 근노ᄒ신 은혜를 싱각ᄒ면 하ᄂᆯ
　　　이 가이 벅거든 <u>엇지</u> 이즐젹이 잇시리요. <계녀서>

　　ㄴ. 내 <u>엇지</u> 머무롤 ᄠᅳᆺ이 이시리오 <을병연행록3. 229>

　　ㄷ. ᄉ덕을 닥지 으니 ᄒ면 <u>엇지</u> 남의 며느리ᄀ 되리요 <여소학7>

'얻지' 어형은 '엇디>엇지>얻지'와 같이 '엇디'가 't' 구개음화를 겪은
다음에 다시 'ㅅ'과 'ㄷ'의 혼기로 나타난 어형으로 보인다. '얻지' 어형은
18세기에만 잠시 나타났다가 19세기에 가서는 그 예를 찾아볼 수 없게 되

었다. 18세기에 '얻지'가 쓰인 예들을 보이면 다음과 같다.

> (8) ㄱ. <u>얻지</u> 一時 不利타 ᄒ고 買賣 全體룰 ᄇ려 念廬치 아니ᄒ시리잇가
>   <隣語 4 : 16a>
>   ㄴ. 其間의 是非曲直이야 <u>얻지</u> 업술가 시보온고 <隣語 10 : 18b>
>   ㄷ. 太守ᄂ 얻지 싱각ᄒ시ᄂ고 <改捷 7 : 4a>

2.4. 어찌

19세기에 현대한국어와 같은 '어찌' 어형이 처음으로 나타났다. 그러나 19세기 문헌 자료에서는 단 한 예만 <독립신문>에서 나타났고 20세기 초기의 자료에서는 이 어형을 확인할 수 없었다.

> (9) 이럼으로 써 삼뎌의 째에 잇서셔도 오히려 일견 셕쳑 ᄒ야 긍긍히 못과
>   어름에 쩌러진 것 ᄀᆞᆺ치 ᄒ엿거던 흠을며 <u>어찌</u> 가히 옹희의 이치라 이르
>   지 못ᄒ랴 <1986독립신문 : 8414>

정리하면, 이 글에서 선정한 문헌 자료에 따르면 '엇디'의 여러 가지 어형들에서 가장 일찍 나타난 어형은 '엇디'이고, 나머지 어형들이 모두 각 시기의 표기법이나 음운 현상에 따른 '엇디'의 이표기들이다. 계량적으로 보면 '엇디'가 근대한국어 시기인 17, 18세기에 가장 다양한 어형이 공존하였고, '엇디' 어형이 중세한국어에서 근대한국어 시기인 17, 18세기까지 '엇디'류의 주 어형으로 쓰이다가 근대한국어 후기인 19세기부터 점차 줄어들고 '엇지' 어형보다 훨씬 낮은 빈도로 쓰이고 그 나중에는 모든 어형들이 다 '엇지'로 합류된 것으로 보인다.

3. '엇디'의 통사·의미

이 장에서는 주로 미지칭과 부정칭으로 쓰이는 기능에 중점을 두어 '엇디'가 근대한국어에서 가지는 통사·의미적 양상을 살펴보겠다. 이를 보기 위해 먼저 미지칭과 부정칭에 관한 기본 논의를 정리하고 현대한국어에서의 '어찌'가 어떻게 쓰이고 있는지를 보겠다.

3.1. 미지칭과 부정칭

미지칭은 의문사라고도 하는데 알지 못하는 어떤 것을 지칭하는 '누구, 무엇, 어디, 언제, 얼마, 몇' 등과 같은 의문대명사로 나타나는 것으로 알려져 있다. 그러나 여러 논의에서 지적하였듯이 의문 관형사인 '무슨', '어떤', '어느' 등과 의문 부사인 '왜, 어떻게, 어찌, 어째, 어째서' 등, 그리고 의문 용언인 '어찌하-, 어떠하-, 어쩌-' 등도 이에 속한다.[4] 부정칭은 不定詞라고도 한다. 일반적으로 정해지지 않은 사람, 물건, 방향, 장소 따위를 가리키는 대명사로 정의되는데 이 역시 범위를 대명사로 한정시킨 것이고 그 범위를 관형사, 부사, 그리고 용언으로 확대시킬 수 있을 것이다.

미지칭과 부정칭의 성격에 대해 이은섭(2007 : 43~47)에서는 미지칭과 부정칭은 지칭 대상이 지닌 정체성을 구체적으로 드러낼 수 없다는 공통적 성격을 가지고 있다고 지적하면서 미지칭은 그 지칭 대상에 대한 정체성을 화자가 알지 못할 뿐 아니라 그 정체성에 대하여 알고자 하는 욕구가 존재할 때만 출현하나 부정칭의 출현은 대상의 정체성이 문제가 되지 않고 그 정체성에 대한 화자의 지적 욕구도 없다는 점도 밝혔다.

---

4) 이광호(2004 : 421)에서는 지시부사에서 '이러트시, 그리, 이리, 뎌리' 등은 분명한 지시의 의미를 가지고 있는데, 이런 지시부사 이외에 '엇디, 어데, 엇찌, 어니' 등은 지시 부사이나 그 지시 내용이 정해져 있지 않다. 이것은 대명사의 '미지칭'과 같은 의미를 기본적으로 가지고 있기 때문이라고 하였다.

미지칭과 부정칭의 위와 같은 차이는 응답의 차원에서 확연하게 드러난다고 대부분의 선행 연구에서 논의되었는데, 이은섭(2007 : 48)에서는 다음과 같은 예문들을 들어 미지칭과 부정칭을 구분해 봤다.

> (10) ㄱ. 경숙이는 어제 무엇을 먹었니? (설명의문문)
>   ㄴ. 밥 먹었어.
>   ㄷ. 뭐 먹었는지 몰라.
> (11) ㄱ. 경숙이는 어제 무엇을 먹었니? (판정 의문문)
>   ㄴ. 응, 뭐 먹었어.
>   ㄷ. 아니, 아무것도 안 먹었어,

(10ㄱ)과 같은 설명의문문의 경우에는 '밥'과 같이 정확한 개체로서 응답이 실현되거나 의문의 대상을 모를 때 다시 의문의 속성을 지니고 있는 응답이 드러난다는 것이다. 반면에 판정의문문인 (11ㄱ)과 같은 질문은 '경숙이가 무엇인가를 먹었는지'의 여부만을 묻는 것이기 때문에 (10ㄴ, ㄷ)과 같이 대답하면 비문이 된다. (11) 예문들에서의 '무엇, 뭐, 아무것도'는 모두 미지칭으로 쓰이는 것이 아니라 부정칭으로 쓰인 것이다.

미지칭과 부정칭의 분류와 관련하여 박진호(2007)에서는 대명사를 논하면서 비지시적 대명사를 의문대명사와 비한정 / 不定 대명사[5]로 양분한 다음에, 부정 대명사를 다시 특정 비한정 대명사(예 : 누가 / 누군가 등)와 불특정 비한정 대명사로 나누었다. 이 중에서 불특정 한정 대명사를 다시 자유 선택 대명사(예 : 누구나 / 누구든 / 누구라도 / 아무나 등)와 부정 극성 대명사(예 : 누구도 / 아무도 등)로 분류했다. 본고에서는 이러한 분류방법을 받아들이면서 논의를 진행하겠다. 근대한국어를 보기 전에 현대한국어에서의 '어찌'는 미지칭과 부정칭으로 어떻게 쓰이고 있는지를 먼저 살펴보겠다.

---

5) 이 논의에서도 의문 대명사를 미지칭으로 보고 비한정 / 不定 대명사를 부정칭으로 보고 있다.

3.2. 현대한국어의 '어찌'

≪표준국어대사전≫에서 제시한 '어찌'의 뜻풀이를 옮겨오면 다음과 같다.

> (12) 어찌 「부」「1」어떠한 이유로. ¶{어찌} 그런 소문이 났는지 나도 모르겠다. / {어찌} 벌써 가시오? / 자식 일인데 {어찌} 걱정이 안 되겠습니까?/전엔 암만 오래도 잘 안 오더니 {어찌} 갑자기 왔냐?≪김동인, 약한 자의 슬픔≫ §「2」어떠한 방법으로. ¶이래 가지고는 나라가 안 망하고 {어찌} 견디겠소?≪박경리, 토지≫ §「3」어떠한 관점으로. ¶{어찌} 보면 이 섬 전체가 거북이같이 보인다. / {어찌} 생각하면 네 말도 일리가 있다. / 아주 늙은 노인인 것 같기도 했고, {어찌} 보면 그렇지 않은 듯도 했다. ≪하근찬, 흰 종이 수염≫ §「4」(감탄 표현의 -ㄴ지, -는지 따위와 함께 쓰여) 동작의 강도나 상태의 정도가 대단함을 나타낸다. ¶그 꽃을 보는 순간 {어찌} 예쁘던지 넋을 잃고 바라보았다./수영은 자기가 지금의 복영이만 했을 때 밤에 동네로 마실 갔다가 늑대를 만나서 {어찌} 놀랐던지 오도 가도 못하고 길바닥에 주저앉았던 생각을 하였다.≪심훈, 영원의 미소≫§ [<엇지<*얻디* <두시-초>/엇뎌<월석>/엇뎌<월석>/엇뎨<석상>]

위와 같은 사전 뜻풀이를 보면 현대한국어에서는 '어찌'가 일단 '어떠한 이유 / 방법 / 관점' 등 의미를 나타내는 것과 '-ㄴ지', '-는지' 따위와 함께 쓰여 감탄의 의미를 나타내는 것으로 나눌 수 있다. '어찌'의 통사적 양상을 보면 현대한국어에서는 '어찌'가 미지칭으로 활발히 쓰이는 동시에 부정칭으로 쓰이기도 하는 것을 알 수 있다.

> (13) ㄱ. <u>어찌</u> 벌써 가시오?
> ㄴ. <u>어찌</u> 그런 소문이 났는지 나도 모르겠다.
> ㄷ. 이래 가지고는 나라가 안 망하고 <u>어찌</u> 견디겠소?
> ㄹ. <u>어찌</u> 보면 이 섬 전체가 거북이같이 보인다.

(13ㄱ)은 '어찌'가 쓰인 일반의문문인데 화자가 '어찌'가 지칭하는 '원인'에

대해 알지 못할 뿐만 아니라 그 '원인'을 알고자 하는 욕구가 존재한다. 이 질문에 대한 응답은 '오늘 시간이 없어서요'와 같이 원인을 나타내야 하기 때문에 '어찌'가 미지칭으로 쓰이고 있는 것을 확인할 수 있다. (13ㄴ, ㄷ) 은 각각 '어찌'가 간접의문문과 수사적 의문문에 쓰인 예들이다. (13ㄹ)에서 는 '어찌'가 쓰였지만 화자는 '어찌'가 지칭하는 '방식'에 대해 의문을 가지 지도 않고 알고자 하는 욕구도 없다. 그저 '(여러 방식 중에서) 일정한 방식 으로' 정도의 의미를 나타내고 있다. 그래서 여기서의 '어찌'는 부정칭으로 봐야 할 것이다.

위와 같이 현대한국어에서는 '어찌'가 미지칭으로 쓰일 뿐만 아니라 부 정칭으로도 쓰이고 있다는 것을 알 수 있었다. 이어서 근대한국어에서 '엇 디'가 어떠한 통사·의미적 양상을 나타내는지를 살펴보겠다.

3.3. 근대한국어의 '엇디'

근대한국어에서는 '엇디'가 현대한국어에서와 같이 일반의문문, 수사적 의문문, 그리고 간접의문문 등 다양한 의문문에서 미지칭으로 쓰였다. 예를 들면 다음과 같다.

(14) ㄱ. 밥을 더ᄒ여 울거늘 그 연고를 무든디 디답ᄒ되 노모왓ᄉ오니 우 ᄂ이다 ᄒ거늘 <u>엇지</u> 아는다 ᄒ니 디답ᄒ되 <계녀서 : 33>

　　 ㄴ. 반ᄃ시 父母ᄭᅴ 숨ᄒ얏거시니 <u>엇디</u> ᄯᅩ 鞠ᄒᄂ요 薪을 析ᄒ더 얻디 ᄒᄂ뇨 <시경 5 : 7b>

　　 ㄷ. 伍老夫人이 날을 請ᄒ시ᄂ냐 내 가디 아니ᄒ리라 내 가디 아니ᄒ리 라 <u>엇찌</u> 가디 아니려 ᄒᄂ뇨 이 일이 됴티 아니ᄒ다 <伍倫 3 : 26a>

　　 ㄹ. 어버이 제 ᄯ들 아올가 ᄒ야 샹녜 밍셰ᄒ더. 내 다ᄅᆞᆫ ᄆᆞᄋᆞᆷ곳 머그 면. <u>어찌</u> 남진늘 ᄶᅡ 아래 가 보료 <東新續烈 16b>

　　 ㅁ. 오래 싱각다가 엿ᄌᆞ오디 비록 공이 겨오시나 임진왜란ᄋᆞ로 조종이 평안이 못 디내여겨시니 <u>엇지</u> 공이 겨시다 ᄒ리잇가 <계축상 5b>

　　 ㅂ. 王이 나ᄅᆞᆯ 追티 아니실시 내 그런 後에 浩然히 歸志ᄅᆞᆯ 두니 내 비

록 그러나 <u>엇디</u> 王을 숨흐리오 〈孟栗 2：77a〉

ㅅ. 대군 거술 난이 다 가져가고 나죵의 제 몸을 모모흐야 나가더라 <u>엇디</u> 흔디 계튝 동졀이 로더 내여가디 아니 흔대 난이 나날 쑤지 저 닐오더 나롤 듕던 침실 샹궁 삼으려 흐더니 〈계튝하 14b〉

ㅇ. 그 듕의 흔 사롬이 그저 스리이 하회옴 흐다가 흔 지위 欄干을 지혀 곳 조오더니 아지 못케라 <u>엇디</u> 흔지 흔 번 구러지믈 닙어 코를 다가 구러져 하여 브리니 뎌 講主ㅣ 곳 블러 앏히 오라 흐여 〈朴新 3：13b〉

ㅈ. 안즈라 니르시니 술올 양도 업스이다 우리 이롤 禮에 삼스오리잇가 <u>엇지</u> 흔지 肉食테엣 거술 먹지 아니흐오니 그러흐온지 본더 오래 셔기 잘 몯흐오와 술와숩더니 〈改捷 3：11b〉

위 (14ㄱ)~(14ㄷ)의 예들은 '엇디'가 일반의문문에 쓰인 예들이고, (14ㄹ)~(14ㅂ)의 예들은 '엇디'가 수사적 의문문에 쓰인 예들이며 (14ㅅ)~(14ㅈ)은 '엇디'가 간접의문문에 쓰인 예들이다. 수사적 의문문은 형태상으로는 의문문이지만 의미상으로는 명제 내용에 대한 화자의 회의적 태도를 드러내 주는 긍정이나 부정 단언이다. 근대한국어에서는 '엇디'가 일반의문문과 간접의문문에서보다 수사적 의문문에서 훨씬 활발히 쓰였다. 이러한 현상은 중세한국어에서부터 나타나 있다. 수사적 의문문에 쓰이는 경우, '엇디'가 주로 '-료/리오', '-랴', '-리잇고', '-리잇가' 등 의문형 종결어미와 공기한다.

'엇디'가 일반의문문과 수사적 의문문에서 쓰이는 것은 중세한국어와 별반 차이가 보이지 않는다. 그러나 이 시기에 '엇디'가 간접 의문문에 쓰이게 된 것이 중세한국어와 다르다. 중세한국어에서는 '엇디'가 간접의문문에 쓰인 예문이 발견되지 않았기 때문이다. (14ㅅ~ㅈ)의 예들을 보면 '엇디'가 간접 의문문의 보문소인 '-ㄴ지/-ㄴ디'와 호응하여 '엇디 흔지 / 엇디 흔디'와 같이 쓰여 간접 의문문을 만들었다. 여기서 특이한 것은 17~18세기 자료에서는 '엇디 ~ㄴ 지/디'의 중간에 들어갈 수 있는 성분은 '흐-'어간일 뿐이라는 점이다. 19세기, 특히 19세기 말에 '엇디'가 간접의문문에서의 쓰임이 활발해짐에 따라 '엇디 ~ㄴ 지/디'의 중간에 다양한 성분이 들어가게 됐다. 예를 들면 다음과 같다.

(15) ㄱ. 이곳치 고싱ᄒᄂᆞᆫ 거시 <u>엇지 굴너 복이 될넌지</u> 누가 알겟ᄂᆞ냐 <1894텬로력뎡 2 : 769>

ㄴ. 닉 ᄆᆞ음이 황황ᄒᆞᆫ 둥 셰손 몸이 <u>엇디 될</u> 줄 몰나 그리 ᄂᆞ려가 셰손ᄃᆞ려 아모 일이 이셔도 놀나지 말고 ᄆᆞ음 든든이 먹으라 <한중록 : 256>

ㄷ. 셩안 셩 밧긔 도적 ᄯᅢ문에 인민들이 <u>엇지 살넌지</u> 모로겟스니 이런 말이 업게 홈이 죠흘 듯ᄒᆞ더라 <1896독립신문 : 1900>

ㄹ. 경계가 업지 못ᄒᆞ겟스니 당히 뎌쟝은 쇼당 즁감ᄒᆞ겟스되 심의부에셔 감히 쳔편 못ᄒᆞ겟스니 <u>엇지 ᄒᆞ을ᄂᆞᆫ지</u> ᄒᆞ엿더니 오월 뉴일 봉지 닉에 ᄆᆞᆺ당히 쳐분이 잇스리라 ᄒᆞᆸ셧더라 <1896독립신문 : 11875>

ㅁ. 슌검들은 <u>엇지 금ᄒᆞ지 아니 ᄒᆞᄂᆞᆫ지</u> 모로 겟다고 들 ᄒᆞ더라 <1898 매일신문 4 : 462>

ㅂ. 아지와 복녜가 너게 유공ᄒᆞᆫ 심덕을 닙어 나죵ᄭᅡ지 잘 누린가 시브더라 녯날 궁듕 법이 <u>엇지 그리 지엄ᄒᆞ던지</u> 문안 밧 어려운 일이 만흐디 닉 괴로와ᄒᆞᄂᆞᆫ 일이 업던 것시니 <한중록 : 59>

간접의문문과 관련하여 김충효(2000 : 149)에서는 '누구', '무엇' 등은 근세국어의 후반에 이르러 의문의 기능 이외에 부차적으로 부정칭의 기능을 더 갖게 되었다. 이때 각 낱말마다 기본적인 문법 기능인 미지칭의 기능이 부정칭으로 분화되어 갈 때에 그 과정의 중간 단계라 일컬을 수 있는 간접 의문문의 단계를 반드시 거친다고 하였다. 이 논의에 따르면 '엇디'가 근대한국어에서 간접 의문문에 쓰이게 된 것은 '엇디'의 미지칭 기능이 부정칭으로 전환되어 감을 보여주고 있다고 말할 수 있다.

근대한국어 자료에서 '엇디'가 부정칭으로 쓰인 예를 17세기 자료인 ≪계축일기≫에서 다음과 같이 확인할 수 있었다.

(16) ㄱ. 우리게셔는 우리겟 스룸 도니는 곳이 아니매 우리 향호여 의심훈
  일이 아닌가 넘녀도 아니 호니 비록 넘녀훈들 <u>엇디</u> 홀 거시 아니
  어니와 말이 누셜호면 제 일이 그룻될가 훈 일이롯더라 <계축상
  16a>

 ㄴ. 주식이 어버이룰 보채면 호디 주식이 듕타 호고 언근 업순 말을
  내 엇디 갈모리 호여 이례로 싱소히 구다가 영갑이 눈어미 극형호
  여 죽은 후의 문수낭쳥이 계하로 주로 오루느려 말호더니 그후는
  눔의 말호듯 호디 부원군도 아느이다 호니 네 그 집의 가니 <u>엇디</u>
  호더니 디답호디 가니 술 내여 먹이더이다 <계축상17b>

(16ㄱ)에서의 '엇디'는 '비록 염려한들 어찌(어떻게) 할 것이 아니다'라는 의
미를 가지는 문장에서 쓰이고 있다. 이 문장에서 화자가 '엇디'의 지시 내
용을 알고 싶어서 '엇디'를 쓴 것이 아니라 잠정적인 '방식' 집합을 가지고
불특정한 어떤 방식을 지시하는 것으로 쓴 것이다. 그러므로 여기서의 '엇
디'는 부정칭으로 쓰이는 것이 확실하다. (16ㄴ)에서 밑줄이 그어진 '엇디'
는 잠정적인 방식 집합들에서 특정한 어떤 방식을 나타내는 것으로 보인다.
두 예문에서의 '엇디'는 모두 화자가 지시 내용에 대해 의문을 가지기 때문
에 쓰인 것이 아니라 특정하거나 불특정한 어떤 방식을 지시하는 것으로
쓰이고 있다. 그래서 위 두 예에서의 '엇디'는 모두 부정칭으로 쓰이는 것
이 확실하다. 위와 같이 17세기부터 '엇디'가 부정칭으로 쓰이기 시작한 것
임을 확인할 수 있었다. 그러나 이 시기의 문헌 자료에서는 '엇디'가 부정
칭으로 쓰인 예문은 아주 드물고 본고에서 확보된 자료에서는 두 군데밖에
발견되지 못했다.

  19세기 말에 들어가서는 '엇디'가 부정칭으로 좀 활발하게 쓰이게 되었
는데 예를 들면 다음과 같다.

(17) ㄱ. 죠션 사롬은 너일은 <u>엇지</u> 되얏던지 간에 당쟝만 싱각호고 만스를
   경영 호니 갈쇼록 점점 궁호고 어둡고 약호고 <1896 독립신문>

 ㄴ. <u>엇지</u> 홀 슈 업스나 국니 다른 요희 쳐에나 이 폐단을 막엇스면 죠

홀 연마는 정부가 다른 일에 분쥬 불가ㅎ야 사쇼ㅎ 일에 시간을
허비홀 동안에 너디 각쳐에 쳥인이 열식 스물식 집을 사고 ㅼㅏ를
챠지ㅎ야 례산ㅋㅈᄒ흔 디는 쳥인의 집이 슈十여 호가 된다 <1896독
립신문 : 12907>

ㄷ. 첫지는 일을 쟈셰히 몰으니 <u>엇지</u> 홀 슈 업고 둘지는 싱각ㅎ기를
멧칠 아니 되야 이 집을 ᄶ날 줄노 알고 <1896독립신문 : 13428>

ㄹ. 약됴에도 업는 너디 잡거를 이렷케 터 주고 금치 안타가 장춧 전
국을 도셩ㅋㅈ치 타국 사름의게 뺏길 터이니 <u>엇지</u> ᄒ자고 정부에셔
는 몰으는 체 ᄒ고 슬더업는 규칙이나 마련ᄒ고 진졍으로 국민들
의게 희로은 일은 도라보지 안는지 답답ᄒ도다 <1896독립신문 :
12907>

ㅁ. 나의 셰간 살님을 <u>엇지</u> <u>엇지</u> ᄒ자고 작뎡 홀것 ㅋㅈᄒ면 이는 나를
사름으로 알지 안코 내 집안을 쥬인 업는 살님으로 넉임이오
<1898매일신문2 : 345>

위 (17ㄱ)에서는 '엇지'가 '내일은 어찌(어떻게) 되든지 간에 당장만 생각하
고 만사를 경영한다'의 의미를 가지는 문장에서 '한 방식 집합에서의 어떤
방식이 되든지 간에'와 같이 쓰였다. 박진호(2007)에서 비지시적 대명사에
대한 분류법에 따른다면 이 것이 '엇디'가 자유선택 부정칭으로 쓰이는 예
로 볼 수 있겠다. (14ㄴ), (14ㄷ)에서는 '엇지 홀 슈 업다'에서 쓰일 때도 '엇
디'가 의문의 의미를 나타내는 것이 아니고 방식 집합에서 '아무런 방식도'
의 뜻으로 쓰여 부정 극성 부정칭으로 쓰이는 것으로 볼 수 있겠다. (14ㄹ)
'엇지 ᄒ자고'에서 쓰인 '엇지'는 불특정 부정사에서의 자유선택 부정사로
볼 수 있다.

이상에서 논의한 바와 같이 근대한국어에서는 '엇디'가 일반의문문과 수
사적 의문문에 쓰이는 것은 중세한국어와 차이가 보이지 않는다. 그렇지만
근대 시기에 와서는 '엇디'가 간접 의문문에 쓰이는 것은 중세한국어와 크
게 다르다. 또한 17세기 문헌자료에서는 적으나마 '엇디'가 부정칭으로 쓰
이는 예문을 확인할 수 있었고 이것은 미지칭이 17세기부터 부정칭으로 전

환되기 시작했다는 것을 방증해 준다.

4. 맺음말

이상에서 현대한국어에서의 부사인 '어찌'가 근대한국어에서 어떠한 음운론적·형태론적·통사론적·의미론적 특징을 나타내는지를 살펴보았다.

'엇디'는 근대한국어에서 '엇디', '엇찌', '어찌', '얻디', '얻지', '엇지', '얻지' 등과 같은 다양한 어형으로 쓰였는데 '엇디'가 15세기부터 18세기까지 주 어형으로 쓰이다가 19세기부터 '엇지'에게 우세를 잃었다. 또한 근대한국어 말기에 들어서 모든 어형이 '엇지'로 합류하게 되었다. 현대한국어에서는 '어찌'가 미지칭과 부정칭으로 두루 쓰이는데, 3장에서는 '엇디'가 근대한국어에서 어떠한 쓰임을 보이는지를 살펴보았다. '엇디'가 근대한국어에서는 일반의문문과 수사적 의문문에서 두루 쓰이는데, 수사적 의문문에서 특히 많이 쓰인다는 점은 중세한국어와 차이가 없다. 그러나 근대한국어에 들어서 '엇디'가 간접 의문문에서 쓰이게 되는 것은 중세한국어와 다르다. '엇디'가 간접의문문에 쓰이기 시작한 것은 미지칭 기능이 점차 부정칭 기능으로 분화하는 것을 보여준다. 근대한국어 시기에 '엇디'가 부정칭으로 쓰이는 예가 적으나마 확인되었는데 이것은 미지칭이 부정칭으로 전환된다는 시기가 17세기인 것을 방증해 줄 수 있다.

이 글에서는 '엇디'의 어원을 살펴보지 못한 것은 문제점이 될 수 있다. 앞으로 '엇디'의 내적 구조를 더 세밀하게 관찰하고 중세한국어 시기의 어형들과 같이 검토할 필요가 있다.

참고문헌

고영근(2005), ≪표준 중세국어문법론≫(개정판), 집문당.

국립국어연구원(2004), ≪표준국어대사전≫, 국립국어연구원.

김미형(1994), 부정칭 대명사와 미지칭 대명사, ≪한국학논집≫ 24, 漢陽大學校 韓國學研究所, 237-254.

김종현(2000ㄱ), "'어떠하-', '어찌하-'의 공시태와 통시태", ≪국어학≫ 36집, 국어학회, 315-347.

김총효(2000), ≪국어의 의문사와 부정사 연구≫, 박이정.

朴在淵(2002), ≪중조대사전≫, 선문대학교 출판부, 중조번역문헌연구소.

박진호(2007), 유형론적 관점에서 본 한국어 대명사 체계의 특징, ≪국어학≫ 50, 국어학회, 115-146.

劉昌惇(1964), ≪李朝語辭典≫, 연세대출판부.

劉昌惇(1971), ≪語彙史研究≫, 二友文化社.

이광호(2008), '매', '엇디', '어느'의 통시적 형태·의미 특성, ≪우리말글≫ 44, 우리말글학회, 39-59.

이은섭(2005), ≪현대국어 의문사의 문법과 의미≫, 태학사.

이현희(1985), 'ㅎ다'어사의 성격에 대하여—누러ㅎ다류와 엇더ㅎ다류를 중심으로, ≪한신대 논문집≫ 2, 1-27.

이현희(2008), '멀리서'의 통시적 문법, ≪관악어문연구≫ 31, 서울대학교 국어국문학과, 25-93.

홍윤표(1993), ≪國語史 文獻 資料 研究≫ 近代篇 1, 태학사.

홍윤표(1994), ≪근대국어연구≫, 태학사.

허 웅(1975), ≪우리옛말본≫, 샘문화사.

중세국어 부사 '도ᄅᆞ혀'의 변화과정에 대하여

권 창 섭

1. 들어가며

현대국어의 부사 '도리어'는 중세국어 시기의 부사 '도ᄅᆞ혀'가 '도로혀', '도리혀' 등의 단계를 거쳐서 변화에 온 것이라고 알려져 있다. ≪표준국어대사전≫에서의 '도리어'에 대한 어원 정보 역시 '도ᄅᆞ혀'에 기반을 두고 있다.

(1) 도리어

    [부사] 예상이나 기대 또는 일반적인 생각과는 반대되거나 다르게.

    이익을 주기보다는 도리어 해만 주었다.

    잘못한 사람이 도리어 큰소리를 친다.

    가지 말라는 말을 들으니 현은 가지 않기가 도리어 겁이 났다.≪이태준, 해방 전후≫

    【<도로혀 ≪분류두공부시언해(초간본)(1481)≫ <도ᄅᆞ혀 ≪석보상절(1447)≫ ←돌-+-ᄋᆞ-+--혀-+-어】

그러나 이러한 기술을 그대로 받아들이기에 의심이 되는 점이 두 가지 있다. 현대국어 '도리어'와 관련된 사적 어형들을 제2음절의 모음을 기준으로 분류하면 총 세 부류로 나눌 수 있는데, 이렇게 나누어진 각 부류들끼리 직접적인 음운·형태론적 선후관계를 따질 수 있는가하는 의문인 것이다. 먼저 16세기부터 활발하게 나타나는 '도로혀'를 기준으로 할 때 과연 이것이 15세기의 '도ᄅᆞ혀, 도ᄅᆞ허'의 직접적인 후대형인가 하는 점이 첫 번째 의문이다. 다른 하나는 다시 시기를 달리 하여 현대국어의 '도리어'가 과연 '도로혀'에서부터 온 것인가 하는 것으로 이 두 가지가 이 글에서 제기하는 의문점이 된다. 다시 말해 후기 중세부터 개화기까지 활발하게 나타나는 어형인 '도로혀'의 뿌리가 과연 '도ᄅᆞ혀, 도ᄅᆞ허'인지 거슬러 내려가 보고, 다시 그 '도로혀'라는 줄기로부터 '도리어'가 나온 것이 옳은지 거슬러 올라가 보는 것이 이 연구의 목적이라 할 수 있다. 시기를 달리하고 나타나는 어형들이 거의 동일한 의미와 근사한 음운론적 구조를 가지고 있다고 해서 동일한 형태론적 구성을 가지고 있을 것이라고 단정 짓는 것은 어렵기 때문이다.

이 연구를 위해 일단 각 어형들의 시기적인 분포를 살피면 아래와 같다. 각 칸의 음영이 짙을수록 그 시기에서 각 어형이 차지한 세력이 강하였음을 나타낸다. 제시된 어형들 외에도 다른 어형들이 있지만 아주 간헐적으로만 문헌에 나타나는, 세력이 미미한 경우들이므로 아래 표에서 제외하고 이후의 논의들에서도 주변적으로 다루기로 한다.

〈표 1〉

	15세기	16세기	17세기	18세기	19세기 이후
도ᄅᆞ혀					
도ᄅᆞ허					
도로혀					
도리혀					
도리어					

2. '도ᄅᆞ혀'에서 '도로혀'까지

중세국어 시기에 보이는 '도ᄅᆞ혀'는 "도로"(還)의 의미, 그리고 "도리어, 오히려"(顧, 倒)의 의미를 가진다. 이는 어휘적으로 관계가 있는 부사 '도로'[1]의 의미와 흡사하다.[2]

'도ᄅᆞ혀'는 15세기 중반 문헌인 『釋譜詳節』에서 최초로 등장하여 16세기 말 문헌인 『宣祖國文教書』까지 나타난다. 훈민정음 창제 이전 시기를 일단 차치해 둔다면 약 150년간 지속된 형태이다. 이 '도ᄅᆞ혀'의 쓰임을 예로 들어 보이면 아래와 같다.

(2) ㄱ. 慈悲ᄂᆞᆫ 衆生ᄋᆞᆯ 便安케 ᄒᆞ시ᄂᆞᆫ 거시어늘 이제 도ᄅᆞ혀 ᄂᆞ미 어ᅀᅵ 아ᄃᆞ롤 여희에ᄒᆞ시ᄂᆞ니 (석보상절, 6 : 5b)

ㄴ. 微妙ᄒᆞᆫ 體롤 아디 몯고 도ᄅᆞ혀 本來ㅅ 微妙롤 ᄇᆞ리고 幻妄ᄋᆞᆯ 잡ᄂᆞ니 (능엄경언해, 2 : 17b)

ㄷ. 이런ᄃᆞ로 和合이라 니ᄅᆞ고 도ᄅᆞ혀 和合디 아니ᄒᆞᆫ 거슬 ᄀᆞᄅᆞ쳐 (능엄경언해, 4 : 71a)

ㄹ. 아비 올히 너겨 아니 내틴대 어미도 도ᄅᆞ혀 뉘으처 어엿비 너기더라 (삼강행실도(런던), 효, 1)

ㅁ. 衆生들 爲ᄒᆞ야 無上道애 도ᄅᆞ혀 向ᄒᆞ노이다 ᄒᆞ고 (월인석보, 10 : 33b)

ㅂ. 歡喜ᄒᆞ야 布施ᄒᆞ야 佛道애 도ᄅᆞ혀 向ᄒᆞ야 이 乘의 三界예 第一을 得고져 願ᄒᆞ니 (법화경언해, 1 : 77a)

---

1) 이 글과 직접적인 상관이 있는 것은 아니지만 이 부사 '도로'와 관련하여 흥미로운 사실을 언급하도록 한다. 중세국어 시기에서는 현대국어의 '돌려 주다'와 같이 '사동사 활용형+주다'와 같은 구성이 발견되지 않는다. 이러한 구성이 나타날 만한 곳에는 오히려 '부사+주다' 구성인 '도로 주다'와 같은 구성이 발견된다. 이는 중세국어와 현대국어의 차이로 또 하나 지적될 만한 것이다. 이러한 조언은 서울대학교 이현희 교수님께서 해주신 것이다.

2) 물론 완전히 같은 것은 아니다. '도로'의 경우는 '예상과는 다르게'와 같은 의미를 가지고 있지는 않다. 또한 앞에 무언가 선행되는 상황이 존재한다. '원래의 상태로 복원하여'와 같은 의미를 가지고 있기 때문이다. 그러나 '도ᄅᆞ혀'는 그러한 선행하는 상황을 전제하는 것이 아니라 '일반적인 예상, 기대'와 같은 것을 전제하고 그 '일반적인 예상, 기대'와는 다른 방향으로 사건이 전개된다는 의미를 가진다는 점에서 차이가 있다.

ㅅ. 옷 색론 므를 먹고 모굴 도르혀 오좀 누는 짜홀 할호니 (석보상절, 11 : 25a)

ㅇ. 阿難이 또 머리 도르혀 左ㅅ 녀글 보아늘 (능엄경언해, 1 : 110a)

ㅈ. 처엄 迷方올 도르현 本來 實相올 보아 功올 더어 行올 進호니 (선종영가집, 상, 91a)

ㅊ. 功이 날와 劫괘 서르 倍호리라 호시니 샐리 도르혀고져 홇 딘댄 (능엄경언해, 4 : 100b)

(2ㄱ)~(2ㄹ)의 예들은 "도리어"(顧, 倒)의 의미를 가진 것들이고 (2ㅁ)~(2ㅂ)는 "도로"(還)의 의미를 가진 것으로 볼 수 있는 것들이다. '도르혀'에 대한 기존의 의미 기술에서는 주로 "도리어"(顧)의 의미로만 기술된 경우가 대부분이나 (2ㅁ)~(2ㅂ)의 예를 보면 "도로"(還)의 의미로 해석하는 것이 가능할 수도 있다. (2ㅅ)~(2ㅊ)는 부사 '도르혀'가 아니라 동사 '도르혀-'의 활용형들이다. (2ㅅ)~(2ㅊ)의 예들을 통해 '도르혀-'는 "돌리다, 돌이키다"(廻) 등의 구체적인 의미를 지니고 있으며 대격을 지배하는 타동사임이 확인 가능하다.

부사 '도르혀'는 잘 알려져 있듯이 복합동사 '도르혀-'에 기원한다. 그러나 이 시기에도 이미 하나의 단어로서 어휘화된 것으로 파악해야 할 것이다. 단어의 의미도 상당히 추상화되었을 뿐만 아니라, 문장 구조 내에서의 역할도 상당한 변화를 겪었기 때문이다. 동사 '도르혀-'는 타동사이기 때문에 대격 '-올/롤'을 지배하지만 (2ㄱ)~(2ㄹ)과 같이 "도리어"의 의미로 사용될 때에는 격을 지배하지 않음은 물론, 문장 전체를 수식하는 부사인 것이다. 또한 그 용례는 많지는 않으나 (2ㅁ)~(2ㅂ)의 예를 통해 알 수 있듯이 "도로"의 의미로 사용된 경우는 대개 앞에 처격의 '-에/애'가 통합된 명사구가 선행하고 있다. 이는 후행하는 동사의 '向호-'의 격지배에 의한 것이다. 여기에서의 '도르혀'는 단지 후행하는 동사를 수식하는 기능만을 지니고 있을 뿐이다. 따라서 중세국어 시기의 '도르혀'는 이미 하나의 단어로서 어휘화된 부사라고 볼 수 있다.

이 부사 '도ᄅᆞ혀'가 동사 '도ᄅᆞ혀-'로부터 어떠한 형태론적 기제에 의해 만들어진 것인가에 대해서는 두 가지 방법으로 생각해 볼 수 있다. 하나는 복합동사 '도ᄅᆞ혀-'의 어간 그 자체가 부사가 되었다고 보는 방법이고 또 하나는 어미 '-어'와 결합한 활용형이 부사로 어휘화된 것으로 보는 방법이다. 이 두 가지 가능성이 모두 존재하는 것은 부사 '도ᄅᆞ혀'와 그 기원이 되는 동사어간 '도ᄅᆞ혀-', 그리고 그것이 어미 '-어'와 결합한 활용형이 서로 분절음 연쇄가 동일하기 때문이다. 따라서 두 가능성 중 어느 것이 더 옳은 판단일 것인가의 근거는 분절음이라는 요소를 벗어나서 찾아야 할 것이다. 이 때 우리는 동사 어간의 성조와 부사의 성조를 비교해 봄으로써 어떤 가능성에 더 우위를 두어야 할 지 가늠해 볼 수 있다.

중세국어의 부사 '도ᄅᆞ혀'는 平平去의 성조를 지니고 있다. 동시기에 나타났던 다른 어형들인 '도ᄅᆞ혀', '도로혀' 등도 마찬가지이다. 그렇다면 이 부사의 기원이 되는 동사의 성조는 어떠할까? 동사 '도ᄅᆞ혀-'의 성조 역시 마찬가지로 平平去형으로 알려져 있다. 그러면 이 동사 어간에 어미 '-어'가 통합하면 그 성조는 어떻게 될까? 어미 '-어'는 固定的去聲이므로 마찬가지로 平平去의 성조로 실현된다. 때문에 표면적인 성조만으로는 이 부사의 생성이 동사 어간 그 자체의 전성인지, 혹은 활용형의 어휘화인지 판단하기 어려운 일이다.

그러나 이 문제는 동사 '도ᄅᆞ혀-'의 구성성분인 동사 '혀-'의 성조를 통해 해답을 찾을 수 있다. 동사 '혀-'는 단독으로 쓰이는 경우 가변적인 성조를 지니고 있으며 다른 복합동사의 형성에 참여하였을 경우에도 그 가변적 성조를 계속 유지하고 있다. 동사 '도ᄅᆞ혀-'의 활용형을 살펴보면 '-어'가 아닌 다른 어미와 통합된 '도ᄅᆞ혀고, 도ᄅᆞ혀지' 등에서는 平平平去의 성조를 보인다. 따라서 동사 '도ᄅᆞ혀-'의 성조 역시 단순한 平平去으로 볼 수는 없는 것이다. 마지막 음절의 성조가 후행하는 어미에 따라 변화하기 때문이다. 따라서 동사 '도ᄅᆞ혀-'에서 마지막 음절의 성조는 가변적 성조로 보아야 한다. 따라서 이 동사가 어간 자체로 부사가 된다면 그 부사의 성조는 平平去가 아니라 오히려 平平平의 성조를 보일 것으로 기대된다. 그러나 부사 '도르혀'의 성조는 平平去이기 때문에 그 가능성은 힘을 잃게 된다. 따라서 부사 '도르혀'의 구성은 동사 어간 자체가 부사로 굳어진 것으로 보기보다는 어미 '-어'가 통합된 활용형이 어휘화된 것으로 파악하는 것이 더 타당한 진술이 된다. 어미 '-어'가 통합된 쪽으로 바라보는 것이 성조의 관점에서 문제점을 야기하지 않기 때문이다.

또 한 가지 중요한 문제는 복합동사 '도르혀-'에서의 '도르'의 존재가 어떤 지위를 가지는가 하는 것이다. 어휘화된 부사라 할지라도 그 기원이 되는 동사의 구성을 파악해두는 것은 중요한 임무이기 때문이다. 먼저 이 '도르'는 자동사 '돌-'의 사동사 '도르-'의 어간인 것으로 보인다. 중세국어 시기에는 자동사 '돌-'에 대한 사동사로 '돌이-'뿐만 아니라 '도르-'도 존재하였다(이현희, 1996). 따라서 '도르혀-'는 '도르-'와 '혀-'가 어미의 개재 없이 바로 결합한 어간복합동사로 파악할 수 있다.

또 한 가지 가능성으로 생각해 볼 수 있는 것이, 이현희(1996)에서 재구한 바 있는 부사 '*도르'와 '혀-'가 통합하였을 가능성이다. 이현희(1996)에서는 '도로'의 형성과정을 '돌-'에 부사파생 접미사 '-오'가 통합한 것으로 보는 기존의 설명방법으로는 이 부사의 성조형을 설명할 수 없는 어려움이 있음을 지적한 바 있다. '도로'가 만약 '돌-+-오'의 구조로 형성된 것이라면 성조가 上去가 되어야할 것인데 실제로는 平平이라는 점을 구명할 수가 없는 것이다. 따라서 이현희(1996)에서는 사동사 어간 '도르-'와 관련하여 '도로'를 설명하였는데 이는 어간 '도르-'에 문법형태 '-오'가 통합한 것이 아닌, 어간 그 자체가 이른바 영파생에 의하여 부사 '*도르'가 형성되었고 다시 선행음절의 'ㅗ'의 영향으로 제2음절의 'ㆍ'가 'ㅗ'로 원순성 동화를 겪어 '도로'가 된 것으로 보았다. 왜냐하면 만약 '도르-+-ㅗ'의 구조로 형성된 것이라면 그 음운구조는 '도로'가 아닌 '*돌오'가 될 것이기 때문이다.

그렇다면 '도르혀-'가 '동사+동사'의 구성이 아니라 위에서 재구된 바 있는 부사 '*도르'와 '혀-'의 '부사+동사'의 구성일 가능성은 없을까? 외견

상으로는 큰 무리가 없어 보인다.

하지만 뚜렷한 실증적인 근거가 없는 상태에서 굳이 이러한 기술 방법을 택하는 것은 여러모로 무리가 많아 보인다. 먼저, '도ᄅᆞ혀-'가 만약 '부사+동사' 복합으로 형성된 것이라면 그러한 구조로 형성된 어간이 다시 '부사'로서 쓰이는 것인데, 그와 같은 다른 예를 찾아보기 힘들다. 또한 그 형성에 참여했다고 보아야 할 '*도ᄅᆞ' 자체가 이 시기에 문증이 되지 않는 상황에서[3] 굳이 이러한 기술 방법을 택할 필요는 없을 것이라 생각된다.

또 동사 '혀-'가 참여하여 이루어진 다른 복합동사 '드리혀-', '니ᄅᆞ혀-', '놀래혀-' 등과 관련지어 볼 때도 '도ᄅᆞ혀-'의 선행 성분을 부사로 파악하는 것은 무리가 있다. 다른 '혀-' 참여 복합동사들의 선행 성분들을 부사라고 보기 어렵기 때문이다. 따라서 다른 동사들과의 평행성을 고려해서도 이는 동사 어간이 복합된 동사로 보는 것이 더욱 바람직할 것이다.

결국 종합하면 중세국어 부사 '도ᄅᆞ혀'는 사동사 '도ᄅᆞ-'와 또 다른 동사 '혀-'가 복합되어 만들어진 동사 '도ᄅᆞ혀-'가 어미 '-어'와 통합된 활용형이 어휘화한 것으로 파악한다.

중세국어 시기에는 '도ᄅᆞ혀' 외에도 '도ᄅᆞ혀'가 있으며 '도로로혀'도 이미 존재하고 있었다. 이 시기의 'ㅎㅎ'의 음가에 대해 추측만 가능한 현재의 상황이므로 '도ᄅᆞ혀'와 '도ᄅᆞ혀'가 어떤 음운론적인 차이가 있는 것인지에 대해서는 말하기 어렵다. 그보다 이 경우에는 일단 표기상의 문제로 돌리는 것이 나을 것으로 보인다. 문헌상에서 '도ᄅᆞ혀'의 분포와 '도ᄅᆞ혀'의 분포는 서로 배타적이기 때문이다.

'도ᄅᆞ혀'가 나타나는 문헌은 ≪釋譜詳節≫, ≪月印釋譜≫, ≪楞嚴經諺解≫, 『法華經諺解』, ≪宣宗永嘉集諺解≫, ≪蒙山法語≫, ≪三綱行實圖≫으로 이기문(1972 : 48)에서 언급한 각자병서가 전폐되었다는 1465년, ≪圓覺經諺解≫ 이전의 문헌들이 대부분이다.[4] 반면 '도ᄅᆞ혀'가 나타나기 시작하는 것은

---

3) 물론 이 시기 이후로도 문증되지 않는다. 하지만 이현희(1996)과 같은 재구가 가능하다면 이보다 더 이전 시기에는 존재하였을 가능성이 있다.

≪圓覺經諺解≫을 포함하여 그 이후의 문헌에서부터이다. ≪三綱行實圖≫에서도 '도르혀'를 확인할 수 있기 때문에 '도르ᅘᅧ'의 분포와 겹치는 것으로 볼 수도 있으나, 이는 ≪三綱行實圖≫의 서지적 특성을 고려하면 그렇지 않다고 이야기할 수 있다. ≪三綱行實圖≫는 매우 많은 이본을 남기고 있는 것으로 유명하다. '도르ᅘᅧ'가 나타나는 ≪三綱行實圖≫는 성암고서박물관 소장본을 중심으로 한 원간본 계통의 것들이고, '도르혀'가 나타나는 것은 후대의 개간본으로 추정되는 것들이기 때문에 동등한 선상에 놓고 볼 수 없다.[5] 따라서 같은 ≪三綱行實圖≫에 나타난다고 해서 '도르ᅘᅧ'와 '도르혀'가 중복적인 분포를 나타낸다고 할 수 없다.

결국 '도르ᅘᅧ'와 '도르혀'가 배타적인 분포를 보인다고 하는 우리의 진술은 유효하다. 따라서 이 두 어형에서 'ᅘ'과 'ㅎ'의 문제는 단순한 표기의 문제로 처리할 수 있다.[6] 각자병서의 폐지에 따라 'ᅘ'은 더 이상 표기에 사용될 수가 없었고 따라서 '도르ᅘᅧ'의 표기가 '도르혀'로 바뀌게 된 것이다.

이제 '도로혀'로 그 관심을 돌려보기로 하자. 이는 제2음절의 모음이 'ㆍ'가 아닌 'ㅗ'라는 점으로 위의 '도르혀' 계열과 차이가 있다. '도로혀'는 문증되지 않는다. 다만 동사 어간 '도로ᅘᅧ'는 접두사 '횟-'과 결합된 형태로 15세기에 단 1회 그 용례가 확인된다.

---

4) 물론 ≪圓覺經諺解≫ 이후의 문헌인 ≪蒙山法語≫, ≪三綱行實圖≫에서 '도르ᅘᅧ'를 통해 'ᅘ'이 나타나는 것을 확인할 수 있으므로 이기문(1972)의 기술은 수정될 필요가 있을 것으로 보인다.

5) 자세한 서지적인 검토는 홍윤표(1998)을 참조할 수 있다.

6) 반면 동사에서의 'ᅘ'의 변화는 다른 측면에서 생각되어야 한다. 동사 'ᅘᅧ-'의 경우 현대의 그 어느 방언에서도 초성 'ᅘ'이 'ㅎ'으로 남아 있다거나 혹은 부사에서와 같이 소실되거나 한 경우를 찾아볼 수 없다. 방언차는 있지만 'ㅆ'이 아니면 'ㅋ'으로 변화하여 남아 있다. 이는 단순히 동사 'ᅘᅧ-'뿐 아니라 'ᅘᅧ-'가 참여한 복합동사들에서도 마찬가지이다. 복합동사들의 경우도 부사에서처럼 'ᅘ'가 'ㅎ'을 거쳐 소실되는 것이 아니라 모두 'ㅋ'으로 변화하는 모습을 보여준다. 이러한 면에서 볼 때 'ᅘ'이 표기상으로 소실된 이후에 나타나는 동사 'ᅘᅧ-'와 관련된 어형의 초성 표기 'ㅎ'을 현대국어의 음소 /ㅎ/과 일대일 대응시킬는 것은 잘못된 것일 수 있다. 'ᅘ'이 'ㅎ'으로 변화한 다음 'ㅋ'이나 'ㅆ'으로 변화하는 과정을 상정하는 것은 너무나 어려운 일이기 때문이다. 이러한 점은 차후 깊이 있는 논의거리가 될 만한 것이라고 생각된다.

(3) ㄱ. 모딘 벼릐 變怪를 能히 섈리 횟도로혀라 莎呵 一切 迦樓羅 實行力 전ᄎᆞ로 (월인석보, 10 : 102b)

부사 '도로혀'는 15세기말 ≪杜詩諺解≫부터 활발하게 나타나기 시작한다.

(4) ㄱ. 모ᄆᆞᆫ 도로혀 져물 주리 업도소니 (두시언해, 초간본, 14 : 17b)
ㄴ. 健壯호ᄆᆞᆯ ᄃᆞ토미 도로혀 사ᄉᆞ미 노롬과 ᄀᆞᄐᆞ니 (두시언해, 초간본, 17 : 26b)
ㄷ. 만이레 패ᄒᆞ여 나면 죄 니부믈 도로혀 크게 ᄒᆞᄂᆞ니 (번역소학, 7 : 29b)
ㄹ. 셜운 苦고ᄅᆞᆯ 受슈티 아니ᄒᆞ리오 도로혀 잠싼니나 ᄉᆞ랑ᄒᆞ야 아라냐 몰라냐 (몽산화상육도보설언해, 24a)
ㅁ. 거즈 이ᄅᆞᆯ 고ᄒᆞ면 그 죄ᄅᆞᆯ 도로혀 닙ᄂᆞ니라 (경민편언해, 중간본, 15a)
ㅂ. 진실로 밧ᄭᅴ 건 됴흘 적이면 도로혀 제 몸과 다ᄆᆞᆺ ᄆᆞᄋᆞᆷ이 이믜 스스로 몬저 됴티 몯ᄒᆞᄂᆞᆫ 줄을 아디 몯ᄒᆞᄂᆞ니라 (소학언해, 5 : 87b-88a)
ㅅ. 내 ᄎᆞ마 夫子의 道로 ᄡᅧ 도로혀 夫子ᄅᆞᆯ 害티 몯ᄒᆞ노라 (맹자언해 8 : 18a)

(4)의 예들은 15~16세기의 '도로혀'의 예들이다. 거의 "도리어, 오히려"(顧)의 의미를 나타내고 "도로"(還)의 의미로 사용된 경우는 찾아보기 힘들다.

약간의 시기상의 차이가 있기는 하지만 이미 15~16세기에 공존하고 있는 부사 '도ᄅᆞ혀'와 '도로혀'의 관계를 어떻게 보아야 할 것인가? 첫 번째로 제기할 수 있는 가설은 부사 그 자체의 변화이다. 이전 시기의 부사 '도ᄅᆞᅘᅧ(혀)' 내부의 음운변화로 인하여 '도로혀'가 되었다고 보는 것이다. 그 음운변화는 제1음절의 모음인 'ㅗ'의 영향으로 인한 'ㆍ'의 원순모음화로 설명이 가능하다. 이러한 음운변화는 중세국어 시기부터 매우 활발했던 변화로 어휘형태소, 문법형태소 가릴 것 없이 넓은 범위로 적용되는 현상이었다. 따라서 '도ᄅᆞ혀>도로혀'의 변화도 부사 그 자체의 내부의 음운변화로 자연스럽게 설명할 수 있다는 가설이다.

두 번째 가설은 부사 자체의 변화가 아니라, 그 부사의 근원이 되는 동사 어간의 변화에 원인을 두는 것이다. 왜냐하면 동일한 시기에 동사 '도르혀-'와 '도로혀-'가 공존하고 있었기 때문이다. 따라서 부사 '도르혀'는 동사 '도르혀-'에서 온 것으로, 부사 '도로혀'는 동사 '도로혀-'에서 온 것으로 분리해서 파악할 가능성도 있다. 즉 이러한 가설에서는 동일 시기에 공존하는 부사 '도르혀'와 '도로혀'는 동일한 단어가 음운론적인 변화과정을 노정하는 것이 아니라, 별개의 형성과정을 거친 단어로 파악을 하고자 하는 것이다. 따라서 이러한 가설에서는 부사 사이의 직접적인 관계보다는 동사 사이의 관계를 통해 부사 '도르혀'와 '도로혀'의 관계를 간접적으로 파악한다는 것이다.

동사 '도르혀-'에서 '도로혀-'의 변화는 어떠한 기제들로 설명할 수 있을까? 먼저 가능한 것은 앞서도 언급되었던 원순모음화이다. 인접한 음절의 원순모음 'ㅗ'에 의한 평순모음 'ㆍ'가 원순화되는 것은 중세국어 시기의 일반적인 현상이었다.

다음으로 제기해 볼 수 있는 가능성은 형태소구조가 변경되었으리라는 추정이다. '도르-'라는 사동사가 있기는 하였지만 이처럼 자동사에 'ㆍ'가 덧붙은 형태로 사동사가 존재하는 것은 중세국어 시기에 흔치 않은 일이었다. 따라서 당시 보편적인 사동파생과정에 의거하여 '도로혀-'는 '돌-'에 사동파생접미사 '-오-'가 붙은 형태소구조로 변경이 되고 이 '도로-'가 '혀-'와 통합함을 생각해 볼 수 있다.

그러나 후자의 가정은 여러모로 살펴볼 때 결함이 있다. 일단 그러한 가정은 '도로혀-'의 성조형을 설명하지 못한다. '돌-'은 상성이고 '-오-'는 거성이므로 서로 결합하면 上去형이 될 것이 기대되지만 '도로혀-'는 '도르혀(혀)'와 마찬가지로 제1~2음절에는 평성을 그리고 제3음절에는 가변적 성조를 가지고 있다. 또한 이러한 가정이 설득력을 얻기 위해서는 사동사로서의 '도로-'가 문증되어야 할 것이나 필자가 관찰해 본 바로는 문헌 자료들에서 찾아볼 수가 없었다. 따라서 후자의 가정은 폐기하는 것이 좋을 듯하다. 마지막으로 생각해볼 수 있는 가능성은 부사 '도로'와 동사 '혀-'가 통합한 형태라는 것인데 이러한 가설은 앞서도 언급하였듯 부담이 크다. 이것이 통합한 형태가 다시 그 자체로 부사가 되는 것으로 논의해야 하기 때문이다.

결국 동사 '도르혀-'에서 '도로혀-'의 변화는 단순한 음운변화로서 파악하는 것이 가장 좋을 것으로 생각된다. 그런데 그렇게 된다면 앞서 첫 번째 가설과 두 번째 가설로 나눈 것이 큰 의미가 없어진다. 둘 모두 마찬가지로 동일한 기제의 음운변화로 설명하는 것이기 때문이다. 즉 '도르혀'와 '도로혀'의 관계가, 부사 그 자체에서의 원순모음화에 의해 '도르혀'가 '도로혀'가 된 것인지, 아니면 동사 '도르혀-'의 '도로혀-'로의 변화에 이은 것인지 판별해 낼 수도 없는 일일 뿐더러 판별해 내는 것이 큰 의미가 없는 것이다.7)

따라서 이 글은 '도르혀'와 '도로혀'의 관계를 당시 일반적인 음운변화였던 '·'>'ㅗ'에 의한 것으로 본다. '도르혀'에서 '도로혀'에 이르기까지의 과정을 정리해보면 아래와 같다.

〈표 2〉

어 형	형성 및 변화
도르혀	사동사 '도르-'와 동사 '혀-'가 결합된 '도르혀-'의 '-어' 활용형이 부사로 어휘화됨.
⇩	표기법의 변화(각자병서 폐지)
도르혀	
⇩	제1음절 원순모음 'ㅗ'에 의한 동화로 '·'>'ㅗ'
도로혀	

---

7) 이는 어휘적으로 관계를 맺고 있는 동사 '두르혀-'와 부사 '두르혀'가 각기 '두루혀-'와 '두루혀'로 변화하였다는 사실과도 평행한 것이다. 두 경우 모두 형태론적인 구성의 변화로 파악하는 것보다는 음운론적의 변화로 파악하는 것이 옳을 것으로 보인다.

3. '도로혀'에서 '도리어'까지

15~16세기까지는 '도ᄅ혀'가 '도로혀'에 비해 우세한 세력을 가지고 있어 문헌상으로 더 많이 나타나는 경향이 있다.[8] 그러나 17세기부터는 그러한 상황이 역전되면서 '도로혀'가 훨씬 우세하게 된다. '도ᄅ혀'는 17세기에 ≪杜詩諺解≫ 중간본에서 주로 나타날 뿐 다른 문헌들에서는 몇 예 나타나지 않는다. 이후 18~19세기로 이어지면서 거의 '도로혀'만 나타날 뿐이고 19세기 말이 되면 '도리혀'가 나타나기 시작한다.

> (5) ㄱ. 다만 날 조뵈 덕을 일우라 일코로니 이는 <u>도리혀</u> 날을 혼 마음을 인도홈이 흐는 일이 업고 (을병연행록, 8)
>
> ㄴ. 손톱만혼 일은 안흐고 <u>도리혀</u> 못살게 구노ᄅ고 쓸더 업시 단이며 (협성회회보)
>
> ㄷ. 지가 잇고 덕이 업셔도 그 지가 <u>도리혀</u> 제 몸을 망흐게 홀지라 (신학월보, 1 : 484)
>
> ㄹ. 농민들이 그리 못흐게 말을 혼즉 일병이 <u>도리혀</u> 농민의 뺨을 치며 삿갓을 찌아셔 (대한매일신보)

(5)의 예에서 보이는 '도리혀'는 개화기 시대부터 나타나는 것으로 보이는데, 특이하게도 17세기 문헌인 『乙丙燕行綠』에서도 예외적으로 나타난다. 그러나 단 하나의 용례에 불과할 뿐더러 근 300년 뒤에야 다시 이러한 어형이 나타나기 때문에 '도리혀'의 출발을 17세기로 잡을 수는 없다. 도리어 (5ㄱ)의 예를 특이한 것으로 처리하는 편이 나을 것이다.

이제 '도로혀'에서부터 '도리혀', 그리고 '도리어'로 이어지는 과정에 대해 생각해 보기로 하자.

먼저 '도로혀'에서 '도리혀'로 가는 과정을 살펴보도록 한다. 이 두 어형

---

8) 각각의 수치를 계량화하여 비교해 볼 필요가 있다. 현재 그러한 작업을 행한 후 이러한 기술을 하는 것이 바람직하지는 않지만 육안으로 보아도 이러한 경향은 분명히 확인된다.

사이에는 제2음절의 모음에 차이가 있다. '도로혀'는 후설원순중모음인 'ㅗ'를 가지고 있고, '도리혀'는 전설평순고모음인 'ㅣ'를 가지고 있다. 이 차이를 우리는 어떻게 설명해야 할 것인가? 음운론적 변화의 노정인 것일까, 아니면 다른 문제가 개입한 것일까.

만약 '도리혀'가 '도로혀'의 직접적인 후대형이라고 주장하기 위해서는 둘 사이의 관계를 음운변화의 측면에서 말끔하게 설명할 수 있어야 한다. 이 때 제2음절의 모음 'ㅗ'가 'ㅣ'로 변한 사실을 설명할 수 없다면 다른 측면에서 이 둘의 관계를 밝히는 것이 좋을 것이다. 하지만 안타깝게도 이 둘의 관계를 음운변화의 측면으로 보기는 힘들어 보인다. 'ㅗ'>'ㅣ' 변화를 위하여 상정할 수 있는 음운변화로 그나마 마땅한 후보는 아마 움라우트일 것이다. 그러나 움라우트로 설명하는 방법 역시 궁여지책에 불과하다. 움라우트는 선행하는 후설모음의 후설성만을 전설성으로 바꾸는 변화이다. 그러나 'ㅗ'>'ㅣ'라는 변화과정은 전·후설성뿐 아니라, 혀의 높이 자질, 원순성 자질, 이 모두가 바뀌는 변화인 것이다. 이러한 변화를 움라우트라고 말하는 것은 억지에 가깝다. 물론 모음체계의 차이에 따라서는 원순성의 값도 변화하는 경우가 있다. 전설모음 계열 내에 원순모음이 자리 잡지 않은 경우에 그러한데, 이러한 경우에는 움라우트에 의해 'ㅗ'가 'ㅔ'로 변화하는 것이 완전히 불가능한 일은 아닐 것이다. 그렇다고는 해도 또다시 'ㅔ'가 'ㅣ'로 변화하는 것에 대해 설명할 의무가 있다. 또한 그 중간과정으로서의 '도레혀'와 같은 어형이 발견되지 않음에도 불구하고 이러한 설명방법을 택하는 것은 타당성을 잃은 기술이 될 수밖에 없을 것이다.

이를 움라우트로 해석하기 위한 주변적인 증거가 될 수 있는 이른바 1차 움라우트, 혹은 구개성 반모음 첨가 현상이라 불리는 현상이 적용된 어형들도 거의 발견하기 힘들다. '도뢰혀' 같은 어형이 문헌상에서 거의 발견되지 않는다. 18세기 초반의 언간자료인 추사 김정희의 친필 언간에서 1회 발견될 뿐이다. '도리혀' 역시 문증된 예는 단 1회에 불과하다. 그 문헌도 '도리혀'와 시기적으로 크게 차이나는 16세기 초 문헌인 『飜譯老乞大』이기 때문

에 '도리혀'와는 전혀 상관없는 어형으로 생각해야 할 것이다.[9]

그렇다면 우리는 '도로혀'와 '도리혀'는 음운론적인 선후관계를 따질 수 없는 관계임을 분명히 할 수 있다. 그렇다면 '도리혀'라는 음운구조의 어형의 나타나게 된 원인과 그 과정은 무엇인지 밝혀야 할 것이다.

중세국어의 자동사 '돌-'에 대응되는 사동사로 '도르-'뿐 아니라 '돌이-'도 존재했다는 점에(이현희, 1996) 우리는 주목할 필요가 있다. 그렇다면 우리는 '도리혀'의 기원을 반드시 '도르-+-혀(혀)'의 형태에서 찾을 필요가 없음을 알게 된다. '도리혀'는 이전 시기의 부사형 '도로혀'에서 변화해 온 것이 아니라, '도로혀'의 기원인 '도르-'와 의미는 같지만 형태는 다른 별개의 어휘 '돌이-'에 뿌리를 두고 있는 것으로 볼 수 있기 때문이다.

하지만 여기에도 문제가 없는 것은 아니다. 첫째로 '돌이-'의 활용형이 그다지 빈번하게 나타나지 않을 뿐 아니라, 16세기에 주로 나타났다가 19세기 말에서야 다시 나타나는 시기상의 공백이 있다는 점이며, 둘째로 '돌이혀-' 및 '돌이혀-'와 같은 어간은 발견되지 않는다는 점이다.

그러나 현대국어로 오면서 사동사가 '돌이-'만 남게 되었다는 점과 복합동사 '도르혀-, 도로혀-'[10]와 관련된 어형이 '돌이키-'[11]라는 점과 무관할 수 없다. 또한 19세기에 '도로혀'가 여전히 활발한 시대에 '도리혀, 도리어'가 동등한 세력으로 나타난다는 점도 감안해야 한다.

결론부터 이야기하자면 부사 '도리혀'의 출현이 이 시기에 사용된 동사 어간들과 밀접한 관련이 있음이 분명하다. 이 시기에는 동사 어간 '도로혀-'의 쓰임이 축소되고 '도리혀-', '돌이-' 등의 쓰임이 확대된 시기였다. 따라

---

9) 신승용(2003)에서는 이 '도리혀'를 음성적인 움라우트가 반영된 예로 제시한 바 있지만 여전히 '도뢰혀', '도려혀' 등의 어형들은 y 유동현상으로 파악하는 것이 좋을 듯하다. 비록 자음 'ㅎ'이 개재하기는 하였지만 'ㅎ'은 모음 간에서 거의 제 음가를 실현하지 못하므로 y 유동현상의 큰 장애물이 되지 못한다.

10) 동사 '도리혀-'의 용례는 거의 보이지 않는다. 20세기 자료에 아주 간혹 보일 뿐이다.

11) 이 동사의 제3음절 모음이 'ㅣ'와 같은 형태로 된 것은 재분석에 의한 것으로 보인다 (곽충구, 1994).

서 '도로혀'는 그 동사들과 직접적인 파생관계를 맺고 있든, 혹은 어휘적 관련성에 의한 유추로 인한 것이든 동사와 관계를 맺고 있는 것이지 '도로혀'로부터의 직접적인 변화는 아닌 것이다.

따라서 중요한 것은 '도로혀'>'도리혀'의 직접적인 변화과정을 추적하는 것이 아니라 '도리혀'의 생성과정은 무엇에 의한 것인가를 추적하는 것이다. 그리고 이 추적을 위해서는 그 당시에 어휘적으로 관련을 맺고 있는 동사들과의 연관 관계 속에서 찾아야 한다. 첫 번째 가능성은 이 어형들을 '돌이-'의 활용형에서 온 것으로 보는 것이다. 당시에 '도리혀'라는 부사 어형과 동등한 정도로 '도리여'라는 부사 어형이 나타났음이 이를 증명할 수 있으리라 생각한다. 즉 '돌이-'가 '-어'와 통합한 활용형이 새로이 부사로서 어휘화된 것이다. 그러나 이렇게 본다면 '도리혀'의 존재를 처리하는 것에 난점이 있다. '도리혀'의 'ㅎ'에 대해 설명할 방법을 찾아야 하는 것이다. 물론 이 'ㅎ'의 존재를 설명할 방법이 전혀 없는 것은 아니다. '도리혀'가 오히려 이전 시기의 어형인 '도로혀'에 유추된 형태이거나 혹은 '도리여'와 '도로혀'가 혼효된 어형일 가능성이 있으며 혹은 '도리혀'는 표기상으로만 잔존한 어형일 수도 있다. 이전 시기의 어형인 '도로혀'에 이끌린 것이거나 혹은 '혀-'의 영향을 받아 표기에서는 'ㅎ'을 남겨두었을 가능성이 있는 것이다.

두 번째 가능성은 새로이 '돌이-'와 '혀-'가 결합한 '돌이혀-'라는 동사로부터 '도리혀'가 나타나게 되었다는 설명이다. 현대국어의 동사 '돌이키-'의 존재가 이를 증명한다. 이전 시기의 동사들 사이의 관계 역시 음운론적으로 설명이 불가능하다는 것은 관련된 부사에도 마찬가지로 이어진다. 즉 새로운 동사 '돌이혀-'가 '-어'와 통합한 활용형에서부터 새로운 부사 '도리혀'가 등장하게 되었다는 설명이다. '도리혀'에서 '도리어'로 변화하는 과정은 음변화적인 측면에서 그 과정을 살필 수 있다. 마지막 음절의 'ㅎ'은 모음을 비롯하여 유성음간 환경에서 탈락되기 쉬운 자음이다.[12] 따라서 3음절 초성의 유무는 크게 문제가 되지 않는다. 다만 흥미로운 점은 동사의 변천과정에서는 '돌이키-'와 같이 이 'ㅎ'이 'ㅋ'으로 변화한 반면, 부사의 변천과정에서는 탈락을 경험하였다는 점이다. 이를 볼 때, 동사의 발달에서는 구성성분 중 하나인 '혀-'의 구조를 가급적 보존하려고[13] 한 반면 부사에서는 그러한 책임이 상대적으로 덜했던 것으로 생각된다. 또한 그만큼 동사와 부사의 관계도 상당히 소원해진 것임을 방증한다. 반모음 'y'의 유무는 크게 문제되지 않는다. '도리어'와 '도리여'가 사실상 음성적으로 큰 차이가 없고 음운론적으로도 큰 변별력을 갖는 것이 아니기 때문이다. 또한 '도리어'를 '돌이-(도리-)+-어'로 분석하게 되면서 온 정서법적인 측면에서 기인할 가능성도 있다.

이 두 가지 가능성 중 어느 것이 더욱 설득력이 있을지는 쉽게 가늠하기는 힘들다. 그러나 잠정적이나마 이 글에서는 후자의 가능성이 더욱 높은 것으로 본다. 이는 현대국어의 동사 '돌이키-'의 존재가 여전히 중요한 근거가 되어 줄 뿐만 아니라, '도리혀'에서 '도리여'로, 그리고 '도리어'로의 과정을 음운론적으로 매끄럽게 설명할 수 있기 때문이다. 반면 전자의 가능성으로 본다면 '도리혀'의 문제를 자연스러운 방법으로 설명하기가 힘들기 때문이다. 그러나 어느 편으로 보든지 간에 중요한 것은 '도로혀'에서 '도리혀'로 넘어가는 과정은 음운변화의 측면은 아니라는 것이다. 그리고 이 '도리혀' 이후의 어형들은 사동사 '돌이-'와 관련을 맺고 있다는 점이다. 이러한 주요 논점 속에서 우리는 '도리혀'의 형성 과정을 살펴보아야 하고 그러한 관점에서 위의 두 가지 가능성을 제시하여 본 것이다.

---

12) 다만 'ㅣ, y' 앞에서는 보다 제 음가를 유지하려는 경향이 있다.

13) 여기에서 '보존'이라는 것은 그 음운 자체를 고수하려 한다기보다는 음절구조 내에서 초성 자음을 유지하려고 했다는 것이다. 그 초성 자음 'ㅎㅎ'은 거의 이 단어 '혀-'에서 밖에 나타나지 않는데, 이것이 현대어로 오면서 'ㅋ' 혹은 'ㅆ'으로 변화한다는 점을 감안한다면 보존이라는 표현을 쓴다 해도 무방할 것이라 생각된다.

4. 나오며

지금까지 우리는 근대국어 부사인 '도로혀'를 기준으로 하여 중세국어 부사 '도ᄅᆞ혀'로부터 현대국어 부사인 '도리어'까지의 변화과정을 살펴보았다. 그 변화과정을 표로 요약하면 아래와 같다.

〈표 3〉

어 형	형성 및 변화
도ᄅᆞ혀	사동사 '도ᄅᆞ-'와 동사 '혀-'가 결합된 '도ᄅᆞ혀-'의 '-어' 활용형이 부사로 어휘화됨.
⇩	표기법의 변화(각자병서 폐지)
도ᄅᆞ혀	
⇩	제1음절 원순모음 'ㅗ'에 의한 동화로 '·'>'ㅗ'
도로혀	
도리혀	사동사 '돌이-'와 관련된 어형. 그 형성에 대해 뚜렷이 말할 수는 없으나 위의 계통과 직접적 선후관계를 맺기는 어렵다고 판단됨.
⇩	'ㅎ' 탈락
도리어	

참고문헌

고영근(1987), ≪표준 중세국어 문법론≫, 탑출판사.
곽충구(1994), 계합 내에서의 단일화에 의한 어간 재구조화, ≪국어학연구≫, 태학사, 549-586.
구본관(1998), ≪15세기 국어 파생법에 대한 연구≫, 국어학총서 30, 태학사.
김성규(1994), ≪중세 국어의 성조 변화에 대한 연구≫, 서울대학교 박사학위논문.
김영태(1966), 국어 전성부사 고, ≪어문논집≫ 4, 중앙어문학회, 41-88.
김일근(1988), ≪언간의 연구≫, 건국대학교출판부.
김 현(2005), ≪활용의 형태음운론적 변화≫, 국어학총서 54, 태학사.
민현식(1987), 한국어 부사에 대한 연구, ≪국어교육≫ 67, 한국국어교육연구회, 201-248.
민현식(1988), 중세국어의 어간형 부사에 대하여, ≪선청어문≫, 서울대학교 국어교육과, 254-266.
박석문(1991), 중세국어 파생부사 형성 방법과 그 제약에 대하여, ≪반교어문연구≫ 3, 반교어문학회, 67-86.
신승용(2003), ≪음운변화의 원인과 과정≫, 국어학총서 43, 태학사.
이기문(1972), ≪국어 음운사 연구≫, 탑출판사.
이승명(2002), 중·근세 국어 부사 어휘의 변천, ≪배달말≫ 31, 배달말학회, 123-156.
이현희(1996), 중세국어 부사 '도로'와 '너무'의 내적 구조, ≪이기문교수 정년퇴임 기념논총≫, 신구문화사, 644-659.
허 웅(1975), ≪우리 옛말본≫, 샘문화사.
홍윤표(1998), 삼강행실도의 서지 및 국어사적 의의, ≪震壇學報≫ 85, 震檀學會, 141-162.
홍종선(1998), ≪근대국어 문법의 이해≫, 박이정.

近代 韓國語의 副詞 '볼셔'의 意味·用法에 對하여

－漢語『老乞大』·『朴通事』諺解類의 原文과 諺解文의 對照를 通하여－

杉山 豐(스기야마 유타카)

1. 서론

본고는 근대 한국어의 부사 '볼셔'[1]에 대하여 두 가지의 측면에서 고찰하여 그 결과를 정리, 보고하는 것을 목적으로 한다.

본고에서 주목하는 측면 중 하나는 '볼셔'의 어형의 통시적 변화이고, 다른 하나는 중국어와의 대조를 통하여 보는 '볼셔'의 의미영역이다.

---

1) 후술할 바와 같이, 이 단어는 중세어 시기까지 포함하면 '볼쎠, 발셔, 벌셔' 등 여러 모습으로 출현한다. 본고에서는 일단 근대어 시기에서 가장 흔히 볼 수 있으며 가장 이른 시기부터 모습을 보이는 '볼셔'로 다른 어형들을 대표시키기로 한다.

2. 부사 '블셔'에 대한 검토

2.1. 통시적 변화 양상 개관

여기서는 '블셔'의 어형의 중세어 시기부터 근대어 시기에 이르기까지의 통시적 변화 양상을 개관하기로 한다.

15세기 중엽의 정음 초기 문헌에서는 '볼·쎠'로 나타난다:

(1) 그듸 ·가 ·들 찌·비 볼·쎠 :이도·다 호·고 道:뚱眼:안· 올 빌·여·늘 (釋譜詳節, 6: 35b2)

(2) :사른·미 므슴 니른와·도·매 볼·쎠 그 비·르소·물 :알·며 "有人起心에 已知其肇호며" (楞嚴經諺解, 9: 103a9)

(3) 舍·샹利·링弗·붏·아 ·호다·가 :사른·미 볼·쎠 發·벓願·원커·나 ·이제 發·벓願·원커·나 쟝·츠 發·벓願·원커·나 "舍利弗아 若有人이 已發願커나 今發願커나" (阿彌陀經諺解, 26a7)

(4) 볼·쎠 남긔[·긔] 목 미·여 주·그니·라 (三綱行實圖諺解, 326b16[2])

그런데 15세기 중엽의 문헌에도 '볼:셔, 볼·셔'를 볼 수 있다. 이 어형[3]은 그 후 19세기에 이르기까지 사용되었다:

(5) 功공夫뿡 :힝·뎌·기 볼:셔 부텨·씌 ·굶·건마·론 "功行이 固已侯佛컨마론" (楞嚴經諺解, 1 : 37a4)

(6) 公공·이 닐·오·디 볼·셔 주그·시니·라 "公曰 已死矣" (圓覺經諺解, 序 : 68a7)

(7) ·닙 :소갯 블·근 여·르믄 時·로 뻐·러·딜직 호·니·아 階砌面·엣 프·른 이·슨 볼·셔 절·로 ·냇도·다 "葉心朱實堪時落 階面靑苔先自生" (杜詩諺解 初刊本, 6 : 16b1)

---

2) 『三綱行實圖諺解』의 출전 번호는 志部昭平(1990)를 따랐으며 [ ]로 표시한 것은 志部昭平(1990)에서 교감, 복원된 어형이다.

3) 다만 근대 이후의 문헌에서는 방점은 표기되지 않는다.

(8) :겨지·븐 <u>볼·셔</u> 죽거:늘[·늘] (三綱行實圖諺解, 225a07)

(9) 어버싀며 ·아·ᅀᆞ·미 <u>볼셔</u> 주·그면 "親친戚·쳑이 旣·긔沒·몰이면" (飜譯小學, 3 : 46a1)

18세기 말에는 '발셔'가 나타나 역시 19세기까지 계속 사용된다.

(10) 그 사롬이 물에 나디 못ᄒᆞᆫ 째에 <u>발셔</u> 죽엇던가 "其人이 未出水時에 已死ㅣ어나" (增修無冤錄諺解, 3 : 3b09)

19세기 말에 이르러서는 '발서'가 나타나며, 한편으로 현대어 '벌써'로 이어지는 것으로 보이는 '벌셔', '벌서'도 나타난다.[4]

(11) <u>발서</u> 가다 已去 (國漢會語, 乾, 坤[5])

(12) 쩌난 사롬이 <u>벌셔</u> 멀니 갓는지라 (텬로력뎡, 상 : 004b06)

(13) 白雪이。霏霏ᄒᆞ야。今年이 <u>벌서</u> 歲暮ㅣ로다 (新訂尋常小學, 3 : 2a)

필자가 확인한 범위 안에서, 문헌에서 표기된 '볼셔'의 변종과 그 시대적

---

4) 宋敏(1975 : 18~19)에서는 이러한 '볼셔→벌서'와 같이 순음에 후행하는 '·'가 'ㅓ'로 나타나게 되는 현상은, 'ㅗ'와 'ㅓ'가 원순성에 의한 대립관계에 있었음을 전제로 하는 것으로, (가령 '볼셔→벌서'에 대해서 말하면) 그 변화의 중간 단계로 '*볼셔'를 가정함으로써 이해될 수 있다고 설명된 바 있다. 이 견해에 의하면, 18세기 '·'의 비음운화의 결과, 그 이전까지 존재하였던 '·'와 'ㅗ'사이의 원순성에 의한 대립관계가 소멸되어, 대신 유일한 비원순중위모음으로 남게 된 'ㅓ'가 'ㅗ'와의 사이에서 그러한 대립관계를 가지게 되었으며, '따라서 脣音環境 속에 나타나는 ·→ㅓ의 變化는 直接的인 것이라기보다 ·→*ㅗ→ㅓ와 같은 段階를 거친 것이며 이것은 곧 ㅗ의 非圓脣母音化의 過程과 同一한 것이다.'(p.19)라고 설명된다. 한편에서 金完鎭(1978 : 132~134)에서는 이러한 'ᄋᆞ>어'의 변화를 보이는 예에 대하여 "ᄋᆞ>으', 'ᄋᆞ>아'의 물결에 의하여 'ᄋᆞ'를 가졌던 대다수의 語詞에서 변화가 성취되었어도, 일부의 語詞들에서는 아직도 'ᄋᆞ'가 고수되고, 그러다가 다음 단계의 특수한 사정에 의하여 'ᄋᆞ>어'라는 제3의 길을 걸은 것이겠는데, 이것은 '어' 母音의 後舌化 추세와 인영이 있는 일일 것이다.'(p.134)고 언급되어 있다. 즉, '·>ㅓ'의 변화를, 宋敏(1975)와 같이 원순화에 의한 '·>ㅗ' 및 비원순화에 의한 'ㅗ>ㅓ'라는 식으로 'ㅗ'를 매개로 하는 것으로는 보지 않고(그러므로 '순음환경'의 유무와는 상관없이), 직접적인 변화로 보고 있는 것이다.

5) 인용 항목 수록 부분은 太學社 간행(1986) 영인본에서 195쪽 및 494쪽에 보인다.

분포를 —‘ㅅ, ㅆ’ 및 ‘ㆍ’ 비음운화 이후의 ‘ㆍ, ㅏ’와 같이 표기상의 차이에 지나지 않는 것으로 보이는 것도 포함하여 — 표로 제시하면 다음과 같다(다만 방점은 생략).

	15세기	16세기	17세기	18세기	19세기
불쎠	→				
불셔	—	—	—	—	—→
발셔				—	—→
발서					→
벌셔					→
벌서					→

2.2. ‘불셔’의 의미영역에 대한 고찰
—한어『老乞大』·『朴通事』 언해류의 용례에 대한 검토를 통하여

이 절에서는 ‘불셔’와 유의관계를 맺는다고 생각되는 몇 가지 부사6)와의 대조도 시야에 넣어 부사 ‘불셔’의 의미영역에 대해 고찰하여 보고자 한다.

여기서 사용하는 자료는 근대어 자료 중에서도 특히『老乞大』와『朴通事』의 언해류7)를 중심으로 한다. 그 이유는 크게 두 가지를 들 수 있다. 첫째로는, 중국어와의 대역자료라는 특성으로 인하여 중국어 원문과의 대조를

---

6) 예컨대 이광호(1995)는 ‘ᄒᆞ마’와 ‘불쎠’를 유의관계에 있는 것으로 보아, 그 둘의 차이를, ‘어형 「ᄒᆞ마」와 「불쎠」는 한자 <已>의 뜻으로 의미 동질성을 취한다. 그러나 어형 「ᄒᆞ마」는 다 끝나거나 지나간 시간(완료)을 나타내고, 일어난 일이 예상보다 빠른 시간임을 의미한다. …(중략)… 어형 「불쎠」는 일어난 일이 이미 그 전이라는 뜻으로 완료된 일을 나타낼 때 쓰인다. …(중략)… 따라서 이들은 완료된 일을 뜻하는 것은 동일하지만 「불쎠」는 어떤 일의 완료라는 의미의 초점이 있고, 「ᄒᆞ마」는 예상보다 일이 빨리 이루어졌음을 중시하여 표현한다.’(p.168)라고 설명하였다.

7)『노걸대』와『박통사』 언해류의 각 이본의 약칭은 다음과 같다: ≪飜老≫:『飜譯老乞大』, ≪老諺≫:『老乞大諺解』, ≪箕老≫:『老乞大諺解(平安監營重刊本)』, ≪老新≫:『老乞大新釋諺解』, ≪重老≫:『重刊老乞大諺解』, ≪飜朴≫:『飜譯朴通事』, ≪朴諺≫:『朴通事諺解』, ≪朴新≫:『朴通事新釋諺解』.

통하여 보다 객관적인 의미적 고찰이 가능해질 것으로 기대된다는 점이요, 둘째로는 동일한 내용을 가지는 문헌이 16세기부터 17세기에 걸쳐 몇 차례의 改修를 거쳐 왔다는 점에서 그 동안의 통시적 변화의 일단을 보여줄 가능성이 있다는 점이다.

『노걸대』·『박통사』의 언해류에서 '불셔'는 '(却)早', '已'에 대한 번역에 나타난다. 그러므로 이하에서는 '불셔'가 '(却)早'에 대한 번역으로 사용된 경우와, '已'에 대한 번역으로 사용된 경우의 두 가지로 나누어 살펴보고자 한다.

2.2.1. '(却)早'에 대한 번역으로 사용된 '불셔'

16세기에 이루어진 『老朴集覽』에서 '불셔'는 다음과 같이 나타난다.

　　早 早裏 일·엇·다 却早 ·볼:셔 (單字解 5-18[8])

즉, 중국어 '却早'에 대한 번역으로 '불셔'가 사용된 것이다. 그러므로 여기서는 먼저 '却早'에 주목하여 보고자 한다.

이 '却早'는 '불셔'로 번역된 것으로 미루어 볼 때 부사적인 용법을 가지는 것이라고 생각된다. 汉语大词典编辑委员会 汉语大词典编纂处 編(1988)에서 부사로서의 '早'는 '已經'으로 정의되어 있으며, 부사로서의 '已經'은 '表示事情完成或时间过去。(사태가 완성되었거나 시간이 지나갔음을 나타낸다)'라고 설명되어 있다. 한편에서 '却'은 太田辰夫(1981: 295)에서 '情態副詞' 중의 '相反'의 의미를 가지는 것으로 '現代語の≪倒≫にあたり，かえって，反對にの意。(현대어의 '倒'에 해당되는 것으로, '거꾸로, 반대로'의 뜻)[9]'이라고 설명되어 있

---

8) 『노박집람』의 출처 표시는 李丙疇(1966)에 의거한다. 李丙疇(1966)에 수록된 영인본에서는 인용 부분의 '불셔'의 '불'이 거성으로 표기되어 있는 것 같이 보이는데 이 영인본 자체가 상태가 좋은 것이 아니므로 여기에서 인용한 부분을 근거로 성조에 관하여 언급하는 것에 대하여는 신중하여야 한다.

9) 여기서 언급된 '倒'의 용법은 汉语大词典编辑委员会 汉语大词典编纂处 編(1988)에서 설명되

으며, 최재영(2005)에서도 '어기부사'로 모종의 modal한 용법을 가지는 것으로 보고 있다. 이상을 종합하면 '却旱'는 '사태가 완성되었거나 시간이 지나갔음을 뜻밖인 것으로 나타낸다' 정도로 설명할 수 있을 것이다.

다음으로 '却旱'의 실제의 용례를 보기로 하자. '却旱'는 『노걸대』류에는 나타나지 않았고 『박통사』류에서만 볼 수 있었다:

    (14) ≪朴諺≫ <u>볼셔</u> 三十月이 찻도다. "却旱滿三十箇月" (中45b04)

    (15) ≪朴諺≫ 오늘이 臘月 二十五日이라. 애 <u>볼셔</u> 年節이 다두랏쓰나. 쏘 훈 볼 새 衣裳이 업스니 엇디 ᄒᆞ여야 됴ᄒᆞ료? "今日臘月二十五日。咳却旱年節下也。却沒一件兒新衣裳怎麼好？" (中53b04)

    (16) ≪朴諺≫ 又 모욕ᄒᆞ고져 ᄒᆞ더니, <u>볼셔</u> 보디 못ᄒᆞ러라. "纔待洗澡, 却旱不見了。" (下23a07)

         ≪朴新≫ 又 목욕ᄒᆞ려 ᄒᆞ더니 <u>볼셔</u> 보지 못ᄒᆞ러라. "纔待洗澡却旱不見了" (327a02)

예문 (14)는 3년(즉 36개월)인 '同知'의 임기 중 30개월이 지났다는 것을 전하는 내용이다. 이 문장의 서술어가 '찻도다'로 감동법[10]의 형식이 사용된 것으로 나타나 있는 것은, '30개월이 지났다'는 사태가 화자에게 뜻밖인 것으로 전하는 발화임을 반영한 결과일 가능성도 있다.

예문 (15)는 '오늘이 12월 25일인데도 불구하고 아직 내년의 새 옷을 한 벌도 준비하지 못하였다'는 문맥에서 '연말이 되어 있다'는 사태가 뜻밖인 것으로 화자가 인식하는 것으로 표현한 발하라 할 수 있다. 이 예문에서도 서술어에 감동법의 형식이 사용되어 있는 것은 그 '의외성'을 반영한 것으로 볼 수 있다.

예문 (16)은 '방금 목욕하려고 하더니 (그 사람을) 보지 못하겠더라'는 내

어 있는 부사로서의 '倒'의 용법 중에서 '(1) 表示出現的情況或行為同一般情理相反。(출현된 상황 혹은 행위가 일반적 정리와 상반됨을 나타낸다)', '(2) 表示沒想到，出乎意料。(미처 생각하지 못하였거나 뜻밖임을 나타낸다)'고 설명된 것에 해당되는 것으로 생각된다.
10) 본고에서는 근대어의 문법용어는 이광호(2004)를 따르기로 한다.

용을 전하는 발화인데 역시 그 사태를 뜻밖인 것으로 전하는 발화인 것으로 보인다.

이러한 '볼셔'의 용법은 16세기부터 이어진 것으로 보인다.

(17) ≪飜朴≫ ·이·제 볼:셔 拳杏 ·풀·리 잇거·니·와, 黃杏 :업·고, 大水杏·이 :반·만 닉·고 :반·반 :서·니 잇·다. "如今却早有賣的拳杏麼, 黃杏未有裏, 大水杏半黃半生的有。" (上05b6)
　　≪朴諺≫ 이제 볼셔 拳杏 풀리 인ᄂ냐? 黃杏은 업고, 굴고 믈 한 술고 ㅣ 半黃半生ᄒ 이 잇더라. (上06a05)
　　≪朴新≫ (해당 내용 없음)

위에서 보았듯이 『박통사』류에 나타난 중국어 '却무'는 예외 없이 '볼셔'로 번역되어 있다.

다음으로 『노걸대』·『박통사』의 언해류에서 '却' 없이 다만 '무'만이 사용된 중국어 원문에 대한 번역으로 사용된 '볼셔'의 예를 살펴보기로 한다.

(18) ≪飜老≫ (·내 몬졋 버·늬 北京·의 녀·러 올 제, 네 ·이 :뎜 셧 녁 겨·틱, 거·ᄉ :쇠 ·십 :릿 짜·해, 흔 ·곧 ᄃ리 믈·어·디·여 잇·더·니, ·이·제 고·텨 잇ᄂ·가 :몯 ·ᄒ·얏ᄂ·가?) 볼·셔 고·텨 잇ᄂ·니, :아·리 두·곤 :두 ·자·히 놉고. :석 ·자·히 어·위·오, ·법·다·이 밍·ᄀ·로·믈 :됴·히 ·ᄒ·엿ᄂ·니·라. "(我先番北京来时, 你这店西, 约二十里来地, 有一坐桥塌了来, 如今修起了不曾?)早修起了。比在前高二尺, 闊三尺, 如法做的好。" (上26b1)
　　≪老諺≫ (내 몬졋 번의 北京셔 올 제, 너희 이 뎜 셔편 계요 二十里 짜히, 흔 곳 ᄃ리 믈허뎌 잇더니, 이제 고텻ᄂ가 못ᄒ엿ᄂ가?) 볼셔 고텻ᄂ니, 在前애 比컨댄, 두 자히 놉고 석 자히 너르니, 법다이 밍굴기롤 됴히 ᄒ엿ᄂ니라. (上23b09)
　　≪箕老≫ (내 몬졋 번의 北京셔 올 제, 너희 이 뎜 셔편 계요 二十里 짜히, 흔 곳 ᄃ리 믄허뎌 잇더니, 이제 고텻ᄂ가 못ᄒ엿ᄂ가?) 볼셔 고텻ᄂ니, 在前애 比컨댄, 듀 저하 놉고 석 자히 나르니, 법다히 밍굴기롤 됴히 ᄒ엿ᄂ니라. (上23b09)
　　≪老新≫ (내 前에 北京으로 올 제, 네 이 店에 쓰미 계오 二十里 짜히,

혼 드리 문허지미 잇더니, 이제 일즉 고쳐는가 못ᄒ엿는가?) <u>볼셔</u> 고쳐
시되, 이젼에 比컨대, 두 자히 놉고 석 자히 너ᄅ니, 더욱 ᄆ둘기ᄅᆯ 잘
ᄒ엿ᄂ니라. "(我前番从北京来时，离你这店里约走二十里来地，有一坐桥塌
了，如今可曾修起了不曾?)早修起了。比在先的，高二尺濶三尺，越發做的甚
好。" (133a01)

≪重老≫ (내 前에 北京으로 조차 올 ᄢᅦ, 네 이 店에 ᄶ미 계요 二十里
ᄯᅡ히, 혼 드리 문허지미 잇더니, 이제 고쳣는가 못ᄒ엿는가?) <u>볼셔</u> 고
쳐시되, 아젼에 比컨대, 두 자히 놉고 석 자히 너ᄅ니, 더욱 ᄆ둘기ᄅᆯ
잘 ᄒ엿ᄂ니라. "(我前番从北京来时，离你这店里约走二十里来地，有一坐
桥塌了，如今修起了不曾?)早修起了。比在先的，高二尺濶三尺，越發做的
好。" (上23b07)

이 예문 (18)은 발화시 이전에 일어난 사태의 결과가 발화 시점까지 지속
되어 있다는 내용을 가지는 것으로 볼 수 있다. 이 예는 이전에 무너진 다
리가 발화 시점 이전에 고쳐졌고 발화 시점에도 그 결과가 남아 있다는 것
을, 그 시점에는 청자가 그것을 아직 모르는 것으로 전달한다는 뜻의 발화
라고 할 수 있을 것이다. 그러한 의미에서 이 예 역시 어떤 사태가 발화 시
점 이전에 일어나 그 결과가 지속되어 있음을 '뜻밖인 것, 예상치 못하였던
것'으로 표현하는 것으로 그 전까지 검토한 용례들과 공통되는 용법으로
사용된 것이라 할 수 있다.[11]

---

11) 위에서는 '볼셔'가 '의외성'이라는 성격을 지닌다고 가정하는 데서의 출발점으로, 『노
박집람』에서 '볼셔'로 해석된 '却早'의 '却'에 주목하였는데, 여기서 이 '却'이 없는 '早'
도 '의외성'을 지니는 것으로 보이는 '볼셔'로 번역되어 있다는 것이 문제가 될지 모
른다. 이 부분에 대해서는 중국어의 '早'의 의미, 용법도 문제가 되므로 현 단계에서는
결론을 내릴 수는 없다. 그런데 여기서, 『노박집람』에서 '却'이 '·쏘'로 해석되었으며,
『번역노걸대』, 『번역박통사』에 나타나는 '却'의 용례를 검토하여 보면 대부분이 거의
'기계적'으로 '·쏘'로 번역되어 있다는 사실에 대하여 언급하여 두고자 한다. '却'을 번
역하는 데서 그러한 꽤 강한 경향성이 있음에도 불구하고, '却早'의 경우에는, 예컨대
'*·쏘 볼·셔'와 같은 식으로는 번역하지 않았고, '却早' 전체로 '볼·셔'라는 한 단어로
번역하고 있는 것이다. 이러한 사실을 고려할 때 — 적어도 '却早'에 관한 한에서는 —
崔世珍은 중국어 '却'과 '早'의 연속이 가리키는 개념을 모종의 단독의 것으로 파악하
고 있었으며, 그것을 한국어로 표현한 것이 '볼셔'였다는 가능성은 있을 것이다. 그리
고 『노박집람』에서의 '却早'에 대한 기술은 '却'과 '早'가 연속될 때에는 그 연속 전체

그런데 다음의 예는 중세어 단계에서는 '무'에 대한 번역으로 '불셔'가 사용된 데 대하여 근대어(17세기) 단계에 이르러 같은 중국어 원문을 '일즉'으로 번역한 예이다:

> (19) ≪飜朴≫ <u>:불·셔</u> :아·더·든, 보·라 :가미 :됴·탓·다. "早知道時，探望去好來。" (上37b9)
> ≪朴諺≫ <u>일직</u> 아드면, 探望ᄒ라 감이 됴탓다. (上34b09)

이 예는, 청자가 그 동안 痢疾을 앓았던 것을 몰랐던 화자가, '그것을 알았더라면 당신을 보러 가는 것이 좋았을 터인데' 하는 뜻으로 한 발화이다. '청자가 앓는다는 것을 화자가 안다'는 사태는 역시 발화 시점보다 이전의 일로 상정되어 있으나, 그 사태가 실제로 일어나지 않았던 것으로 전하는, 말하자면 反事實的 假定의 발화라는 점에서 예문 (18)까지와 다르다. 반현실적인 가정인 이상, 발화 내용인 사태의 결과가 발화 시점까지 지속되어 있는 것으로 전달하는 발화일 수는 없다. 또한, 그 사태가 일어나지 않았음이 이미 전제가 되어 있다고 할 수 있으므로, 사태의 발생 여부에 대하여 의외성을 띠게 하면서 전달하는 발화라고도 간주하기 어렵다. 이러한 환경에서는 '불셔'가 사용되기 어려웠다는 것을 보여 주는 예가 예문 (19)의 ≪朴諺≫의 예라고 한다면, ≪飜朴≫의 예는 16세기 단계에서는 그러한 환경에서도 '불셔'의 사용이 어느 정도 허용되었음을 보여 주는 것이라 하겠다. 바꾸어 말하자면, 예문 (19)와 같은 예는 중세어 시기부터 근대어 시기에 걸쳐 '불셔'의 의미영역이 축소되었음을 말하여 주는 것일 가능성이 있다.

여기서 예문 (19)의 ≪朴諺≫의 예처럼 '무'가 '일, 일직, 일즈기, 일즈시, …'계의 부사로 번역되는 예[12]에 주목하면, 중세어 시기에 있어서도 다음

로 (단독의 '무'의 경우와 비슷하게?) 한국어의 '불·셔'와 대비될 수 있는 의미·용법을 가진다는 점을, 어휘집으로서의 『노박집람』에서 특히 언급한 것이 아닐까 생각된다.

[12] 다만 여기에서는 부사로서의 '무'가 '(하루 안에서의 시간대로) 일찍, 아침에' 등과 같은 의미로 사용된 용례는 제외하였다.

과 같은 예가 발견된다:

(20) 《飜老》 뎌·긔 ·가, 뎌 三絃子 ·쁘·고 :거·즈·말 ·ᄒ·ᄂ ·놈·돌·ᄒ ·ᄒ
·야, ·ᄒ놀·이·면·셔, :거·즛 여·러 ·적 브르지·죠·티, :샤신공·즈·하, 일
즈시 ·손 여·러 :쳔량 내:여 **쁘**·쇼·셔 ·ᄒ·야·든, "到那裏, 敎那彈絃子
的謊廝們, 捉弄着, 假意兒叫幾聲, 舍人公子, 早開手使錢也。"(下54b2)
《老諺》 뎌긔 가셔, 뎌 줄풍뉴 **쁘**고 거즛말 ᄒᄂ 놈들로 ᄒ여, 늘이
ᄒ며셔, 거즛 여러 소의로 브르되, 샤의공지야, 일즉기 손 여러 돈 **쁘**
라 ᄒ여든, (下49a06)
《箕老》 뎌긔 가셔, 뎌 줄풍뉴 **쁘**고 거즛말 ᄒᄂ 놈믈로 ᄒ여, 노리
ᄒ면셔, 거즛 여러 소리로 부르되, 샤인공지야, 일즉이 손 여러 돈 **쁘**
라 ᄒ여든, (下49a05)
《老新》 (현전하지 않음)
(《重老》 져긔 가, 져 줄풍뉴ᄒ고 거즛말 ᄒᄂ 놈들로 ᄒ여, 노리ᄒ면
셔, 거즛 여러 소리로 브르되, 舍人公子ㅣ야, 곳 손을 여러 賞賜ᄒ라.
"到那裏, 敎那彈弦子的謊精們, 捉弄着, 假意叫幾聲, 舍人公子, 便開手賞
賜罷。"(下51a03))

(21) 《飜老》 ·우·리 도·라 갈 ·황·호 사·기·롤 :의·론 :ᄒ·리·라. :네 모·로
·매 일즈시 ·오·나·라. "咱商量買迴去的貨物, 你是必早來。"(下56b2)
《老諺》 우리 도라 갈 貨物 사기를 의논ᄒ리니, 네 모로미 일 오라.
(下51a02)
《箕老》 우리 도라 갈 貨物 사기를 의논ᄒ리니, 네 모롬이 일 오라.
(下51a01)
《老新》 (현전하지 않음)
《重老》 우리 쏘 도라 갈 貨物 서기롤 商量ᄒ 쩌시니, 네 반ᄃ시 일즉
이 오라. "咱們再商量買回去的貨物, 你必定早些來。"(下52b09)

　중세어 시기의 용례로 발견된 것이 모두 명령문에 나타나 있다는 점에서
공통된다. 명령문을 '현존하지 않는 행위나 상태를 실현시키려는 의도를 가
지고 발화되는 문장'[13]으로 본다면, 발화 내용의 사태가 발화 시점에 있어

───────────────

13) 龜井孝 외(1996 : 1334) 참조,

서 지속되어 있다고는 볼 수 없다. 의외성이라는 면에 대해서도, 이 경우에도 역시 그 사태가 일어나지 않았음이 전제가 되어 있다고 볼 수 있으므로, 사태의 발생 여부에 대하여 의외성이 관여하기는 어려운 것으로 보인다. 예문 (20), (21) 역시, 중세어 시기에도 그러한 환경에서 '볼셔'가 시용되기 어려웠음을 보여주는 예라 할 수 있을 것이다.

2.2.2. '已'에 대한 번역으로 사용된 '볼셔'

여기에서는 '볼셔'가 '已'에 대한 번역으로 사용된 용례를 검토하기로 한다. 먼저 그 용례를 제시하면 다음과 같다:

> (22) ≪朴諺≫ 니르기롤 ᄆᆞᄎᆞ매, 金甲을 드러 내여 와, 太祖의 몸에 닙피니, 모든 將軍들히 븟드러 물 틔오고, 혼 사룸으로 앒픠 行ᄒᆞ여, 모든 百姓들의게 曉諭ᄒᆞ여 닐오디. 王公이 <u>볼셔</u> 義兵을 드럿ᄂᆞ니라. "道罷, 擡出金甲來, 穿與太祖身上, 衆將軍們扶侍上馬, 着一箇人前行, 曉諭衆百姓們道, 王公<u>已</u>擧義兵了也" (下60b10)
> ≪朴新≫ 곳 金甲 혼 볼을 드러 내여 와 太祖롤 주어 닙히고, 여러 將軍들을 불러 뫼셔 물 틔오고, ᄯᅩ 사룸으로 ᄒᆞ여 나아가 모든 百姓들의게 曉諭ᄒᆞ여 니르된, 王公이 <u>볼셔</u> 義兵을 드럿ᄂᆞ니라. "便抬出金甲一副與太祖穿上, 叫衆將軍們服侍上馬, 又着人前去曉諭衆百姓道, 王公<u>已</u>擧義兵" (358a07)
> (23) ≪朴新≫ <u>볼셔</u> 張編修의 門 앒히 다둣거다. "<u>已</u>到張編修門首了." (355b07)

이상 예문 (22), (23)이 '已'가 '볼셔'로 번역된 모든 용례이며, 나머지 '已'는 모두 '이믜, 임의'로 번역되어 있다. 또한 『노걸대』·『박통사』의 중국어 원문을 검토한 결과 부사로서의 '已'는 今本 / 新本에서는 거의 나타나지 않았으며,14) 대부분은 淸代改訂本系에서 발견된다:

---

14) 今本/新本에서 부사로서의 '已'가 나타난 것은 위의 예문 (22)의 ≪朴諺≫의 예와 역시 ≪朴諺≫에 나타나는 다음의 용례 2예뿐이다. 역시 '已'의 대부분의 용례와 마찬가지로 '임의'로 번역되어 있다:

(24) ≪飜老≫ ·나·리 ·낫 :계·어·다. "日頭後晌也。" (上66a4)

　　　≪老諺≫ 날이 낫 계엇다. (上59b05)

　　　≪箕老≫ 날이 낫 계엇다. (上59b05)

　　　≪老新≫ (언해는 현전하지 않음) "日頭已到午後了。"(21a10)[15]

　　　≪重老≫ 히 <u>임의</u> 午後ㅣ 되엿고, "日頭已到午後了。" (上60a09)

(25) ≪朴諺≫ 올ᄒᆞ니 긋그제, 아문령ᄉᆞ들히 보내여 왓거늘, 어듬은 어덧노

　　　라. "是大前日箇，衙門令使們送的來了，得也得了。" (中46a07)

　　　≪朴新≫ 이는 이 긋그제 말이라. 어직 衙門 셔반이 <u>의믜</u> 文書를다가

　　　보내엿더라. "這是大前日的話，昨日衙門書辦已將文書送來了。" (151a07)

(26) ≪朴諺≫ 오늘 새배 出殯ᄒᆞ니라. "今早起出殯來。" (下41a06)

　　　≪朴新≫ 오늘 새볘 <u>의믜</u> 出殯ᄒᆞ니라. "今早起已出殯了。"(342b06)

　　위의 예문 (22), (23)과 (24)~(26)을 비교하면, '已'가 '불셔'로 번역된 예인 전자는 어떤 사태가 일어난 직후, 혹은 일어남과 거의 동시에, 그 사태의 현장에서 그 사태에 대하여 이루어진, 말하자면 '현장성'을 지닌 발화라고 할 수 있다. 그에 비하여 후자에서는 발화에서 언급된 사태는 발화 시점보다 어느 정도 거리를 둔 과거에 일어난 것으로 보인다. 특히 예문 (25), (26)에서는 '어직(昨日)'나 '오늘 새볘(今早起)'와 같이 사태가 발생한 과거의 시점이 구체적으로 제시되어 있다.

　　다만, 다음의 예는 '已'의 대한 번역으로 '임의'가 사용된 용례인데, '涿州에 장사하러 간 사람이 돌아온다'는 사태가 일어난 시점에 그 현장에서 이루어진 발화로도 볼 수 있다는 점에서, 위에서 제시한 '현장성'에 관한 경향의 예외가 될 수 있다:

(27) ≪飜老≫ :의·론 홀 저·긔, 涿州·예 흥졍 녀·러 온 동·믜 ·오·나·놀, 서

　　≪朴諺≫ 孩兒ㅣ 여긔 ᄒᆞ는 배 <u>임의</u> 完備되여시니, "孩兒這裏所幹已成完備。" (下11b05)
　　≪朴新≫ 아히 셔울 이셔 所幹事는 <u>임의</u> 完備ᄒᆞ여시되, "男在京所幹之事已經完備。" (下15b09)

15) 『노걸대신석언해』는 해당 부분이 현전하지 않으므로 여기서는 漢字本에 나오는 원문을 인용하였다.

ㄹ 보·고, "商量其間, 涿州買賣去來的火伴到來, 相見。" (下65b6)

≪老諺≫ 의논홀 쏘이예, 涿州예 흥졍ᄒ라 갓든 벗이 오나ᄂᆞᆯ, 서ᄅᆞ 보고, (下59a08)

≪箕老≫ 의논홀 스이예, 涿州예 흥졍ᄒ라 갓든 벗이 오나ᄂᆞᆯ, 서ᄅᆞ 보고, (下59a07)

≪老新≫ (언해는 현전하지 않음) "你看這涿州去, 做買賣的火伴已到來了。" (43b06)

≪重老≫ 네 보라 이 涿州ㅣ 가 흥졍ᄒ던 벗이, <u>임의</u> 오나다. "你看這涿州去做買賣的火伴, <u>已</u>到來了。" (下61a10)

위에서 보았듯이 『노걸대』·『박통사』 언해류에서 '已'가 '볼셔'로 번역된 용례는 매우 소수이므로, '已'가 '볼셔'로 번역된 예와 '이믜, 임의'로 번역된 예의 차이점에 대해서는, 현재로서는 위에서 말한 바와 같은 가능성을 지적하는 데 그치기로 한다.

3. 결론

본고에서는 부사 '볼셔'에 대하여 통시적 어형 변화와 '볼셔'의 의미영역이라는 두 가지의 관점에서 검토하였다.

그 검토를 통하여 전자에 대해서는 표기법의 차이까지 포함한 각종 어형의 시기적 분포를 정리하였으며, 후자에 대해서는 『노걸대』·『박통사』 언해류를 자료로 한 중국어 원문과의 대조를 통하여 다음과 같은 결론을 얻을 수 있었다:

1) '볼셔'가 '(却)早'에 대한 번역으로 사용되었을 경우, 그 용법으로는 '그것이 수식하는 서술어가 가리키는 사태가, 발화 시점 이전에 일어

났고 그 결과가 발화 시점까지 지속되어 있으며, 동시에 그것이 뜻밖인 것으로 표현한다'고 정리할 수 있다. '무'에 대한 번역으로는 사용되는 부사로는 또한 '일, 일직, 일즈기, 일즈시, …' 등이 있는데, '무'에 대한 번역으로 사용된 '불셔'와 '일, 일직, 일즈기, 일즈시, …' 등은, 첫째, 발화 시점에 있어서의, 그 이전에 일어난 사태의 결과의 지속 여부와, 둘째, '의외성'의 유무라는 부분에서 대립되는 것으로 생각된다.[16]

2) 16세기부터 17세기에 걸쳐 '불셔'의 의미영역이, '일, 일직, 일즈기, 일즈시, …' 등의 의미영역과 접하는 부분에서 일부 축소되었을 가능성이 있다.

3) 부사로서 나타나는 '已'는 『노걸대』·『박통사』 언해류에서는 대부분 '이믜, 임의'로 번역되는데, 일부 '불셔'로 번역으로 사용된 용례도 드물게나마 발견되었다. '已'에 대한 번역으로서의 '불셔'와 '이믜, 임의'는 '현장성'과 관련된 부분에서 대립을 이루고 있었을 가능성이 있다.

한편, 이번 조사에서 남게 된 과제로는 먼저 용례가 양적으로 너무나 빈약하다는 점을 들 수 있다. 본고에서는 2.2. 첫머리에서 밝혀 둔 바와 같은 목적으로 『노걸대』·『박통사』 언해류에서 용례를 추출하였는데, 대신 그 외의 방대한 근대어 문헌자료에 나타나는 용례들을 다루지 못하였다.

또한 '불셔'가 '(却)무'에 대한 번역으로 사용되었을 경우의 용법과 '已'에 대한 번역으로 사용되었을 경우의 그것을 어떻게 결부시키느냐의 문제를 다루지 못하였다. 바꾸어 말하면 '불셔'가 가지는 각종 용법에 대한 검토를 바탕으로 한, 부사 '불셔'의 기본적인 의미에 대한 기술이 앞으로 필요한 것이다.

---

16) 다만, 이 두 가지 요소, 즉, '사태 결과의 지속 여부'와 '의외성의 유무' 중 어느 쪽이 '불셔'와 '일, 일직, 일즈기, 일즈시, …'의 대립에 있어서 본질적으로 작용하는 것인지에 관하여는 현 단계에서는 결론을 내리지 못하였다.

　　중국어 원문과의 대조라는 관점에서는, 언해문에 '불셔'가 나타나는 경우에 원문에서 높은 빈도로 나타나는 句末助詞 '了', '也', '來' 등 및 그러한 구말조사에 대한 번역으로 사용된 각종 시제, 동작상, 서법 형식[17]과의 공기 관계에 대한 검토도 앞으로 시야에 넣음으로써, '불셔'의 의미, 용법의 기술을 더 정밀화시킬 수 있을 것으로 기대된다.

　　마지막으로 위에서 살펴본 '불셔'의 용법이 현대어의 '벌써'로 어떻게 이루어지는가는 부분도 이번에는 고찰 대상으로 포함시키지 못하였다. 아울러 남겨진 과제라고 하겠다.

---

17) 『번역노걸대』에 나타나는 구말조사 '了', '也', '裏', '來'의 언해문에서의 번역 양상에 대한 논의로는 伊藤英人(2008)을 들 수 있다.

참고문헌

1. 논저류

金完鎭(1978), <母音體系와 母音調和에 대한 反省>, ≪語學研究≫, 第14卷 第2號, 서
　　　울大學校語學研究所, 127-139.
朴在淵 編(2002), ≪中朝大辭典≫, 鮮文大學校 中韓翻譯文獻研究所.
석주연(2003), ≪노걸대와 박통사의 언어≫, 태학사.
宋　敏(1975), <十八世紀前期 韓國語의 母音體系>, ≪聖心女子大學 論文集≫, 第六輯.
이광호(1995), ≪類義語 通時論≫, 以會文化社.
이광호(2001), <시간부사의 통시적 고찰-노걸대의 이본을 중심으로->, ≪언어과
　　　학연구≫, 20, 언어과학회, 229-248.
이광호(2004), ≪근대국어문법론≫, 태학사.
李丙疇(1966), ≪老朴集覽考≫, 進修堂.
李賢熙(2006), <'멀리서'의 통시적 문법>, ≪冠嶽語文研究≫, 第31輯, 서울大學校 人
　　　文大學 國語國文學科, 25-93.
최재영(2005), <『老乞大』4종 판본 부사 연구>, ≪중국학연구≫, 제33집, 중국어학연
　　　구회, 231-258.
汉语大词典编辑委员会 汉语大词典编纂处 编(1988), ≪汉语大词典≫, 汉语大词典出版社。
李泰洙(2003), ≪≪老乞大≫四種版本語言研究≫, 語文出版社。
伊藤英人(2008), <≪翻譯老乞大≫中の句末助詞<了>, <也>, <裏>, <來>の朝鮮語訳に
　　　ついて>, ≪東京外国语大学论集≫ 第77号, 东京外国语大学, 243-263.
太田辰夫(1981), ≪中國語歷史文法≫, 朋友書店.
亀井孝・河野六郎・千野栄一(1996), ≪言语学大辞典 第6卷 术语编≫, 三省堂.
金文京・玄幸子・佐藤晴彦(2002), ≪老乞大-朝鮮中世の中国语会话读本-≫, 東洋文庫
　　　699, 平凡社.
志部昭平(1990), ≪諺解 三綱行實圖研究≫, 汲古書院.

2. 영인류

≪翻譯老乞大 卷上≫, 中央大學校大學院(1972).
≪翻譯老乞大 卷下≫, 仁荷大學校附設人文科學研究所(1975).
≪老乞大諺解≫(奎章閣本, 奎2044), 서울大學校奎章閣(2003a), ≪奎章閣資料叢書 語學篇
　　　(一) 老乞大 老乞大諺解≫.
≪老乞大諺解(箕營版)≫(奎章閣本, 奎2303), 서울大學校奎章閣(2003a).

≪老乞大新釋諺解(卷一)≫(컬럼비아大學 東亞圖書館 所藏本, PL1121.K6 C462).
≪重刊老乞大諺解≫(奎章閣本, 奎2025), 서울大學校奎章閣(2003b),≪奎章閣資料叢書 語
　　　學篇(二) 老乞大新釋 重刊老乞大 重刊老乞大諺解≫.
≪朴通事 上≫, 慶北大學校大學院 國語國文學研究室(1959).
≪朴通事諺解≫(奎章閣本, 奎1810), 서울大學校奎章閣(2004a), ≪奎章閣資料叢書 語學篇
　　　朴通事諺解≫.
≪朴通事新釋諺解≫(奎章閣本, 古3917-8), 서울大學校奎章閣(2004b), ≪奎章閣資料叢書
　　　語學篇 朴通事新釋 朴通事新釋諺解≫.
≪老朴集覽≫(乙亥字本), 李丙疇(1966) 所收.

≪釋譜詳節(卷六)≫, 한글학회 출판부(1961), ≪釋譜詳節(第六·九·十三·十九)≫.
≪阿彌陀經諺解≫, 正陽社(1951), ≪國故叢書(二) 諺解 觀音經·阿彌陀經≫.
≪楞嚴經諺解≫, 卷一, 세종대왕기념사업회(1996), ≪역주 능엄경언해 제1·2≫; 卷
　　　九, 세종대왕기념사업회(1998), ≪역주 능엄경언해 제9·10≫.
≪圓覺經諺解≫, 弘文閣(1995).
≪分類杜工部詩(初刊本, 卷六)≫, 가람文庫本.
≪增修無冤錄諺解≫, 弘文閣(1983).
≪텬로력뎡≫, 김동언(1998),≪텬로력뎡과 개화기 국어≫, 한국문화사.
≪國漢會語≫, 太學社(1986), 韓國語學資料叢書 第1輯.
≪新訂尋常小學≫, 亞細亞文化社(1977), ≪韓國開化期敎科書叢書1 ＜國語Ⅰ＞ 國民小學
　　　讀本, 小學讀本, 新訂尋常小學≫.

'미이', '미오'에 대한 통시적 연구

-'미이'의 약화와 '미오'의 등장을 중심으로-

백 채 원

1. 서론

현대 한국어의 정도 부사 '매우'의 고형에 해당하는 부사는 '미뷔', '미이', '무이', '미오', '미우'(이하 '미이'류)이다. 이들 부사는 형용사 어간 '밉-'에 부사 파생 접미사 '-이' 혹은 '-오/우'가 결합되어 이루어 졌다. 이들 중 '미이'는 15세기에 형성되어 17세기까지 그 쓰임이 매우 활발하였다. 그런데 '미오'는 '-오/우'에 의한 부사 파생이 활발하던 중세에 형성된 것이 아니라 17세기에 처음으로 나타나며 19세기에는 '미우'와 함께 굉장히 널리 쓰였다. 본고는 이러한 점에 착안해 '미이'와 '미오'의 관계에 대해 살펴보고자 한다. 즉, '미이'의 쓰임이 줄어든 이유와 '미이'가 있음에도 불구하고 '미오', '미우'가 나타난 이유를 밝혀볼 것이다. 그리고 이들의 의미에도 주목하여, 어떻게 '미이'류가 본래의 어간의 의미('맵-')와 거리가 먼 '보통 정도보다 훨씬 더'의 의미를 가지게 되었는지도 살펴보겠다. 이에 대한 선행 작업으로 우선 '밉-'의 활용형이 문맥에서 어떤 의미를 지니고 있는지 하나하나 분석해 본 다음, '미이'류의 의미를 따져 볼 것이다.

2. '밉-'과 '미이'의 의미

2.1. '밉-'의 의미

중세와 근대 시기의 '밉-'은 현대국어의 '맵-'과 거의 비슷한 뜻을 가지고 있다. 현대국어에서 '맵다'의 의미를 우선 살펴보자. ≪표준국어대사전≫과 ≪연세한국어사전≫에서의 '맵다'의 의미 기술은 다음의 (1)~(2)와 같다.

  (1) ≪표준국어대사전≫에서 '맵다'의 의미 기술
     ㄱ. 고추나 겨자와 같이 맛이 알알하다.
       매운 김치 / 찌개가 맵다. / 국이 매워서 많이 먹지 못했다. / 그녀들은 아무도 아침을 먹지 못했고, 점심을 맵고 짠 국수나 비빔밥으로 때웠다.≪이문열, 그해 겨울≫
     ㄴ. 성미가 사납고 독하다.
       어머니는 매운 시집살이를 하셨다.
     ㄷ. 날씨가 몹시 춥다.
       겨울바람이 맵고 싸늘하게 불었다. / 제법 날씨가 맵네. 곧 서리가 내리겠군.≪박경리, 토지≫
     ㄹ. 연기 따위가 눈이나 코를 아리게 하다.
       매운 담배 연기.
     ㅁ. 결기가 있고 야무지다.
       저 녀석은 하는 일마다 맵게 잘 처리해서 마음에 든다. / 웬만한 것들은 눈썰미 야물고 매운 하인들이 재바르게 다니면서 충직하게 심부름을 하였다.≪최명희, 혼불≫

(2) ≪연세한국어사전≫에서 ‘맵다’의 의미 기술

　ㄱ. (고추나 겨자와 같이) 맛이 알알하다.

　　해장술은 뜨듯하고 매운 국물을 마셔야 속이 풀린다. / 빨간 고추를
　　씹으면 우선 맵다.

　ㄴ. 몹시 춥다.

　　해가 서쪽으로 조금씩 기울어지며 냇가로 매운 바람이 불어온다. /
　　바깥 공기는 움츠려들 만큼 차고 매웠다. / 강바람이 몹시 매웠던 모
　　양이었다.

　ㄷ. (연기 따위가 눈이나 코를) 자극하여 아리다.

　　그제서야 주인댁이 불을 때느라고 매운 연기를 피우기 시작했다.

　ㄹ. 성질이 매우 사납거나 독하다.

　　큰애가 똑똑하고 매운 성격이라 결행을 한 거겠지만 젊은 목숨이
　　애처롭다. / 당차고 매운 것이 한 번도 그의 앞에서 약한 모습을 보
　　인 일이 없었던 계집애다. / 그의 매운 손이 철이의 양뺨을 서너 차
　　례 쳤다.

위의 사전 기술을 종합해 보면, ‘맵다’는 형용사이며 주로 음식의 맛이나
날씨, 연기, 사람의 성질이나 성미 등을 의미할 때 쓰인다.

　중세와 근대의 ‘밉-’ 역시 이것에서 크게 벗어나지 않으나, ‘밉-’이 쓰인
문맥을 살펴보면 피수식어가 현대국어보다 조금 더 다양하게 나타남을 알
수 있다. ‘밉-’에 대당하는 한문 원문의 한자는 ‘猛, 辛, 辨, 釅, 硬, 辣’ 등으
로 나타난다. 예문은 다음과 같다.

(3) 猛

　ㄱ. 惑 니르왇는 ᄆᆞᅀᆞ미 <u>밉고</u> 놀카ᄫᆞᆯᄊᆡ 利使ㅣ라 <월인석보, 11 : 125b>

　ㄴ. 다시 비ᄒᆞᆨ샛 氣分을 侵勞ᄒᆞ야 그처 根性이 <u>밉와</u> 놀카올ᄊᆡ 聲聞 우희
　　잇ᄂᆞ니 <법화경언해, 2 : 95b>

　ㄷ. 婬이 한 사ᄅᆞ면 <u>미온</u> 火聚 ᄃᆞ외ᄂᆞ니라 <능엄경언해, 5 : 65a>

　ㄹ. 이 呪를 외오면 이 ᄀᆞᆮᄒᆞᆫ 重ᄒᆞᆫ 業이 <u>미온</u> ᄇᆞᄅᆞ미 몰앳 무디 부러 흐
　　름 ᄀᆞᆮᄒᆞ야 <능엄경언해, 7 : 54a>

　ㅁ. 큰 블 <u>미온</u> 브리 四面에 다 닐어늘 <법화경언해, 2 : 137b>

ㅂ. 端正이 쁘로 微妙코 뜯과 힘괘 게엽고 <u>밉다</u> ᄒ니라 <법화경언해, 7 : 19a>

ㅅ. 나조히 ᄀᆞ롮 ᄉᆡ예 큰 남굴 일흐니 <u>미온</u> ᄇᆞᄅᆞ미 밨中에 새지블 눌이놋다 <두시언해, 초간본, 10 : 41b>

ㅇ. 川<u>上座</u>ㅣ 오놄나래 <u>미온</u> 버믜 이블 向ᄒ야 밥 아ᅀᆞ며 <금강경삼가해, 5 : 31b>

ㅈ. <u>미올</u> 밍 <훈몽자회, 하, 6b>

(4) 辛

ㄱ. 쓰며 싀며 ᄧᆞ며 淡ᄒ며 둘며 <u>미온</u> 等 맛과 모돈 和合과 俱生과 變ᄒ야 다ᄅᆞ니 <능엄경언해, 5 : 37b>

ㄴ. 초슨 것 쩐 것 쁜 것 <u>미온</u> 것 부치졸 싱강 향내 사오나온 내 일졀 금긔ᄒ며 <두창경험방, 14b>

ㄷ. <u>미올</u> 신 <훈몽자회, 하, 6b>

(5) 辢

ㄱ. 各 흔 돈 半과 <u>미온</u> 細辛과 눌 甘草와 石昌蒲ᄅᆞᆯ 細切ᄒ니 <구급방언해, 상, 1b>

ㄴ. 큰 말 니ᄅᆞ기를 베히는 <u>미온</u> 부리로 ᄒ여 일로뻐 사ᄅᆞᆷ의게 驕ᄒᄂ니 <오륜전비언해, 3 : 11a>

(6) 釅

ㄱ. 또 <u>미온</u> 醋ᄅᆞᆯ 머구머 ᄂᆞ치 쑤므면 즉재 됻ᄂ니 <구급방언해, 하, 93b>

ㄴ. <u>미온</u> 술 <역어유해, 상, 50a>

(7) 硬

ㄱ. 대롱 ᄀᆞ톤 <u>미온</u> 숫글 브레 ᄉᆞ라 다 블것다가 뎃거치 스러 흰 오시 일어든 <구급방언해, 하, 41b>

ㄴ. 뿔 초 <u>미온</u> 숫블 빅 번 ᄀᆞ라 <구급간이방, 7 : 68a>

(8) 辣

ㄱ. <u>미올</u> 랄 <훈몽자회, 하, 6b>

'밉-'은 그 활용형이 '밉다, 밉고, 밉게, 밉거나, 미ᄫᆞᆫ, 미와, 미온' 등 여러 가지로 나타난다. 그런데 '밉-'의 다양한 활용형을 살펴본 결과, 다른 활용형보다 '미온'과 같이 관형 구성으로 나타나는 예가 제일 많았다. 따라서

‘미온’을 중심으로 살펴보아도 ‘밉-’에 대한 용례 전체를 설명하는 데에 큰 무리가 없을 것으로 여겨진다. 따라서 본고에서는 관형 구성에 나타나는 ‘미온’을 중심으로 살펴볼 것이며, 필요한 경우에 따라 종결어미나 연결어미가 결합한 형태도 참고하려고 한다.

이러한 예들을 바탕으로 ‘밉-’이 수식하는 단어가 무엇이냐에 따라서 의미를 대략 분류하면 다음과 같다.

> (9) ‘밉-’의 의미와 수식하는 것
> ① 맛이 맵다 : 음식(醋, 토란, 계피, 흙, 고추, 풀 등)
> ② 술이 맵다(진하다, 맵다 등) : 술(소주 등)[1]
> ③ 맹렬하다 : 불(火)
> ④ 날씨가 몹시 춥다 : 기(氣)와 관련된 것(바람, 기운, 날씨, 향기[2] 등)
> ⑤ 성미가 사납고 독하다 : 사람과 관련된 것(마음, 성격, 根性[3], 뜻, 절개, 거동 등)
> ⑥ 매몰차고 날카롭다 : 빛(光)과 관련된 것(안색, 빛)
> ⑦ 정도가 심하다 : 고통

여기에서 주목해야 할 것은 ‘밉-’은 주로 음식의 맛이나 ‘불’(火), ‘바람’(風)을 수식하는 데에 제일 흔하게 쓰였다는 사실이다. 특히 맛을 수식하는 ‘밉-’은 15세기부터 19세기까지 꾸준히 나타나는 것으로 보아 ‘밉-’의 가장 기본 의미였음을 알 수 있다. 이에 반하여 ⑤~⑦에 나타나는 ‘밉-’의 의미는 상당히 추상적이다. 그래서 ‘根性’을 서술하는 예를 제외하고 19세기까지의 문헌에서 ⑤~⑦의 의미로 쓰이는 ‘밉-’은 거의 보이지 않는다. 이들이 주로 나타나는 것은 연대 불명의 필사본 소설이나 판소리계 소설, ≪후슈호뎐≫같은 중국소설희곡 번역본 등이다. 그 예는 다음과 같다.

---

1) 술을 음식에서 제외하고 따로 뺀 이유는 ‘미온 술’이 꼭 ‘烈’을 의미하는 것이 아니라 ‘釅’을 의미할 때도 있기 때문이다.
2) ‘향기’를 따로 기술할 수도 있으나 넓은 의미에서는 ‘氣’에 속한다고 보아서 같이 기술하였다.
3) ‘根性’은 불교 용어로 ‘중생이 지니고 있는 저마다의 성품’을 의미한다.

(10) 마음

ㄱ. 할미년의 符同으로 霜雪 갓치 <u>믭온</u> 마음 봄눈 갓치 푸러지며 암만
힉도 못참겟네 <가집, 1>

ㄴ. <u>믭고</u> 찬 마음으로 마동집을 연비ᄒᆞ야 그 동정을 살피더라 <금국
화, 70>

(11) 성격

ㄱ. 이런 <u>믭고</u> 독하고 모질고 단단ᄒᆞᆫ 무정밍낭ᄒᆞᆫ 졔 할미롤 붓틀 아희
년셕이 어디 잇기숩나 <남원고사, 31b>

ㄴ. 이 ᄉᆞ람 니낭쳥 고 년이 그런 쥴 몰낫더니 <u>믭기</u>가 곳 고초로셰 종
시 풀이 아니 죽네 <남원고사, 38a>

(12) 절개

ㄱ. 리릉이는 그 간악ᄒᆞᆫ 거셰 더러오미 되고 소무는 그 <u>믭운</u> 졀기를
공경ᄒᆞ며 <명성경, 34a>

(13) 거동

ㄱ. 안식의 싁싁ᄒᆞ며 츠고 <u>믭온</u> 거동이 셜샹한미 ᄀᆞᆺᄐᆞ니 당샹 당회 막
블경앙ᄒᆞ고 <명주보월빙 필사본, 05>

ㄴ. 다만 셩안이 나죽ᄒᆞ고 옥뫼 닝졍ᄒᆞ여 믁연블어 ᄒᆞ니 츠고 <u>믭온</u> 거
동이 미홰 납셜을 씌워심 ᄀᆞᆺᄐᆞ니 <명주보월빙 필사본, 17>

(14) 빛

ㄱ. 언파의 셩안에 <u>믭온</u> 빗치 니러나고 옥면의 한풍이 쇼쇼ᄒᆞ니 찬 긔
운이 모골이 숑연ᄒᆞᆫ지라 <벽허담관제언록, 31b>

ㄴ. 비록 소리롤 변ᄒᆞ여 소리롤 놉혀 ᄭᅮ짓지 아니나 엄ᄒᆞᆫ 긔운과 <u>믭온</u>
빗치 ᄉᆞ좌의 ᄲᅩ이니 <완월회맹연>

(15) 고통

ㄱ. 빗기 보면 털아옥의 ᄶᅥ러져셔 <u>믭온</u> 고통 갓초 밧고 최후 셰샹 나
온 몸이 독ᄒᆞᆫ 비암 되야 나고 <인과곡, 10a>

즉, 시간이 지남에 따라 의미가 추상화되면서 사람의 성품이나 성격, 거동
등과 같은 뚜렷한 실체가 없는 것에 대해서도 '믭-'이 쓰일 수 있게 되었
다. 이것은 대부분의 기본 어휘가 겪는 의미의 추상화가 '믭-'에도 적용되
었음을 알 수 있다. '달다'(甘)는 맛이 달다는 것이 가장 기본 의미이지만 기

분을 표현하는 데에 쓰이기도 하며, '쓰다'(苦) 역시 맛뿐만이 아니라 기분의 싫거나 괴로움을 나타내기도 한다.

이상으로 '밉-'의 의미와 수식하는 성분이 어떤 성격의 것인지 대략 알아보았다. 다음으로 '밉-'의 의미가 '믿이'와는 어떠한 관련이 있는지 살펴보도록 하자.

2.2. '믿이'의 의미

그러면 '밉-'에서 파생된 '믿이'는 어떤 의미를 가지는지 알아보자. '믿이'는 '밉-'에 중세에 높은 생산성을 보이는 부사 파생 접미사 '-이'가 결합되어 형성되었으며, 15세기부터 19세기까지 널리 쓰였다. 이 '-이'는 이현희(1994)에서 알 수 있듯이 파생 접미사와 활용 어미적인 성격을 동시에 가지고 있는 형태이다. 그러면 '믿이'의 '-이'도 선행하는 요소와 통사적인 관계를 가지면서 활용 어미처럼 기능하는 것이 있을까? 아쉽게도 '믿이'가 선행 성분과 특별한 통사적인 관계를 보이는 예는 발견되지 않았다. 대부분이 뒤에 오는 용언, 혹은 부사를 수식하는 파생 부사의 역할을 하고 있었기 때문에 '믿이'는 파생 부사로 봐도 큰 무리가 없을 듯하다. 그러면 원래 어간이 가지고 있던 '밉-'의 의미를 '믿이'는 어느 정도 유지하고 있을까?

'믿이'의 의미를 살펴보기 위해 해야 할 작업은 '믿이'가 한문 원문에는 어떻게 나타나는지, 그리고 어떤 성분을 수식하고 있는지 분석하는 것이다. 필요에 따라 '믿이'의 이표기어 '무이'도 함께 살펴 보겠다. 우선 '믿이', '무이'(편의상 '믿이'로 통칭하겠다)는 주로 '急, 猛, 痛, 緊, 厲, 過, 爛, 極, 熟' 등으로 나타난다. 한문 각각에 따라 나타나는 예문은 다음과 같다.

(16) 急

ㄱ. 사ᄅᆞ미 두 솞가라ᄀᆞ로 귀ᄅᆞᆯ <u>믿이</u> 마ᄀᆞ면 耳根이 잇븐 젼ᄎᆞ로 머릿 中에 소리 지스리니 <능엄경언해, 3 : 4b>

(17) 猛

　　ㄱ. 숫글 沐浴ᄒᆞ야 스라 <u>민이</u> 쀠에 ᄒᆞ고 <능엄경언해, 7 : 16b>

　　ㄴ. 病ᄒᆞᆫ 사ᄅᆞᆷ 알외디 말오 井花水로 ᄀᆞ 늫치 <u>민이</u> ᄲᅮᄆᆞ라 <구급방
언해, 상, 60b>

(18) 痛

　　ㄱ. 오직 늫치 춤 받고 ᄯᅩ 발 엄지 가락 톱 스ᅴ를 <u>민이</u> 믈면 즉재 씨
ᄂᆞ니라 <구급방언해, 상, 24a>

　　ㄴ. 대통올 입 안해 녀코 두 사ᄅᆞᆷ로 <u>민이</u> 불오 입ᄀᆞ술 마가 氣分이
나디 몯게ᄒᆞ면 牛 날올 주겟던 사ᄅᆞ미 곧 숨 쉬ᄂᆞ니 <구급방언해,
상, 75b>

　　ㄷ. 오직 스외 발측과 밠 엄지가락톱 ᄀᆞ술 <u>민이</u> 믈오 그 늫치 춤을 만
히 바ᄐᆞ면 즉재 살리라 <구급간이방, 1 : 82b>

　　ㄹ. 텨셔 져주기를 더욱 <u>민이</u> ᄒᆞ디 ᄆᆞ촘내 니ᄅᆞ디 아니코 드듸여 주그
니라 <동국신속삼강행실도, 열녀, 1 : 27b>

(19) 緊

　　ㄱ. 샹녜 ᄒᆞᆫ 사ᄅᆞᆷ로 <u>민이</u> 소ᄂᆞ로 가슴과 녑과롤 븢고 <구급방언해,
상, 77a>

　　ㄴ. <u>민이</u> 두 소ᄂᆞ로 그 이블 마가 氣分이 스뭇디 아니케 두 時刻을 ᄒᆞ
면 氣分이 急ᄒᆞ면 즉자히 사ᄂᆞ니 <구급방언해, 상, 77b>

(20) 厲[4]

　　ㄱ. 도적기 ᄯᅩ 올ᄒᆞᆫ풀흘 베히되 ᄭᅮ진ᄂᆞᆫ 소ᄅᆞᆯ 더욱 <u>민이</u> ᄒᆞ니 도적기
크게 노ᄒᆞ여 머리ᄂᆞᆯ 베히고 <동국신속삼강행실도, 열녀, 4 : 87b>

　　ㄴ. 도적을 피ᄒᆞ다가 도적의게 잡핀 배 도여 더러이고져 ᄒᆞ거ᄂᆞᆯ 뎡시
소ᄅᆞᆯ <u>민이</u> ᄒᆞ야 주그모로 <동국신속삼강행실도, 열녀, 6 : 50b>

(21) 過

　　ㄱ. 쇠그ᄅᆞ술 범티 말고 굵게 것거 누로게 복가 만히 <u>민이</u> 달혀 덥게
ᄒᆞ여 먹으라 <벽온신방, 4b>

　　ㄴ. ᄯᅩ 니쁠 서 홉을 <u>민이</u> 복가 밀 두 냥을 노거 <구황촬요, 6b>

　　ㄷ. 줄기와 여룜을 ᄀᆞ늘게 싸ᄒᆞ라 <u>민이</u> 복가 씨허 처 ᄀᆞᄅᆞ 밍ᄀᆞ라 믈
에 타 머그면 <신간구황촬요, 2b>

---

4) '厲'의 의미로 쓰이는 '민이'는 '高'와도 관련이 있다. '厲'은 주로 '소ᄅᆞᆯ 민이 ᄒᆞ야',
　'소ᄅᆞᄂᆞᆯ 민이 히여' 등과 같은 구문에서 '민이'로 언해된다. 이는 중세에 '高聲'이 '된
　모ᄀᆞ로, 된 소리로'로 언해된 것과 관련이 있다.

(22) 爛

　ㄱ. 콩 훈 말을 <u>미이</u> 솖고 누록 서 되 소금 넉 되룰 합ᄒ야 <구황촬
　　요, 11b>

　ㄴ. 爛醉 <u>미이</u> 취ᄒ다 <방언유석, 4b>

(23) 極

　ㄱ. 볏 쬐여 두세 번 <u>미이</u> ᄆᆞ론 후의 소금 엿 되를 더온 믈의 섯거 둠
　　아 <구황촬요, 11b>

　ㄴ. 솔슌을 만히 걱거다가 큰 독의 ᄀᆞ득 녀코 믈을 <u>미이</u> 쓸혀 그 독의
　　ᄀᆞ득 브어 <구황촬요, 13b>

　ㄷ. 믈 평사발로 여스슬 브어 <u>미이</u> 달혀 네 사발이 되게 ᄒ면 지령이
　　됴ᄒ니라 <신간구황촬요, 11a>

(24) 熟

　ㄱ. 흉황훈 히예 큰 거믄콩 스믈훈 낫출 싱으로 <u>미이</u> ᄆᆞ딜러 더온 긔
　　운이 콩 소긔 스뭇게 ᄒ여 <구황촬요, 5b>

(25) 重

　ㄱ. 미훈 믹은 손가락 아뤼 츠ᄌᆞ면 인ᄂᆞᆫ 듯 업ᄂᆞᆫ 듯 ᄒ고 팀훈 믹은
　　<u>ᄆᆞ이</u> 누로면 인ᄂᆞᆫ 듯 ᄒ며 들면 오로 업고 <마경초집언해, 상,
　　19b>

(26) 奮

　ㄱ. 그 지아비 도적의 주근 배 되니 뛰여 내ᄃᆞ라 <u>ᄆᆞ이</u> 쑤짇고 주그니
　　라 <동국신속삼강행실도, 열녀, 3 : 65b>

　ㄴ. 얻디 도적의 손애 더러이리오 ᄒ고 도적 구짓기롤 더옥 <u>ᄆᆞ이</u> ᄒ니
　　도적이 노히여 홈믜 버히다 <동국신속삼강행실도, 열녀, 8 : 41b>

(27) 窮

　ㄱ. 바다는 형톄 크므로 젹은 물을 막지 아니 ᄒ고 태산과 화산은 <u>미
　　이</u> 놉흐므로 흙덩이룰 스양치 아니ᄒᄂ니 <이언언해, 자서, 02a>

(28) 遠

　ㄱ. 표 갑시 졈졈 올나 강셔보다 <u>미이</u> 나ᄒ니 가히 침쟉ᄒ야 수만 인
　　을 더홀 만 ᄒ고 <이언언해, 2 : 25a>

이것을 바탕으로 ‘미이’의 의미를 추리면

① 맹렬하게(猛)
② 꼭, 힘껏, 세게(急, 緊, 重, 痛)
③ 크게(厲, 高)
④ 사납게(奮)
⑤ 과하게, 지나치게(過, 爛)
⑥ 충분히(極, 熟)
⑦ 매우, 훨씬(窮, 遠)

으로 나눌 수 있다.

'미이'의 의미 ①, ②, ④는 앞서 살펴본 '밉-'의 의미 중 대강 ③(맹렬하다)의 의미에, ⑤는 '밉-'의 ⑦(정도가 심하다)의 의미에 해당하는 것으로 보인다. 그 외의 ③의 의미는 '밉-'과 직접적으로 상관관계가 있다고 보기에 어려운 듯하다. ⑥과 ⑦의 의미는 ⑤의 '미이'의 의미가 확장된 것으로 보인다. '(정도에) 지나치게'의 의미로 '미이'를 쓰다가 '모자람이 없이 넉넉하게', '보통의 정도보다 훨씬 더'의 의미로 확장되면서 널리 쓰이게 됨에 따라 현대 국어의 '매우'와 같은 의미를 가지게 된 것은 아닐까 추측해 본다. 더 이상 어간의 의미와는 관련성이 없으며, 수식할 수 있는 성분도 동사뿐 아니라 형용사로 확대되었다. 이에 대해 조금 더 살펴보자.

'미이'가 수식하는 서술어는 '막-(防), 퓌에 ㅎ-(使熾), 믈-(囓), 불-(吹), 봊-(㯶), 막-(掩), 앒프-(楚), 봒-(炒), 숢-(烹), ᄆᄅ-(燥)' 등이 있는데 대부분 동사이다. 그런데 ≪이언언해≫에는 형용사를 수식하는 경우도 있다. 다음의 예가 그것이다.

(29) ㄱ. 바다는 형톄 크므로 젹은 믈을 막지 아니 ㅎ고 태산과 화산은 미이 놉흐므로 흙덩이롤 ᄉ양치 아니 ㅎᄂ니 <이언언해, 자서, 02a> (窮高)

ㄴ. 표 갑시 졈졈 올나 강셔보다 미이 나흐니 가히 침쟉ㅎ야 수만 인을 더홀만 ㅎ고 <이언언해, 2 : 25a> (遠勝)

ㄷ. 셔로 싱각ㅎ옵는 ᄆ음은 간졀(懇切)ㅎ오나 셔로 뭇줍지 못 ㅎ옵고

> 믜이 섭섭ᄒᆞ오며 살피지 못ᄒᆞ건디 ᄎᆞ시(此時)의 형후(兄候) 평안(平
> 安)ᄒᆞ시니잇가 <징보언간독, 12a>

이 예들은 ①~⑤의 의미로 보기에는 무리가 있다. ⑤와 ⑥이 추상화된 ⑦의 의미를 가지고 있는 것으로 해석해야 자연스럽다.

이렇게 '믜이'가 19세기에 들어 '놉-(高), 낫-(勝), 섭섭ᄒᆞ-(憾)' 등의 형용사를 수식할 수 있게 된 것은 그 의미가 '보통 정도보다 훨씬 더'로 굳어졌기 때문인 것으로 생각된다. '믜오' 역시 18세기부터 형용사를 수식하는 예가 하나둘씩 보인다. 의미가 추상화되어 보다 널리 쓰이게 됨에 따라 형용사나 부사를 꾸밀 수 있게 되었을 것으로 추정할 수 있다.

3. '믜이'의 약화와 '믜오'의 등장

3.1. '믜이'의 약화

'매우'의 고형에 해당하는 형태에는 '믜이' 외에 '무이', '믜오', '믜우'가 있다. 15세기부터 나타나는 '믜이'는 17세기에 그 쓰임이 가장 활발하였다가 18세기부터는 줄어들기 시작하여 19세기가 되면 '믜오'에 그 자리를 대신 내어 주게 된다. '무이'는 17세기에 널리 쓰이다가 18세기 이후로는 쓰임이 줄었으나 고소설이나 《일동장유가》 등에 자주 쓰였다. 그리고 '믜오'는 17세기에는 거의 쓰이지 않았고 18세기에 조금씩 쓰이기 시작해 19세기에는 그 쓰임이 매우 활발했다. '믜우'는 19세기 이후에만 보인다. 이러한 빈도의 차이를 간단하게 표로 나타내면 다음과 같다. 연대를 알 수 없는 문헌은 제외하고 헤아린 수치이다.

종류＼시기	15세기	16세기	17세기	18세기	19세기
·밉ᄫᅵ	2개				
·밉이	18개	7개	34개	11개	11개
:밉이		3개	25개	9개	2개
·밉오			2개	9개	58개
·밉우					360개

그러면 '밉이'는 왜 약화되었을까? '밉이'는 원래 어간인 '맵-'의 의미와는 멀어져서 '매우'의 의미를 지니게 되면서, 이를 '밉-+-이'로 분석하기가 어려워 졌다. 그런데 왜 19세기에 '밉오'보다 훨씬 적게 나타나다가 사라졌을까? 하나의 어휘가 소멸한 이유에는 여러 가지가 있겠지만, '밉이'의 경우는 소멸한 이유를 두 가지 정도 찾을 수 있다.[5]

우선 '밉이'와 'ᄫ' 말음 파생형의 관계 속에서 살펴보자. 어간 말음에 'ᄫ'을 가지며 '-이' 부사 파생을 겪은 단어들에는 '갓가이, 어려이, 쉬이(수이), 두터이, 둗거이, 두려이, 늣가이, 놀라이, 반가이, 즈올아이, 새로이, 외르이(외로이), 가비야이, 더러이, 부드러이' 등이 있다. 그런데 이 중에서 현대에도 그대로 쓰이는 '새로이', '외로이', '두려이' 등을 제외하면, 대체로 18세기 이후에는 그 쓰임이 줄어드는 경향이 있다. '어려이'는 18세기까지 나타나긴 하지만 18세기에 ≪을병연행록≫을 제외하고 그 후에는 별로 나타나지 않는다. '수이' 역시 18, 19세기 들어서 그 출현 빈도가 크게 감소하는 경향을 보여준다. '두터이' 역시 마찬가지이다. '둗거이'는 15세기에는 많지만 1632년 ≪두시언해≫ 중간본 이후로는 쓰이지 않는다. '두려이' 역시 15세기에는 흔히 쓰이지만 16세기에는 5개 내외로 그 쓰임이 크게 줄었

---

5) '밉이'는 현대 한국어에서는 소멸한 듯 보이지만, 완전히 소멸한 것은 아니다. 경상도 방언에 '매매'라는 어휘는 '밉이'가 한 음절로 줄어든 후 반복되어 만들어진 단어이다. '매매 닦아라, 매매 씻어라, 매매 묶어라' 등으로 쓰인다. 그 의미는 ≪표준국어대사전≫에 의하면 '지나칠 정도로 몹시 심하게'이지만 필자의 직관으로는 '야무지게', '꼭꼭'의 의미가 더 합당한 듯하다.

다. ‘즈올아이’는 15세기에만 쓰였으며 ‘가비야이’도 18세기 이후에는 그 전 시기보다 많이 쓰이지 않는다. 이러한 경향성 속에서 ‘미이’ 역시 그 세력이 약해졌다. ‘외로이’와 ‘새로이’, ‘두려이’처럼 계속 쓰여지지 못한 ‘미이’는 다른 것들과 마찬가지로 사라질 수밖에 없었다.

이러한 경향 속에서 ‘미오’가 그 세력을 확장할 수 있었다. 그간 ‘미이’와 ‘ᄆᆞ이’에 가려 자신을 드러낼 수 없었던 ‘미오’는 17세기부터 조금씩 나타나기 시작했다. 그러다가 ‘미이’와 ‘ᄆᆞ이’의 쓰임이 차츰 줄어들기 시작한 틈을 타 19세기에는 그 쓰임이 대폭 확장되었다. 이는 ‘미우’도 마찬가지이다. 이렇게 ‘미오’의 세력이 커짐에 따라 ‘미이’가 그 의미를 ‘미오’에게 넘겨주고 자신은 약화되었을 것이다. 이는 3.2.에서 상술할 것이다.

즉, ‘ㅸ’ 말음 파생형과 대부분의 ‘-이’ 부사 파생형이 소멸했기 때문에 ‘미이’의 세력은 약화되고, ‘미오’와 ‘미우’의 세력은 한결 강화되었다. 어휘들의 소멸 과정속에서 ‘미이’ 역시 그 흐름을 어길 수 없었다는 점이 크게 작용한 것으로 보인다. 그래서 그에 대한 파급 효과로 그동안 저지에 의해 나타날 수 없었던 ‘미오’가 ‘미이’가 가지고 있던 어휘적인 칸을 침범할 수 있었을 것이다.

3.2. ‘미오’의 등장

그러면 왜 ‘미오’는 17세기나 되어서야 등장했을까? 17세기에 ‘미이’가 있음에도 불구하고 왜 ‘미오’가 나타났을까? 그 형성 과정은 어떻게 설명할 수 있을까? 이러한 여러가지 의문점에 대해 하나하나 살펴보도록 하자.

우선 ‘미오’가 어떻게 쓰였느냐를 간단히 살펴보도록 하자. ‘미오’는 17세기에 두 번 나타나는데, ‘熟’의 의미로 쓰인다. ‘미이’ 역시 가지고 있었던 의미이다. 그 예는 다음과 같다.

(30) ㄱ. 황밤 대쵸 호도 곳감 네 실과롤 ᄲᅵ 겁질 ᄇᆞ리고 ᄒᆞ터 <u>미오</u> 즛쩌허

고로로 너겨 <구황촬요, 20a>
ㄴ. 황밤 대쵸 호도 곳감 네 실과롤 삐 겁질 브리고 흔디 <u>미오</u> 즛찌허
고로로 너겨 <신간구황촬요, 20a>

그리고 18세기에 형용사를 수식하는 '미오'의 예가 있으며, 19세기 말부터 독립신문에는 형용사를 수식하며 현대국어의 '매우'의 뜻과 같은 쓰임이 빈번히 보인다.

(31) ㄱ. 이 ᄆᆞᆷ은 피챵(彼蒼)의 가히 질졍(質定)홀 거시니 귀귀(句句)히 <u>미오</u> 술피고 ᄌᆞᄌᆞ(字字)히 스스로 힘쓰노라 <어제속자성편, 15a>
ㄴ. 腹痛으로 여러 날 飮食을 全癈ᄒ기의 元氣가 下陷ᄒ여 <u>미오</u> 危殆흔 지경의 가시니 <인어대방, 8 : 9a>
ㄷ. 흰 덕 ᄀᆞ로을 ᄀᆞᄂᆞᆫ 체에 쳐 물을 골무썩도곤 눅게 ᄒᆞ야 쩌셔 <u>미오</u> 쳐 길게 뷔비어 <규합총서, 13b>
ㄹ. 학교에 영어 비호ᄂᆞᆫ 학도가 일빅 삼십여 명인디 학부 대신이 <u>미오</u> 깃버ᄒᆞ더라 <독립신문>
ㅁ. 외국 사롬의게 졍부 일을 주ᄂᆞᆫ 것이 독립국에 대ᄒᆞ야ᄂᆞᆫ <u>미오</u> 불가 ᄒᆞ지라 <독립신문>
ㅂ. 실샹 외국 쇼위 기명ᄒᆞ엿다ᄂᆞᆫ 나라 인민의게 비교ᄒᆞ거드면 대한 인민이 <u>미오</u> 편ᄒᆞ고 복 잇ᄂᆞᆫ 인민이더라 <독립신문>

이 예들을 통해 18세기 이후의 '미오'는 어간의 의미와는 거리가 멀어졌음을 확인할 수 있다.

그러면 우선 첫 번째 의문점인 '미오'가 늦게 등장한 이유에 대해 알아보자. 이는 저지(blocking)에 의한 것으로 설명할 수 있을 듯하다. '미오'는 15세기에 충분히 존재할 수 있었지만 이미 '미이'가 있었기 때문에 '미이'에 의한 저지를 경험해서 나타나지 못했다. 그러다가 '미이'의 세력이 약해진 틈을 타 등장했을 가능성이 있다. '-이'는 어기를 주로 형용사로 하는 제약을 가지고 있으며, '-오'는 어기를 주로 동사로 하는 제약을 가지고 있지만(이현희, 1992 : 75) 그것이 항상 상호 배타적으로 존재하는 것은 아니다. 그래서

'믭-'이 비록 형용사이지만 '-오' 부사 파생이 전혀 불가능한 것은 아니기 때문에6) '믭이'와 '믭오'가 동시에 존재했을 가능성은 있다.

두 번째로 '믭이'가 있음에도 불구하고 왜 '믭오'가 나타났을까? 우리는 앞서 'ᄫ' 말음 어간을 가지는 '-이' 부사 파생어들이 17세기부터 차츰 나타나지 않기 시작하여 18세기 이후에는 거의 보이지 않음을 확인했다. '믭이'는 19세기까지 쓰이기는 하지만, 그 쓰임이 18세기에 들어 감소하는 추세이다. 그래서 그 대열에 속하는 것으로 볼 수 있다. 이렇게 '믭이'는 18세기 이후 쓰임이 점점 줄어들기 시작하면서 자신이 가지고 있는 의미를 넘겨줄 대상을 모색했을 것이다. 그런데 '믭이'의 의미 중 ①~④의 의미는 '믭-'에 '-게'와 같은 부사형 활용어미가 결합하여 그 의미를 대신할 수 있지만, ⑤~⑦의 의미는 '믭-'의 의미와는 거리가 멀기 때문에 부사형으로 그 의미를 대신할 수 없다. 더군다나 ⑤~⑦의 의미가 점점 세력을 확장해 가고 있었기 때문에 '보통 정도보다 훨씬 더'의 의미를 나타낼 새로운 어휘가 필요했을 것이다. 그래서 그간 저지에 의해 나타나지 못했던 '믭오'가 그 역할을 대신했을 것으로 추정된다. 다시 말해서, '믭이'는 '믭-'의 활용형으로는 나타낼 수 없는 '보통 정도보다 훨씬 더'의 의미를 지니고 있었다. 그런데 '믭이'가 점점 세력이 약화됨에 따라 그런 의미를 나타내 줄 새로운 대상을 필요로 하게 되었다. 그래서 저지에 의해 등장하지 못했던 '믭오'가 '믭이'의 의미를 넘겨 받아 17세기부터 나타나기 시작하여 19세기에는 '믭이'를 제치고 매우 활발하게 쓰였다.

그러면 세 번째 의문점인 '믭오'의 형성 과정에 대해 알아보자. '믭오'는 어떻게 형성된 것일까? 가장 먼저 생각할 수 있는 것은 17세기에 '믭-'에 부사파생 접미사 '-오/우'가 결합해서 형성되었을 가능성이다. 하지만 '-오/우'에 의한 부사 파생은 17세기에 활발히 일어나던 현상이 아니었다. '-오/우' 부사 파생을 겪은 어형은 '너무, 너모', '마조', '조초', '비르수', '쟉조',

---

6) 이승욱(1984 : 7)에서는 '오/우' 부사 가운데 '이' 부사로도 실현된 예로 '갓ㄱ리'와 '세이'를 들면서 주의깊게 관찰해 나가야 한다고 언급했다.

'두루', '지즈로', '갓ㄱ로', '골오' 등이 있으며 이들은 대부분 15세기에 형성되었다. 구본관(1998 : 342)에서도 지적하고 있듯이, '-오/우'에 의한 파생어로서 16세기 이후 새로 문증되는 예는 거의 없다. 이렇게 일반적인 경향성에서 벗어나는 '미오'를 17세기에 공시적으로 생성되었다고 보아야 하는 것일까? 앞서 언급한 저지와 관련시켜 생각하면 이러한 난점을 해결할 수 있다. 17세기 당시에 생산적이지 않았던 '-오/우' 부사 파생에 의해 '미오'가 형성되었다고 보기는 어렵다. 그래서 본고는 15세기에 '미오'가 문증되지는 않으나 방언형 등에서 존재했을 가능성이 있고, 다만 저지에 의해 나타나지 않았다고 판단하였다.

또 다른 가능성으로는 '미오, 미우'가 다른 '-오/우' 부사 파생어들에 대한 유추로 생성되었을 가능성이다. '너무', '마조', '조초', '비르수', 'ㅈ조' 등 '-오/우'로 끝나는 부사 파생어들이 상당히 많이 존재하기 때문에 '미오'도 자연스레 이에 유추되어 생성되었을 수도 있다. 그러나 이미 '미오'는 어간의 의미와는 거리가 멀다. 그렇기 때문에 다른 어형들에 유추되어 형성된 후, 완전히 새로운 의미를 가지게 되었다고 보기에는 무리가 있다. 그래서 본고에서는 '미오'가 유추에 의해서가 아닌, 15세기에 '-오/우' 부사 파생으로 형성되었다고 본다. 17세기 당시 생산적이지 않았던 접미사가 '미오'의 형성에 관여했다고 기술하기에는 무리가 있기 때문이다.

4. 결론

지금까지 거칠게나마 '미이'와 '미오'의 의미 변화 과정과, 그 둘 사이의 출현 관계에 대한 여러 가지 의문점에 대해서 이야기해 보았다. 우선 '믭-'과 '미이'가 어떤 의미를 가지는지 한문 원문과 문맥을 통해 살펴보았다. '미이'의 의미 중 '과하게', '충분히'의 의미는 한문 원문에서 '過, 爛, 極,

熟’ 등으로 나타나는데, 이는 ‘밉-’의 의미와는 어느 정도 거리가 있다. ‘미이’가 후대로 갈수록 자주 쓰이게 됨에 따라 ‘보통 정도보다 훨씬 더’로 의미가 넓어진 것으로 보인다. 그래서 수식하는 성분도 범위가 넓어졌다. 원래는 주로 동사를 수식하던 것이 형용사와 부사도 수식할 수 있게 되어서, 18세기부터 ‘미오’가 형용사를 수식하는 예가 한두 개씩 보인다.

그리고 ‘미이’와 ‘미오’의 관계에 대해 간략히 살펴보았다. 이는 ‘ㅸ’ 말음을 가진 ‘-이’ 부사 파생어들과, ‘-이’ 부사 파생어들과 연관시켜 해석할 수 있다. 이러한 파생어들은 근대 이후로 점점 그 세력이 약해진다. ‘미이’ 역시 이 흐름을 어길 수 없었을 것이다. 그래서 그간 ‘미이’에 의해 저지를 경험했던 ‘미오’가 서서히 등장할 수 있었다. 즉, ‘미오’는 17세기에 ‘밉-+ -오’의 과정을 거쳐서 형성된 것이 아니라, 이미 15세기에 문증되지는 않지만 형성되어 있었던 것이다. 그리고 ‘미이’의 세력이 약화되면서 ‘미이’의 의미를 대신할 그 무엇이 필요했다. ‘미오’는 그 역할을 훌륭히 수행할 수 있는 대리자였다. 결국 ‘미이’는 그 의미를 ‘미오, 미우’에게 넘겨 주고 자신은 소멸하였다.

나름대로 ‘미이’와 ‘미오’의 관계에 대해 설명해 보았지만, 본고는 너무나도 많은 해결해야 할 문제점을 가진다. ‘미이’와 ‘미오’의 의미가 넓어지는 과정을 명확히 밝히지 못했고, ‘미오’의 형성 과정에 대해서도 여전히 불확실하다. 특히 ‘ㅸ’ 말음 어간이 ‘-오/우’ 부사파생을 겪은 예가 흔하지 않아서 ‘미오’의 형성 과정에 대해 자신있게 말할 수가 없다. 그리고 ‘미이’는 왜 ‘새로이’, ‘두려이’처럼 살아남지 못했는지, 이와 비슷한 현상을 보이는 다른 어휘는 어떤 것이 있는지에 대한 연구도 필요하다. 또 ‘미이’와 ‘미오’의 관계를 설명하기 위해 저지라는 개념을 사용했는데, 이에 대한 보다 신중한 접근이 필요하다. ‘미오’가 저지에 의해 등장하지 못했다면, ‘미이’와 ‘미오’는 서로 같은 기능을 하는 어휘로 보아야 한다. 그렇다면 파생 접미사 ‘-이’와 ‘-오’는 형태는 다르지만 같은 기능을 하는 접미사이어야 할 것이다. 그리고 15세기에 이미 형성되어 있었다고 가정한 ‘미오’의 의미에 대한 고찰이 없었다. 단순히 '미이'의 의미를 '미오'가 넘겨받았을 것이라고 추정했을 뿐, 15세기의 '미오'가 어떠한 의미를 지니고 있었는지에 대해 고려하지 못했다. 이러한 점에 대해 깊은 고려없이 '미오'의 등장을 성급하게 설명하였다.

앞으로 좀 더 꼼꼼하고 세밀한 의미 분석과, 다른 파생어들과의 관계 속에서 '미이'류를 자세히 살펴볼 수 있기를 기대한다.

참고문헌

고정의(1980), 15세기 국어의 부사연구, 단국대학교 석사학위논문.
고정의(1985), 중세국어 부사의 통사 특징, ≪울산어문논집≫ 2집, 울산대학교 국어
        국문학과, 1-19.
구본관(1998), ≪15세기 국어 파생법에 대한 연구≫(國語學叢書 30), 太學社.
金京勳(1977), 國語 副詞修飾 研究, 서울대학교 석사학위논문(國語研究 37).
金京勳(1990), 副詞 및 副詞化, 서울大學校 大學院 國語研究會 編, ≪國語研究 어디까
        지 왔나≫, 東亞出版社, 442-451.
김종록(1990), 중세국어 부사형성 접사 '-이-, -히-, -오-, -우-'에 관한 연구,
        ≪문학과 언어≫ 11-1, 文學과 言語研究會, 29-56.
박석문(1991), 중세국어 파생부사 형성 방법과 그 제약에 대하여, ≪泮矯語文研究≫
        3, 반교어문학회, 67-86.
손남익(1995), ≪국어 부사연구≫, 우리말 밝히기 8, 도서출판 박이정.
송철의(1992), ≪국어의 파생어형성 연구≫, (國語學叢書 18), 太學社.
이승욱(1984), 중세어의 '이' 부사화와 일부의 폐어현상(廢語現象), ≪東洋學≫ 14,
        1-24.
李賢熙(1994), ≪中世國語 構文研究≫, 新丘文化社.
李賢熙(1996), 중세국어 부사 '도로'와 '너무'의 내적구조, ≪李基文教授 停年退任紀念
        論叢≫, 신구문화사, 644-659.
홍윤표(1994), ≪근대국어 연구≫, 태학사.
홍종선 편(1998), ≪근대국어 문법의 이해≫, 박이정.
허 웅(1975), ≪우리 옛말본≫, 샘문화사.
Brinton, L. J. & Traugott, E. C.(2005), Lexicalization and language change, Cambridge
        University Press.

'갓가이'에 대한 통시적 해석

김 한 결

1. 머리말

이 글의 목적은 중세한국어와 근대한국어에서 폭넓게 나타나는 '갓가이'류(이하 '갓가이'로 통일함) 어형의 형태론적·통사론적·의미론적 성격을 통시적으로 밝히는 것이다. 이 글은 필자가 추출한 15~19세기 문헌자료에서 '갓가이'가 포함된 예문들을 대상으로 한다.

'갓가이'는 파생부사이다. 따라서 '갓가이'가 어떻게 형성되었으며, '갓갑-'[1]을 파생부사로 만드는 '-이'의 성격이 무엇인지부터 논의해야 할 것이다. 이후에 파생부사로서의 '갓가이'가 가지는 의미, 통사적 구조 등에 대해서 하나씩 논의해야 할 것이다.

---

1) 주지하다시피, '갓갑-'은 'ㅸ'의 소실과 함께 16세기 이후 '갓가오-'와 같은 어형으로 출현한다. 그렇지만 이 글에서는 이러한 모든 어형을 제시하는 대신에 '갓갑-'을 대표형으로 잡되, 편의상 'ㅸ'을 'ㅂ'으로 표기하도록 한다.

이 글은 다음과 같은 순서로 진행된다. 먼저, 2장에서는 '갓가이'에 들어 있는 '-이'의 성격에 대해 논의한다. 다음으로, 3장에서는 '갓가이'의 의미에 대해서 논의한다. 그 다음으로 4장에서는 '갓가이셔'와 '갓가이'가 포함된 통사 구조에 대해서 간단히 논의한다. 끝으로 5장은 결론으로서 여기서는 본론에서 언급했던 논의들을 요약·정리하면서 앞으로의 과제를 제시하기로 한다.

2. '갓가이'에 들어 있는 '-이'의 성격

중세한국어와 근대한국어에서 폭넓게 나타나는 '갓가이'[2]는 파생부사와 명사로 해석된다. 명사로서의 '갓가이'는 3장에서 언급하도록 하고, 여기서는 파생부사로서의 '갓가이'에 대해서 논의하고자 한다.

부사 '갓가이'를 언급하기에 앞서 '갓가이'의 반의어인 '머리'[3]에 대해서

---

2) 부사 '갓가이'는 '갓가뵈, 갓가이, 갇가이, 가짜뵈, 가즈기, 가차이' 등의 다양한 어형으로 문증된다. 그렇지만 '갇가이, 가짜뵈, 가차이, 가즈기' 등은 출현 빈도가 극도로 한정되어 있다. 다음은 한두 개에 불과한 '가짜뵈, 가차이, 가즈기'의 예문이다.

　（ⅰ） 겨신 그르메 스뭇 뵈더니 머리 이션 보숩고 <u>가짜뵈</u> 몬 보슥뷩리러라 (월인석보, 7：55a)

　（ⅱ） 분墓ㅣ 平地예 잇거든 壙內예 南녁 <u>가즈기</u> 몬져 벽 훈 굴폴 실고 (가례언해, 8：14b)

　（ⅲ） 무춤내 피키 어려운더라 네 어믜 무덤 <u>가차이</u> 당슈호 지블 셰리라 호얏더라 (동국신속삼강행실도, 1：68b)

다만, '가즈기'와 '가차이'는 파생의 방법에서 '갓가이'와는 다른 양상을 보인다. 뒤에서 설명하겠지만 '갓가이'는 [[갓갑]$_A$+이]$_{Adv}$로 분석된다. 그에 반해 '가즈기'는 [[[[가죽]$_N$+이]$_V$+압]$_A$+이]$_{Adv}$ → [[갖갑]$_A$+이]$_{Adv}$ → [[갓갑]$_A$+이]$_{Adv}$로 분석된다. '가차이'는 [[[*가치]$_V$+압]$_A$+이]$_{Adv}$로 분석되는데 이것은 중앙어 '갓갑-'에 해당하는 남부방언 '가찹-'에 해당하는 것이다. '가죽+이 → *가즈기-'의 과정을 통해서 제2음절 모음의 syncope를 경험한 뒤, '*갓기-'로 나타나다가 방언에 따라서 'ㄱ' 약화가 수행되어 '*가치-'로도 나타났을 것으로 보인다. 이 글에서는 중세한국어부터 근대한국어까지 광범위하게 쓰인 '갓가이'를 기본 어형으로 설정하고 논의를 진행하도록 하겠다.

3) '머리'류의 다양한 이형태와 특징에 대한 것은 이현희(2006)을 참고한다.

간단하게 알아볼 필요가 있다. 중세한국어 시기부터 근대한국어 시기에 이르기까지 ‘갓가이’의 반의어는 ‘머리’였으며, 그것은 현대한국어(머리>멀리)까지 이어지고 있다. ‘머리’ 역시 부사로 해석되며 그것은 형용사 어간 ‘멀-’에 부사파생접미사 ‘-이’가 통합하여 생성된 것이다. 그렇지만 ‘머리’는 파생부사뿐만 아니라 용언의 활용형으로도 해석이 가능하다. 이것은 ‘머리’와, ‘머리’가 지배하는 명사구 사이에 부정부사 ‘아니’가 존재할 때 생기는 통사적인 구성 때문이다. 즉, 주어-서술어 관계(혹은 어떤 경우에는 목적어-서술어 관계)가 발생할 때에는 ‘머리’의 ‘멀-’은 서술어로 쓰일 경우가 없지 않기 때문이다(이현희, 2006). 이현희(1994, 1996, 2006)에서는 다음의 예문을 통해 ‘머리’가 용언의 활용형으로 해석될 수 있다고 보았다.

> (1) ㄱ. 三昧力으로 耆闍崛山애 <u>法座</u>애셔 <u>아니</u> <u>머리</u> 八萬四千 여러 가짓 보비 옛 蓮花룰 밍▽르시니 (석보상절, 20 : 38b)
>
> ㄴ. 三昧力으로 耆闍崛山애 <u>法座</u> <u>아니</u> <u>머리</u> 八萬四千 衆寶蓮華룰 지스시니 (월인석보, 18 : 73a)
>
> ㄷ. 城 <u>아니</u> <u>머리</u> 뫼히 이쇼디 일후미 聖所遊居 ㅣ러니 (석보상절, 11 : 24b)

즉, (1ㄱ)의 부정부사 ‘아니’는 부사 ‘머리’를 수식하는 것이 아니라, ‘멀-’을 수식하는 것이다. (1ㄴ), (1ㄷ)도 같은 방식으로 해석된다. 따라서 (1ㄱ)의 구조는 [[(므스기) 法座애셔 아니 멀-]-이]가 되며, ‘므스기 …… 멀-’의 통사 구조는 주어-서술어의 관계가 된다. 그러므로 ‘-이’는 부사파생접미사가 아니라 용언의 활용어미가 된다는 것이 이현희(1994, 1996, 2006)의 논의다. 즉, (1ㄱ)의 ‘法座애서 아니 멀-’에는 접미사가 통합할 수 없기 때문이다. 그렇지 않으면 ‘-이’는 이른바 통사적 파생을 일으킨다.

같은 맥락으로 ‘갓가이’의 ‘-이’도 부사파생접미사와 용언의 활용어미의 이중적 성격을 띠고 있다고 주장할 수 있다. 다음의 (2)는 ‘갓가이’가 부사와 용언의 활용형 두 가지로 해석될 수도 있는 예문들이다.

(2) ㄱ. 夫人이 ᄯᅩ 무로ᄃᆡ <u>이어긔 갓가ᄫᅵ</u> 사ᄅᆞ미 지비 잇ᄂᆞ니잇가 (월인석
　　　보, 8 : 94a)

　　ㄴ. 籠柵修理호ᄆᆞᆯ ᄉᆞ랑ᄒᆞ니 <u>모매 갓가이</u> 損益을 보리로다 불기 긔결호ᄆᆞᆯ
　　　아라셔 (두시언해, 초간본, 17 : 14a)

(1)과 마찬가지로 (2ㄱ)는 [[이어긔 갓갑-]-이]와 같은 구조를 취하며, (2ㄴ)
은 [[모매 갓갑-]-이]와 같은 구조로 분석될 수 있으며, '-이'는 활용어미
가 될 수 있는 것이다. 특히 구본관(1998)은 아래의 (3)과 같은 예문을 통해
'갓가이'의 '-이'를 활용어미로 보고 있다.

(3) ㄱ. 눉므롤 <u>手巾</u>에 <u>ᄀᆞ득기</u> 흘리노라 (두시언해, 초간본, 7 : 22b)
　　ㄴ. 귓돌아미 <u>中堂</u>애 <u>갓가이</u> 와 (두시언해, 초간본, 7 : 36a)

구본관(1998)은 (3)의 '-이'가 통사구성요소(활용어미)로 쓰였다고 보고, '-이'
결합형 앞에 쓰인 처격어와 통사적인 관계를 맺고 있다고 주장했다. 이러한
해석은 이현희(1994, 1996, 2006)의 논의와 그 맥락을 같이한다. 그렇지만 (2)
와 (3ㄴ)의 '갓가이'를 굳이 용언의 활용형이라고 주장할 필요는 없다.
　첫 번째 근거는 중세한국어와 근대한국어의 부사가 명사구를 지배하는
현상에 있다. 이현희(1996)은 부사가 직접 명사구를 지배할 수 있다는 가능
성을 제시했다. 논의의 편의를 위해 이현희(1996)의 논의를 간단히 요약해보
기로 한다. 다음의 (4)는 이현희(1996)에서 부사가 명사구를 지배한다는 것을
입증하기 위해 제시한 예문들이다.

(4) ㄱ. 나는 宮中에 이싫 제 두ᅀᅥ 거르메셔 <u>너무</u> 아니 걷다니 (월인석보,
　　　8 : 93-94)
　　ㄴ. 슬허 셜워 호ᄆᆞᆯ 福예 <u>너무</u> ᄒᆞ야 (번역소학, 9 : 32)

이현희(1996)에서는 '*도ᄅᆞ'나 '너므'가, 부사파생접미사 '-오'나 '-우'가 사
동사 어간 '도ᄅᆞ-'나 '너무-'에 통합하여 생성된 파생부사가 아니라고 주장

했다. 이들은 '도ᄅ-'나 '너므-'를 어기로 하여 영파생을 겪고 부사 '*도ᄅ'나 '너므'가 된 뒤, 제2음절 모음의 변화를 겪은 것으로 해석해야 한다. 그렇다면 (4)의 '-우'는 일반적으로 말하는 부사파생접미사가 아닌 것으로 해석해야 한다. 따라서 (4)의 '-우'는 처격어(여격어 포함)를 지배하는 부사로 보아야 한다.4) 더불어 이렇게 부사가 특정 명사구를 지배하는 현상은 중세한국어 시기에 광범위하게 실현되었다5)는 점도 이러한 사실을 뒷받침한다.

  그렇다면 이제 '갓가이'의 '-이'도 용언의 활용어미가 아니라 부사파생접미사로 볼 수 있는 근거가 생긴 것이다. 앞서 예문으로 들었던 (2), (3ㄴ)에서 '갓가이'의 '-이'를 부사파생접미사로 본다면 이들이 처격어를 지배하는 것은 자연스러운 현상으로 해석할 수 있다. 이렇듯 부사 '갓가이'가 처격어 명사구를 지배하는 것은 형용사 '갓갑-'의 격지배 양상이 부사 '갓가비, 갓가이'에 전수되었기 때문인 것이다. 다음의 (5)는 형용사 어간 '갓갑-'이 처격어 명사구를 지배하는 것을 보여주는 예문들이다.

---

4) '-이'는 본래 활용어미였으며, '-오/우'도 활용어미였다. 그렇지만 '-오/우'는 중간단계에 접미사로서의 성격도 띠게 되었다. 중세한국어에서는 '-이'와 '-오/우' 둘 다 나타나지만, 현대한국어에서는 이들이 거의 퇴화하고 "돈 없이 산다."의 '없이' 정도에서만 활용어미적 성격이 남아 있다.

5) 이현희(1996)에서는 이러한 사실을 뒷받침하는 것으로 다음과 같은 예문들을 언급하고 있다.

(i) 오래 너와 <u>다ᄆᆺ</u> 살어나 죽거나 코져 ᄉ랑ᄒ노라 (두시언해, 8 : 35)
(ii) 두 ᄡᅳᆯ이 갈 <u>ᄀᆮ</u> 눌캅고 (월인천강지곡, 상, 기 162)
(iii) 쟝ᄎ 八萬 菩薩와 <u>ᄒᆞᄢᅴ</u> 오시릴씨 (월인석보, 18 : 73)
(iv) 衆生과 <u>ᄒᆞ가지로</u> 슬허 (월인석보, 18 : 39)

(i), (ii)은 단일부사 '다ᄆᆺ', 'ᄀᆮ'이 명사구를 지배하는 현상을 보여주는 예문들이다. 이러한 단일부사 '다ᄆᆺ', 'ᄀᆮ' 등은 'ᄒᆞ-'와 형태론적으로 복합하여 '다ᄆᆺᄒᆞ-', 'ᄀᆮᄒᆞ-' 등의 용언을 형성하기도 한다. 특히 단일부사 'ᄀᆮ'에서 파생된 'ᄀᆮᄒᆞ-'는, 부사파생접미사 '-이'류가 통합하여 'ᄀᆺ티'(혹은 'ᄀᆮ히')와 같은 부사를 형성하기도 하는데, 여기서의 용언 'ᄀᆮᄒᆞ-'(내지 'ᄀᆺᄐ')나 파생부사 'ᄀᆺ티'(내지 'ᄀᆮ히')는 지배하는 명사구가 동일하다는 점에서 특이하다. (ㄷ, ㄹ)은 복합부사 'ᄒᆞᄢᅴ', 'ᄒᆞ가지로'가 명사구를 지배하는 현상을 보여주는 예문들이다. 'ᄒᆞᄢᅴ'는 '[[ᄒᆞ#ᄢ]+의]'와 같은 복합체이고, 'ᄒᆞ가지로'는 '[ᄒᆞ가지+로]'와 같은 복합체로서 모두 부사로 굳어진 것들이다.

(5) ㄱ. 모매 다와다 셜운 알포미 모매 <u>갓가오딕</u> 무슨매 슬흐야 시름티 아
　　니흐야 (개간법화경, 2 : 21b)

　ㄴ. 天機ㅣ 사룸미 이레 <u>갓가오니</u> 흐오사 셔셔 여러 가짓 시름흐노라
　　(두시언해, 초간본, 3 : 27a)

(5)는 (3)에서 제시한 부사 '갓가이'의 예문과 같은 양상을 보인다. (5ㄱ)의 '갓갑-'는 '모매'를, (5ㄴ)의 '갓갑-'은 '이레'를 지배한다. 따라서 부사 '갓가이'는 형용사 '갓가오-'에 부사파생접미사 '-이'가 통합하여 이루어진 부사이며, 이렇게 파생된 부사 '갓가이'는 형용사 '갓갑-'처럼 처격을 지배하는 부사이다.

　두 번째 근거는 부정부사 '아니'의 존재에 있다. (1)에서 '-이'의 성격을 부사파생접미사와 용언의 활용어미로 파악할 수 있었던 근거는 바로 부정부사 '아니'의 존재였다. 부정부사 '아니'는 동사구 앞에 놓여서 이루어지며, 이 부정부사는 동사, 형용사, 존재사들과 직접 어울려서 부정문을 이룬다. 이 부정부사 '아니'는 서술 용언의 바로 앞에 놓이기에 '선행 부정부사'라고 할 수 있는데, 이것은 부사의 한 종류로서 한국어 수식어의 일반 속성에 따라 피수식어의 바로 앞에 놓인다(이상 서정수, 1994). 따라서 (1)에서는 부정부사 '아니'가 '머리'의 바로 앞에 나타나기에, '머리'의 '멀-'을 용언의 활용 어간으로도 볼 수 있었던 것이다.

　반면에 '갓가이'에서는 '갓가이'와 '갓가이'가 지배하는 명사구 사이에 부정부사 '아니'가 존재하는 예문이 문증되지 않는다. 따라서 굳이 이것을 용언의 활용형도 될 수 있다고 규정할 필요가 없는 것이다.

3. '갓가이'의 의미

본격적인 논의에 앞서 현대한국어에서 '가까이'의 의미를 파악해보기로
한다. 현대한국어사전들에서 '가까이'는 부사와 명사 두 가지 용법으로 파
악되었다. 여기에서는 ≪표준국어대사전≫, ≪연세한국어사전≫, ≪국어대
사전≫, ≪새우리말큰사전≫, ≪조선말대사전≫ 등을 대상으로 살펴보기로
한다.

현대한국어의 사전들을 살펴보면 부사 '가까이'의 의미를 '시간적·공간
적·심리적으로 사이가 가깝게'라는 의미와 '(어떤) 정도에 거의 미칠 만큼'
이라는 의미가 있음을 파악할 수 있다. 하지만 사전에 따라서는 두 번째 의
미, 즉 '(어떤) 정도에 거의 미칠 만큼'이라는 의미를 포함하지 않은 사전도
다수 존재한다. 두 번째 의미를 포함하고 있는 사전(Ⅰ유형)과 그렇지 않은
사전(Ⅱ유형)을 나누어 살펴보면 다음과 같다.

첫째, Ⅰ유형에 대한 것들이다. 이 유형에는 ≪표준국어대사전≫, ≪연
세한국어사전≫ 등이 포함된다. 다음의 (6)은 '가까이'의 의미에 대한 ≪표
준국어대사전≫의 처리 방식이다.

(6) ㄱ. [Ⅰ][부사]
　　① 한 지점에서 거리가 조금 떨어져 있는 상태로.
　　　¶ 이쪽으로 가까이 오너라.
　　② 일정한 때를 기준으로 그때에 약간 못 미치는 상태로.
　　　¶ 그를 두 시간 가까이 기다렸지만 만나지 못했다. ¶ 그는 우리
　　　집에 보름 가까이 머물렀다. ¶ 그는 마흔 가까이 되어서야 철이
　　　들었다. ¶ 간밤에는 여러 가지 회포로 잠을 설치고 사경(四更)
　　　가까이 되어서야 간신히 눈을 붙였던 것 같다.≪한무숙, 만남≫
　　③ 사람과 사람의 사이가 친밀한 상태로.
　　　¶ 그와 나는 가까이 지내는 사이다. ¶ 그도 동생을 본 뒤로는 서
　　　모에게 가까이 굴었다.≪이기영, 봄≫

ㄴ. [Ⅱ][명사] 가까운 곳.

¶ 집 가까이에서 놀도록 해라. ¶ 곧 행군이 시작될 테니까 멀리 가
지 말고 가까이에 대기하고 있게.≪홍성원, 육이오≫

【<갓가이<갓가비≪석보상절(1447)≫←갓갑-+-이】

(6ㄱ)은 '가까이'의 부사적 용법에 대한 설명이고, (6ㄴ)은 '가까이'의 명사
적 용법에 대한 설명이다. (6ㄱ)을 통해 '가까이'는 공간적·시간적 의미 외
에 심리적 의미도 있음을 파악할 수 있다. 또한 (6ㄱ②)에서 '(어떤) 정도에
거의 미칠 만큼'이라는 의미도 있음을 파악할 수 있다.

다음의 (7)은 '가까이'의 의미에 대한 ≪연세한국어사전≫의 처리 방식이다.

(7) ㄱ. 가까이1명

① ['~가까이'의 꼴로 쓰이어] 가까운 곳. 근처. ¶ 차는 강기슭 가
까이까지 접근해서 정차하였다. / 천장 가까이에 나 있는 창틀도
삐죽이 열려 있어 눈가루가 스며들고 있었다.

② 어떠한 기준에 거의 다다를 정도. ¶ 그들이 상습적으로 수수료
의 절반 가까이를 세무 당국에 신고하지 않고 누락시켜 온 사실
이 드러났다.

ㄴ. 가까이2부

① 근처에. 거리가 멀지 않게. ¶ 내 몸에서 이상한 냄새가 난다고
가까이 오지도 못하게 했어. / 바람이 넘치는 하늘엔 별무리가
쏟아져 내릴 듯 가까이 보였다.

② 서로 사귀는 관계가 친하게. ¶ 내가 너와 이렇게 가까이 지내온
지 벌써 12년이란 시간이 흘렀구나.

③ ['가까이(는)'의 꼴로 쓰이어] 지금부터 얼마 되지 않은 과거에.
¶ 조선조의 봉건시대 이전부터, 가까이 일제를 거쳐 해방된 지
다섯 해째 맞는 지금까지….

④ [주로 '~가까이'의 꼴로 쓰이어] '~가 거의'. (어떤) 정도에 거
의 미칠 만큼. ¶ 선희는 밤 열한 시 가까이 되어서야 집에 돌아
왔다. / 밀짚모자의 청년은 스무 살 가까이 되어 보였다.

≪연세한국어사전≫도 '가까이'를 (7ㄱ)의 명사적 용법과 (7ㄴ)의 부사적 용법으로 나누어 기술하고 있다. (7ㄴ)을 통해 ≪연세한국어사전≫도 ≪표준국어대사전≫처럼 공간적·시간적·심리적 의미를 기술하고 있음을 알 수 있다. 또한 (7ㄴ④)에서 '(어떤) 정도에 거의 미칠 만큼'이라는 의미도 있음을 파악할 수 있다.6)

둘째, Ⅱ유형에 대한 것들이다. 여기에는 위의 두 사전을 제외한 대부분의 사전이 포함된다. 다음의 (8)은 '가까이'의 의미에 대한 ≪국어대사전≫의 처리 방식이다.

> (8) 가까이 명부 가깝게. 가까운 데. ¶ ~ 가지 말라/~서 보았다. ↔ 멀리.
> --하다 타(여변) ①친밀하게 사귀다. ②무엇을 즐기거나 좋아하다. ¶ 여자를 ~/책을~.

≪국어대사전≫은 앞서 제시한 ≪표준국어대사전≫이나 ≪연세한국어대사전≫과는 달리, '가까이'의 명사적 용법과 부사적 용법을 한 데 묶어서 기술하고 있다. 그렇지만 (8)의 예문에서는 (6ㄱ)이나 (7ㄴ)과는 달리 '가까이'의 시간적·심리적 의미가 잘 드러나지 않는다.7)

다음의 (9)는 '가까이'의 의미에 대한 ≪새우리말큰사전≫의 처리 방식이다.

> (9) 가깝다<가까우니·가까와> 형[ㅂ변] …(중략)…
> 가까-이 부 시간적으로나 공간적으로 사이가 아주 가깝게. *~ 또 만납시다. ~ 오지 마시오. 명 가까운 데. * ~로 뛰어온다. ~에서 보았다. ×가차이. ↔멀리. --하다 재타[여변] 친근하게 사귀다. 친근하게 교제하다.

---

6) 다만 (7ㄱ)의 예문에서 '가까이까지'의 '가까이'를 명사로 파악하고 있는데, 이것은 부사로 파악해야 할 것이다. 부사인지 명사인지 파악하기 어려우나 격조사가 붙지 않은 것(부사 단독으로 사용되거나 보조사가 통합한 것)은 부사로 파악하는 것이 좋기 때문이다(이현희, 2006).

7) '가까이하다'를 표제항 '가까이' 밑에 처리한 것도 문제점으로 지적할 수 있다.

≪새우리말큰사전≫도 위의 ≪국어대사전≫과 마찬가지로 명사적 용법과 부사적 용법을 한 데 묶어서 기술하고 있다.[8]

다음의 (10)은 '가까이'의 의미에 대한 ≪조선말대사전≫의 처리 방식이다.

> (10) 가까이 <232> 「부」
> ① 가깝게. ‖ ~가다. │ 리명수물이 아주 가까이 흐르는 모양이다. / 이웃처럼 가까이 지내는 사람이었다. / 10년 가까이 산에서 싸웠다.
> ② (명사로 쓰이여) 가까운데. ‖ ~로 오다. │ 어찌나 조심스럽게 문을 당겼던지 가까이에 사람이 앉아있어도 문소리를 듣지 못하였을 것이다. (장편소설 ≪임오풍운≫) / 움직일수 있는 한에서는 기여서라도 한걸음이라도 더 사령부가까이에 가서 죽기를 바라는 그들이였다. (장편소설 ≪백두산 기슭≫) / 가까이에 자그마한 종다래나무가 한그루 있었는데 거기에서 그윽한 향기가 풍겨왔다.

역시 ≪조선말대사전≫에서도 '(어떤) 정도에 거의 미칠 만큼'이라는 의미는 드러나지 않는다.[9]

이상의 현대한국어사전에서 '가까이'의 의미는 '시간적·공간적·심리적으로 사이가 가깝게'라는 의미가 주로 기술되며, 일부 사전에서는 '(어떤) 정도에 거의 미칠 만큼'이라는 의미도 함께 기술되고 있음을 파악할 수 있었다. 이러한 두 의미가 중세한국어와 근대한국어에서 실현되고 있는지 여부를 알아보기로 한다. 먼저 현대한국어의 '가까이'의 여러 의미들을 중세한국어의 문헌에서 찾아보면 다음의 (11)과 같다.

> (11) ㄱ. 北天쯔에 도라가노라 ᄒᆞ야 如來 겨신 수프레 <u>갓가비</u> 디나가더라 (월인석보, 4 : 53b)
> ㄴ. 優婆塞 優婆夷ᄂᆞᆫ 닐오디 佛法을 <u>갓가이</u> 셤기ᄂᆞᆫ 男女ㅣ라 (능엄경언

---

8) ≪새우리말큰사전≫은 '가까이'를 표제항 '가깝다' 밑에 처리하고 있으며, '가까이하다'를 '가까이' 밑에 처리하고 있는데 이러한 점은 문제점으로 지적할 수 있다.

9) ≪조선말대사전≫은 표제항 '가까이'를 부사로 설정했으면서도, 항목의 설명에는 '명사로 쓰이여'라고 설명을 덧붙이고 명사로서의 의미를 기술하고 있다.

해, 6 : 19a)

ㄷ. 머리ᄒᆞ며 눗비출 단정히 호매 믿부메 <u>갓가이ᄒᆞ며</u> 말슴과 긔운 내
요매 야쇽ᄒᆞ며 거슳주믈 (번역소학, 4 : 6b)

(11ㄱ)의 ‘갓가뷔’는 공간적 거리를, (11ㄴ)의 ‘갓가이’는 심리적 거리를, (11
ㄷ)의 ‘갓가이’는 ‘(어떤) 정도에 거의 미칠 만큼’을 표현하는 데 쓰였다. 특
이하게도 중세한국어 단계에서 ‘갓가이’의 두 번째 의미, 즉 ‘(어떤) 정도에
거의 미칠 만큼’이라는 의미를 표현하기 위해서 ‘갓가이’가 단독으로 쓰인
예는 없었다. 언제나 ‘NP-에 갓가이ᄒᆞ-’ 구문만 문증되고 그 외의 경우는
문증되지 않았다. 또한 중세한국어 문헌자료에서 ‘가까이’의 시간적 거리를
나타내는 표현이 문증되지 않았다는 것도 특이하다.

다음으로 현대한국어의 ‘가까이’의 여러 의미를 근대한국어의 문헌에서
찾아보면 다음의 (12)와 같다.

(12) ㄱ. 오술 닙고 흘을 쥐고 듯글을 ᄇᆞ라 절ᄒᆞ고 <u>갓가이</u> 와 눈물을 흘녀
  굴오ᄃᆡ (종덕신편, 상, 15b)
ㄴ. 能히 직혀 두세 송이 퓌엿고나 燭 줍고 <u>갓가이</u> 스랑헐 제 暗香좃츠
  浮動터라 (가곡원류, 058)
ㄷ. 쥬여 새벽에 <u>갓가이ᄒᆞ야</u> 사롬을 도라보시고 젹은 듯 ᄒᆞ야 (성격직
  해, 55a)

(12ㄱ)의 ‘갓가이’는 공간적 거리를, (12ㄴ)의 ‘갓가이’는 심리적 거리를, (12
ㄷ)의 ‘갓가이’는 정도에 거의 미칠 만큼을 표현하는 데 쓰였다. 역시 근대
한국어 단계에서도 ‘갓가이’의 두 번째 의미, 즉 ‘(어떤) 정도에 거의 미칠
만큼’이라는 의미를 표현하기 위해서 ‘갓가이’가 단독으로 쓰인 예는 없었
다. 언제나 ‘NP-에 갓가이ᄒᆞ-’ 구문만 문증되고 그 외의 경우는 문증되지
않았다. 또한 근대한국어 문헌자료에서 ‘가까이’의 시간적 거리를 나타내는
표현이 문증되지 않았다는 것도 특이하다.

이상의 문헌에서의 예문들을 통해 현대한국어에서의 '가까이'의 부사·명사의 의미가 중세한국어와 근대한국어에서도 존재했음을 파악할 수 있었다. 그리고 부사에서 두 번째 의미, 즉 '(어떤) 정도에 거의 미칠 만큼'이라는 의미의 표현은 '갓가이' 부사 단독으로는 실현되지 않은 대신에, 'NP-에 갓가이ᄒ-' 구성으로만 실현되었다. 더불어 현대한국어에서는 나타나는 '가까이'의 시간적 의미는 중세한국어와 근대한국어 문헌자료에서는 문증되지 않았다.

현대한국어에서 '가까이'가 부사와 명사의 두 가지 의미를 가지고 있는 것은, 중세한국어와 근대한국어 시기에 이미 하나의 어형으로부터 두 가지 의미가 나누어진 것으로 볼 수 있다. 송철의(1992)에서는 이렇게 하나의 어형에서 두 가지 의미가 나누어지는 것을 '영접사파생'으로 설명하고 있다. 이것을 중세한국어와 근대한국어에 적용시켜 보면 다음과 같다. 명사 '갓가이'는 형용사 어간 '갓갑-'에 명사파생접미사 '-이'가 통합하여 생성된 것이 아니라, 부사 '갓가이'로부터 파생된 것이다. 즉, 형용사 어간 '갓갑-'에 부사파생접미사 '-이'가 붙어서 '[갓가이]$_{Ad}$'가 생성된 뒤, '[갓가이]$_{Ad}$+∅ →[갓가이]$_N$'과 같은 영접사파생을 거쳐 명사 '갓가이'가 생성되었다는 것이다.

언제부터 '갓가이'가 부사에서 명사로 쓰였는지를 알기는 어렵다. '갓가이'가 명사로 쓰인 것은 18세기의 문헌에서 확인할 수 있다. 다음의 (13)은 '갓가이'가 명사로 쓰인 예문이다.

> (13) 可히 뻐 群ᄒ며 可히 뻐 怨ᄒ며 <u>갓가이론</u> 아비롤 셤기며 멀리론 님금
> 을 셤기고 (논어율곡언해, 4 : 39a)

(13)은 1749년의 문헌인 ≪논어율곡언해≫이다. 이 문헌에서 등장하는 '갓가이론'의 '-론'은 복합조사로서 그 앞에 결합하는 어기 '갓가이'는 당연히 명사일 수밖에 없다.[10) 하지만 중세한국어와 근대한국어 문헌자료를 통틀

어 ‘갓가이’가 명사임을 밝히는 자료는, 필자가 확보한 문헌들 중에서 (13) 의 단 한 개의 예에 불과했다. 따라서 구체적인 시기를 판단하는 것은 성급 할 수 있겠으나, 문헌의 보수성을 고려할 때 ‘갓가이’가 명사로 쓰이기 시 작한 시기는 대략 17세기 말엽에서 18세기 초엽 사이라고 볼 수 있다.

4. ‘갓가이’와 관련된 통사 구조

이 장에서는 ‘갓가이’에 문법요소 ‘-셔’가 통합한 ‘갓가이셔’에 대해서 간단하게 살펴보고자 한다. 더불어 ‘갓가이’가 포함된 몇 가지 구성들 중에 서 가장 많은 비율로 문증되고, 또한 특징적인 모습을 보이는 ‘NP-롤 갓가 이ㅎ-’ 구성에 대해서도 살펴보고자 한다. 먼저 ‘갓가이셔’가 포함된 통사 구조에 대해서 논의하고자 한다.

중세한국어와 근대한국어 문헌자료에서 등장하는 ‘갓가이’류에는 몇 가 지 문법형태소가 통합한다. 그 첫 번째가 (13)에서 언급했던 복합조사 ‘-론’ 이다. 두 번째가 보조사 ‘-눈’이다.[11] ‘갓가이’에 보조사 ‘-눈’이 통합한 예 문은 하나로 문증되는데, 다음의 (14)은 그 예문이다.

> (14) 可히 뻐 觀ᄒ며 可히 뻐 群ᄒ며 可히 뻐 怨ᄒ며 <u>갓가이눈</u> 父를 事홈이
> 며 멀리눈 君을 事홈이오 鳥獸와 草木의 일홈을 해 알꺼시니 (논어언
> 해, 4 : 36b)

---

10) 이것은 복합조사의 특성에 말미암은 것이다. 조사 ‘-로’는 부사 뒤, 혹은 또 다른 조사 뒤에는 통합하지 않는다. 조사 ‘-로’는 항상 명사 혹은 명사구에만 직접 통합하기 때 문에 복합조사 ‘-론’과 결합하는 것은 명사(구)인 것이다.

11) ‘·’가 ‘ㅡ’로 변화하는 17세기 이후에는 ‘갓가이’에 ‘-는’이 통합한 ‘갓가이는’도 보일 것으로 예상되지만, 문증되지 않는다.

그렇지만 '갓가이'류에 통합하는 가장 많은 수의 문법형태소는 '-셔'이다. 필자가 찾아낸 '갓가이셔'의 예문은 총 6개이다. 이 6개의 예문은 아래에서 제시하도록 한다.

문법형태소 '-셔'에 대한 성격 및 특징은 이현희(2006)에 언급되어 있다. 이현희(2006)에서 언급한 문법형태소 '-셔'의 성격 및 특징을 간단히 요약하면 다음과 같다. 문법형태소 '-셔'는 '잇-, 이시-(有)'와 어휘적으로 관련이 있는 '시-'의 연결어미가 문법형태소화하여 형성된 것으로, 현대한국어 '-서'의 직접적인 소급형이다. 문법형태소화한 '-셔'는 두 가지 의미를 지닌다. 첫째가 공간적·시간적 동기성이나 근거를 표시하는 문법적 의미고, 둘째가 '출발점'을 표시하는 문법적 의미다. 중세한국어에서의 '-셔'와 현대한국어에서의 '-서'는 분포에서 몇 가지 특징을 보인다. 다음은 그러한 특징들을 정리한 것이다(이상 이현희, 2006).

(15)

	중세한국어의 '-셔'	현대한국어의 '-서'
부사(어)와의 통합 가능성	직접 통합 ○	직접 통합 ○
명사(구)와의 통합 가능성	직접 통합 ○	직접 통합 ○
명사(구)와 직접 통합할 때의 양상	처격조사 '-예'의 통합을 저지하고 명사(구)와 '-셔'가 직접 통합	처격조사 '-예'의 통합을 저지하고 명사(구)과 '-셔'가 직접 통합(보수형). 16세기 이후 '-에서'가 통합(개신형)
통합 가능한 조사	격조사 '-애, 로, -두고' 등과 보조사 '-마다, -브터, -쇠' 등의 뒤에 통합	다양한 조사 뒤에 통합
통합 가능한 어말어미	어말어미 '-아, 고, 며' 등의 뒤에 통합	다양한 어말어미 뒤에 통합
계사어간과의 통합 여부	계사어간 뒤에 직접 통합○	계사어간 뒤에 직접 통합×

이제 3장에서 논의했던 ‘갓가이’의 의미에 따라, ‘갓가이셔’가 포함된 통사 구조에 대해 살펴볼 수 있다. 앞서 3장에서는 현대한국어의 ‘가까이’의 의미에 ‘시간적·공간적·심리적으로 사이가 가깝게’라는 의미와, ‘(어떤) 정도에 거의 미칠 만큼’이라는 의미가 있다고 언급했었다. 하지만 중세한국어와 근대한국어의 부사 ‘갓가이’에서는 첫 번째 의미 중에서 ‘시간적으로 사이가 가깝게’라는 의미와 두 번째 의미인 ‘(어떤) 정도에 거의 미칠 만큼’이라는 의미는 문증되지 않는다고 언급했었다. 이 글에서는 논의의 편의를 위해 ‘가까이’의 가장 기본적인 의미인 ‘공간적으로 사이가 가깝게’에 주목하고자 한다. 공간적 거리를 표현하는 ‘갓가이’는 화자가 있는 곳을 기준으로 하여, ‘처소’, ‘도달점’, ‘한계점’, ‘출발점’ 등 다양한 의미를 포함하지만, ‘갓가이셔’는 문법형태소 ‘-셔’의 결합으로 ‘처소’와 ‘출발점’의 의미만을 가진다(이현희, 2006).

여기서는 예문의 수가 적은 ‘갓가이셔’의 경우만을 살펴보고자 한다. ‘갓가이셔’는 ‘처소’의 의미로 사용될 때는 ‘가까운 곳에서’의 의미이고, ‘출발점’의 의미로 사용될 때는 ‘가까운 곳으로부터’의 의미이다. 중세한국어와 근대한국어의 문헌자료에 나타나는 ‘갓가이셔’의 모든 예문을 다음의 (16)에 제시한다.

(16) ㄱ. 15세기 : 어느 고ᄃ로 시러오뇨 머리셔 보니 뫼히 비치 잇고 <u>갓가이셔</u> 드르니 므리 소리 업도다 (금강경삼가해, 3 : 18b)

ㄴ. 16세기 : 두 좌 잇ᄂ니 머리셔 ᄇ라매 노피 하ᄂᆯ해 다핫고 <u>갓가이셔</u> 보니 아ᅀ라히 하ᄂᆯ햇 ᄆ레 좀겻ᄂ니 (번역박통사, 68a)

ㄷ. 17세기 : 두들겐 어루 외롤 시므리로다 비 톤 사ᄅ미 서르 <u>갓가이셔</u> 알외요ᄃ 오직 복셨고줄 일흘가 전노라 ᄒᄂ다 (두시언해, 중간본, 13 : 40a)

ㄹ. 17세기 : 璃閣이 이시니 멀리 ᄇ라매 놉히 프론 하ᄂᆯ에 졉ᄒ엿고 <u>갓가이셔</u> 보면 멀리 碧漢을 侵ᄒ고 (박통사언해, 60a)

ㅁ. 18세기 : 멀리 ᄇ리고 가지 못ᄒ여 그러모로 <u>갓가이셔</u> 맛노라 (삼역총해, 9 : 14b)

ㅂ. 17세기 : 뭇롤 교리라 호믈 그르ᄒ니라 나졋 烽火ㅣ 오믈 <u>갓가이셔</u>
(ᄒ디=오디) 아니ᄒ야 날마다 平安을 알외놋다 (두시언해, 중간본, 5 : 54b)

(16ㄱ)~(16ㅁ)에 제시된 예문들은 모두 '처소'의 의미로 해석된다. 이것은 '처소'의 의미가 '듣-, 보-, 알외-, 맛-' 등과 같이 어휘적으로 관련이 있는 서술어를 수식하기 때문인 것으로 보인다. 다만 (16ㅂ)의 예문은 유일하게 '출발점'의 의미로 해석된다. '처소'의 의미를 지닌 '갓가이셔'는 '가까이 있으면서'로 이해되는 것이지만, '출발점'의 의미를 지닌 '갓가이셔'는 그렇지 않기 때문이다.

다음으로, '갓가이'가 포함된 'NP-롤 갓가이ᄒ-' 구성에 대해서 논의하고자 한다. '갓가이'가 포함된 몇 가지 주요 통사 구조들이 있는데, 그것들을 살펴보면 다음과 같다. 먼저 'NP-롤 갓가이ᄒ-' 구조다. 'NP-롤 갓가이ᄒ-' 구조는 현대한국어의 'NP-를 가까이하-' 구조에 해당하는 것으로, 중세한국어와 근대한국어에서 비교적 균일한 비율로 문증된다. 또한 다른 통사 구조에 비해 많은 수의 예문이 문증된다. 다음의 (17)은 'NP-롤 갓가이ᄒ-' 구조의 예문이다.

(17) ㄱ. 우횟 智 기프며 法 기푼 주를 사기시니라 <u>無數佛을</u> <u>갓가빙ᄒ샤</u>ᄆ
비ᄒ샤미 기프샤미오 (월인석보, 11 : 97a)

ㄴ. ᄯ 다ᅀᆞᆺ 가짓 남진 아닌 <u>사ᄅ몰</u> <u>갓가이ᄒ야</u> 親厚히 ᄒ디 말며 ᄒ
마 法 그릇 아니오 (법화경, 5 : 17a)

ㄷ. 稀疎ᄒ 져근 블근 곳과 프른 닙 서리예 격지롤 머믈워 殘微ᄒ 香
<u>氣롤</u> <u>갓가이ᄒ오라</u> (두시언해, 중간본, 10 : 32a)

ㄹ. 냥궁 ᄉ이롤 빙탄을 ᄆᆫ들고 셰손이 혹 <u>궁녀롤</u> <u>갓가이ᄒ실가</u> 질석
ᄒ야 눈을 ᄯ 보지 못ᄒ시게 하야 (한중록, 384)

(17)에서 제시된 'NP-롤 갓가이ᄒ-' 구조는 다음의 (18)에서처럼 'NP-애 갓가이ᄒ-' 구조로 실현되기도 한다.[12]

(18) ㄱ. 헤퍼러 호몰 머리 ᄒ며 눗비츨 단졍히 호매 믿부매 갓가이ᄒ며 말
ᅟ슴과 긔운 내요매 야쇽ᄒ며 거슯주믈 업게 홀 디니라 (번역소학,
ᅟ4 : 6b-7a)

ㄴ. 셩인으로 오히려 감히 굽ᄒ려 쥬끠 갓가이ᄒ야 그 신끈을 그릇지
ᅟ못ᄒ즉 (성경직해, 41b)

ㄷ. 뫼흘 ᄉ랑ᄒ야 사ᄅᆷ을 멀니ᄒ고 춤시ᄂᆞᆫ 범샹ᄒᆞᆫ 시라 뫼흘 멀니ᄒ
ᅟ야 사ᄅᆷ의게 갓가이ᄒᄂᆞ니 슬프다 엇지 홀노 시만 그러ᄒ랴 (성경
ᅟ직해, 48a)

흔히 (17), (18)과 같은 것을 '격조사 교차 현상'이라고 한다. 여기서 격조사
교차 현상이란 'NP{애, 룰} 갓가이ᄒ-' 구문처럼 명사구가 처격이나 대격
으로 모두 실현 가능한 현상이다. 이것은 처격으로 실현된 논항이 대격으로
도 실현되는, 타동사문을 구성할 수도 있기 때문이다.13)

'NP-룰 갓가이ᄒ-' 구조의 부정표현은 다음의 (19)와 같이 나타난다.

(19) ㄱ. 父母와 싀부모ㅅ 옷과 니블와 삳과 돗과 벼개와 几룰 옴기 힐후디
ᅟ아니ᄒ며 막대와 신올 공경ᄒ야 敢히 갓가이 말며 (소학언해, 2 :
ᅟ6a)

ㄴ. 王은 聲과 色을 갓가이 아니ᄒ시며 貨利를 殖디 아니ᄒ시며 (서전
ᅟ언해, 2 : 6a)

ㄷ. 비록 삼십구 뷔 이시나 셩탕이 풍뉴와 쇡을 갓가이 아니ᄒ샤 날로
ᅟ새로오며 (어제경세문답속록, 30a)

ㄹ. 셰샹에 잇ᄉ매 흥샹 그 해와 루룰 맛나ᄂᆞᆫ 고로 사ᄅᆷ이 만히 두려

---

12) 격조사 교차 현상에 의해 (17)의 예문들을 모두 다음과 같은 구조로도 나타날 수 있다.

ᅟ(ⅰ) 無數佛의 갓가뵈ᄒ샤ᄆ
ᅟ(ⅱ) 사ᄅᆷ의게 갓가이ᄒ야
ᅟ(ⅲ) 香氣애 갓가이ᄒ오라
ᅟ(ⅳ) 궁녀의게 갓가이ᄒ실가

13) 그렇지만 이러한 격조사 교차 현상은 'NP{애, 룰} 갓가이ᄒ-' 구문에서만 실현될 뿐,
파생부사 '갓가이' 자체에서는 실현되지 않는다. 이렇게 특정한 어느 구조 속에서만
문법요소의 대치가 가능하다는 현상을 가리켜, 이현희(1994)에서는 이것을 '대치의 원
리'라고 했다.

워흐야 감히 나룰 갓가이 못흐디 오직 너희논 튱셩된 무리라 (성경직해, 43a)

특이한 것은 '갓가이 아니흐- / 못흐- / 말-' 구조는 중세한국어와 근대한국어에 모두 등장하는 데 반해, '갓가이흐디 아니흐- / 못흐- / 말-' 구조는 등장하지 않는다는 사실이다. 이것은 이미 중세한국어 시기부터 '~흐디 아니흐- / 못흐- / 말-' 구조에서 '흐디'가 수의적으로 생략되는 현상에 기인한다 (이현희, 1994).[14]

5. 맺음말

이상으로 '갓가이'의 형태론적 · 통사론적 · 의미론적 성격을 통시적으로 살펴보았다. 지금까지의 논의를 간단하게 정리하면 다음과 같다.

첫째, '갓가이'는 형용사 어간 '갓갑-'에 부사파생접미사 '-이'가 통합한 파생부사이다. 이것에 대한 근거로서 중세한국어와 근대한국어의 부사가 처격어 명사구를 지배하는 일련의 현상과 부정부사 '아니'가 '갓가이' 앞에 문증되지 않은 현상을 들 수 있다.

둘째, '갓가이'는 크게 두 가지 의미를 가진다. 현대한국어에서 '가까이'는 '공간전 · 시간적 · 심리적으로 사이가 가깝게'라는 의미와 '(어떤) 정도에 거의 미칠 만큼'이라는 두 가지 의미를 가진다. 이와는 대조적으로 중세한국어와 근대한국어의 '갓가이' 의미에서는 첫 번째 의미 중에서 '시간적

---

14) 다음은 이현희(1994)에서 '흐디'가 수의적으로 탈락하는 것을 보여주는 예문들이다.

    (i) 뜰女ㅣ여 슬허 말라 (월인석보, 21 : 21)
    (i)′ 구틔여 이 말 듣고 슬허 티 말오 (두시언해, 초간본, 15 : 38)
    (ii) 프른 매 쉬이 질드로몰 시름흐놋다 (두시언해, 초간본, 22 : 55)
    (iii) 녀가눈 길희 어려우믈 시름 아니흐노라 (두시언해, 초간본, 17 : 12)

으로 사이가 가깝게'라는 의미가 문증되지 않았다. 더불어 두 번째 의미인 '(어떤) 정도에 거의 미칠 만큼'이라는 의미는 언제나 'NP-에 갓가이ᄒ-' 구문으로만 문증되었다.

셋째, '갓가이'에 문법형태소 '-셔'가 통합한 '갓가이셔'는 '처소'의 의미로만 해석이 가능하다. 이것은 '갓가이셔'에 후술하는 서술어가 '처소'의 의미와 어휘적으로 관련이 있는 서술어이기 때문으로 보인다.

넷째, '갓가이'가 포함된 통사 구조 중 가장 중요한 'NP-롤 갓가이ᄒ-' 구조는 다음과 같은 특징은 가진다. 먼저, 'NP-롤 갓가이ᄒ-' 구조는 'NP-애 갓가이ᄒ-' 구조로 실현되기도 한다. 다음으로, 'NP-롤 갓가이ᄒ-' 구조의 부정표현으로 '갓가이 아니ᄒ- / 못ᄒ- / 말-' 구조가 문증되는데, '갓가이ᄒ디 아니ᄒ- / 못ᄒ- / 말-' 구조는 문증되지 않는다. 이것은 이러한 구조에서 'ᄒ디'가 수의적으로 생략되는 현상 때문으로 보인다.

파생부사 '갓가이'에 대해서 간략하게나마 다루었으나 앞으로 보완해야 할 것이 많다. 중세한국어와 근대한국어에서 '갓가이'의 '시간적인 가까움'의 의미가 과연 존재하지 않는지 정밀하게 논의할 필요가 있다. 또한 '갓가이'가 수식하는 여러 서술어들을 정리하여, '갓가이셔'의 경우와 마찬가지로 서술어들의 특징과 성격을 논의할 필요가 있다.

참고문헌

고영근(1997), ≪개정판 표준중세국어문법론≫, 집문당.
구본관(1998), ≪15세기 국어 파생법에 대한 연구≫(國語學叢書 30), 태학사.
국립국어연구원 편(1999), ≪표준국어대사전≫, 두산동아.
사회과학원 언어학연구소 편(2006), ≪조선말대사전≫, 사회과학출판사.
서정수(1994), ≪국어문법≫, 뿌리깊은나무.
송철의(1992), ≪국어의 파생어형성 연구≫(國語學叢書 18), 태학사.
신기철·신용철(1989), ≪새우리말큰사전≫, 삼성출판사.
안병희·이광호(1990), ≪중세국어문법론≫, 학연사.
연세대학교언어정보개발연구원 편(1998), ≪연세한국어사전≫, 두산동아.
이익섭·채완(1999), ≪국어문법론강의≫, 학연사.
이현희(1987), 중세국어 '둗겁-'의 형태론, ≪진단학보≫, 진단학회, 441-470.
이현희(1994), ≪중세국어 구문연구≫, 신구문화사.
이현희(1996), 중세국어 부사 '도로'와 '너무'의 내적 구조, ≪이기문교수정년퇴임기
　　　　　념논집≫, 신구문화사, 644-659.
이현희(2006), '멀리서'의 통시적 문법, ≪冠嶽語文硏究≫ 31, 서울大學校 國語國文學
　　　　　科, 25-93.
이희승(1998), ≪국어대사전≫, 민중서림.
임홍빈·장소원(1995), ≪국어문법론Ⅰ≫, 한국방송대학교출판부.

부사 '하물며'의 의미

이 상 훈

1. 서론

현대국어의 문장부사는 주로 문장 전체를 수식하는 부사를 말하는데, 문장부사는 다시 양태부사와 접속부사로 나뉜다. 양태 부사는 문장의 명제에 대한 화자의 태도를 나타내는 것으로 다음과 같은 예를 들 수 있다.

(1) ㄱ. <u>과연</u> 그 사람이 옳았다.
ㄴ. <u>설마</u> 그런 짓을 했을라구.
ㄷ. <u>다행히</u> 그는 다치지 않았다.
ㄹ. <u>하물며</u> 그가 오지 않겠습니까?

(1)의 예문은 양태 부사1)가 사용된 문장들인데 그 중에서 본고는 (1ㄹ)에서

---

1) 본고의 논의 대상인 부사 '하물며'를 바라보는 시각은 다양하다. 최현배(1971 : 601~603)은 '하물며'를 접속부사로 처리하는 동시에, 양태 부사인 말재어찌씨로 처리하였고,

‘더군다나, 더구나’의 의미로 사용되고 있는 부사 ‘하물며’의 실현 양상에 대해 살펴볼 것이다. 먼저 ‘하물며’가 사용된 문장을 크게 의문문과 평서문으로 나누고[2] 각 경우에 어떻게 해석되는지를 중심으로 논의를 진행할 것이다.

이 글에서는 먼저 ‘하물며’가 현대 국어에서 나타나는 양상을 검토하고, 회고적 방법을 취하여 그 이전 시기(중세와 근대)의 자료에서 나타나는 양상을 검토하기로 한다.

논의를 진행하기에 앞서 부사 ‘하물며’에 대한 정의를 사전에서 살펴보면 다음과 같다.

≪조선말 대사전≫
(2) 하물며「부」(주로 물음문에서 토 ‘도, 조차, ㄴ데, 는데, 거늘’ 등의 뒤에서 쓰이여) ‘더군다나, 더구나’의 뜻을 나타낸다. ‘하물며’의 앞부분은 맺음토로 끝나 두 문장으로 나누일 수도 있다.

≪표준 국어 대사전≫
(3) 하물며「부」 ‘더군다나’의 뜻을 가진 접속 부사. 앞의 사실과 비교하여 뒤의 사실에 더 강한 긍정을 나타낸다. ≒우황01(又況)˙하황(何況)˙황차.

≪우리말 큰사전≫
(4) 하물며(어) ‘이것도 이러한데, 더군다나’의 듯으로 쓰이는 말.

≪금성 국어 대사전≫
(5) 하물며「부」 ‘그 위에’, ‘더군다나’의 뜻. 앞의 사실과 견주어 뒤의 사실

장영희(1994)는 ‘하물며’ 등과 같이 접속부사로 보아야 할지 화식부사(양태부사)로 보아야 할지 그 구별이 어려운 것들이 있다고 하면서, 이것은 화식부사가 문두에 위치하다 보니 접속부사적 기능을 어느 정도 지니고 있기 때문이라고 하였다. 그리고 고영근·구본관(2008)은 접속부사와 양태부사의 구별이 쉽지 않다고 하면서 ‘하물며’를 접속부사로 분류하였다.

2) 부사 ‘하물며’의 의미를 살펴보는 과정에서 그것의 쓰임을 평서문과 의문문으로 나누어 살펴보는 이유는 평서문과 의문문에서의 ‘하물며’의 의미가 다르다고 파악하였기 때문이다. 그것에 대한 논의는 본론에서 상세히 논할 것이다.

의 더 강한 긍정을 나타냄. 하황(何況). 황차(況且).

2. 의문문에서의 '하물며'

현대국어의 '하물며'는 수사의문문의 문장에 자주 출현한다.

> (6) ㄱ. 철수가 그곳에 안 가겠습니까?
>   ㄴ. 내가 그걸 모를 것 같니?
> (7) ㄱ. 철수는 그곳에 간다.
>   ㄴ. 나는 그것을 안다.

(6)은 수사의문(修辭疑問)이다. 수사의문문[3]은 형태상으로는 의문문이지만 의미상으로는 긍정 또는 否定 斷言이다. 긍정 수사의문은 발화 내용에 대한 강한 부정을 전제하고, 부정 수사의문은 발화 내용에 대한 강한 긍정을 전제로 한다. 즉 (6)은 (7)과 같은 의미로 해석된다. 수사적 질문은 화자가 모르는 사실을 알기 위해 묻는 진정한 질문이 아니기 때문에 청자의 대답을 필요로 하지 않는다.

이러한 수사 의문문과 부사 '하물며'는 잘 호응한다. 이는 ≪표준국어대사전≫에 정의된 '하물며'의 의미 중 "뒤의 사실에 더 강한 긍정을 나타낸다."는 의미와 일치하기 때문이다.

> (8) ㄱ. 천으로 만을 대항하기도 어려운 노릇인데, 하물며 만의 네 곱절인
>   사만이랴 (박종화, 임진왜란)
>   ㄴ. 사람의 경우도 그러하거늘, 하물며 군사력이 만사를 좌우하는 나라
>   와 나라 사이에 있어서는 말할 나위 있겠소? (박경리, 토지)

---

3) 수사의문문을 포함한 특수의문문에 대한 자세한 내용은 서정수(1994 : 337~345)를 참고할 수 있다.

     ㄷ. 내가 왕이 되면 좋은 자리를 저희들 형제에게 달라고 청하지 않았던가. 하물며 다른 사람들이야 무엇을 알겠는가. (김동리, 사반의 십자가)

(8)은 현대국어에서 '하물며'가 수사의문문에 사용되고 있는 예들이다. 그 중에서 (8ㄱ)은 '천으로 만을 대항하기도 어려운데 더군다나 사만을 어찌 대항하겠느냐(대항하기 어렵다)'는 뜻의 문장이다. 종결 어미 '-랴'와 '하물며'가 결합한 문장인데, 의문형 종결어미나 반문을 나타내는 종결어미 '-랴'와 '하물며'가 같이 쓰여 선행 문장을 전제로 하여 후행 문장을 강조하는 기능을 하고 있음을 볼 수 있다. 위의 (8)에서 보듯 '하물며'는 선행 문장이 후행 문장의 전제가 된다. 김선영(2003 : 51~2)은 '하물며'는 연결어미 '-거늘'이나 '(으)ㄴ데' 다음에 많이 쓰인다고 하면서 '-거늘'과 '-(으)ㄴ데'로 이어진 연결 어미구는 화자가 사실로 믿고 있는 내용이나 사실에 해당하는 것으로 종결 어미구에 전제가 된다고 하였다.

    현대국어 '하물며'의 중세국어의 소급형은 'ᄒᆞᄆᆞᆯ며'이다. '하물며'는 'ᄒᆞᄆᆞᆯ며>ᄒᆞ믈며>하믈며>하물며'의 과정을 거친 것이다.4) 이러한 '하물며'는 중세·근대국어에서도 수사의문문과 자주 호응하는 모습을 보인다.

    이현희(1982)에서는 중세국어의 전형적인 修辭疑問은 형태론적으로는 '-리-', '-ㄹ-'을 선행시키는 의문어미가 쓰이고, 통사적으로는 양보의 뜻을 가진 성분을 문중에 두고 있는 구문으로서 수사의문은 통사적인 현상이라고 하였다.

   (9) ㄱ. ᄒᆞ다가 서르 아롮 딘댄 엇뎨 밧긔 이시리오 (능엄경언해 1 : 55)
      ㄴ. 阿那律이 닐오ᄃᆡ 城 안햇 사ᄅᆞ미 다 와도 몯 드ᅀᅡᄫᆞ리어니 너희 어느 드ᅀᆞᆯᄯᅡ (석보상절 23 : 23b)
      ㄷ. 舍利弗아 十方 世界예 二乘도 업거니 ᄒᆞᄆᆞᆯ며 세히 이시리여 (석보상

---

4) 그 외에도 'ᄒᆞᄆᆞᆯ며, ᄒᆞ말며, 하믈며, 하말며'의 형태들이 문헌 자료에서 보인다. 본고는 여러 형태들 중 '하물며'를 기본 형태로 하여 논의를 진행하겠다.

절 13 : 56a)

ㄹ. 仁과 智는 周公도 盡티 몯ᄒ시니 ᄒ믈며 또 王애시니잇가 (맹자언해
4 : 23a)

ㅁ. ᄒ마 디나몰 得ᄒ얀 오히려 住호미 맛당티 아니ᄒ곤 ᄒ믈며 生天둘
햇 法을 즐겨 着ᄒ리여 (금강경삼가해 40a)

(9)는 중세국어의 수사의문문의 예들이다. 이들 수사의문문의 구조를 보면 접속문적 성격을 띠고 있음을 확인할 수 있는데, 접속문의 후행절에 나타나는 수사의문문의 내용이 틀림없음을 알 수 있게 해주는 판단의 근거로서 어떠한 상황이 전제되어 선행절에 제시되고 있다.[5] (9ㄷ)은 강한 [조건]의 '-옳딘댄'에 의해서, (9ㄴ, ㄷ, ㄹ)은 [전제]의 연결어미 '-으니'에 의해서, (9ㅁ)은 [전제]의 '-곤'에 의해서 선행절에 나타나고 있는 것이다. 이 중에서 (9ㄷ, ㄹ, ㅁ)은 부사 '하물며'가 수사의문문과 호응하고 있음을 보여준다. 이는 위에서 언급한 현대국어에서의 출현환경과 같은 것이다. (9ㄷ)은 '십방 세계 가운데 2승도 없는데, 더군다나 3승이 있겠는가(3승이 없다)'의 뜻을 나타낸다. (9ㄹ)은 '仁과 智는 周公도 다하지 못하였는데, 더구나 또 왕에게 있겠는가(왕에게 능력이 없다)'로 해석된다.

(10) ㄱ. 郡郡에 긔별을 듯고 定호 써시오니 얼현티 아니ᄒ오리 (청해신어초
6 : 4a)

ㄴ. 아뫼나 ᄒ 마를 무러든 쏘 더답디 몯ᄒ면 다론 사ᄅ미 우리를 다
가 므슴 사ᄅ물 사마 보리오 (번역노걸대, 上, 5)

ㄷ. 仁과 智를 周公도 盡티 몯ᄒ시곤 ᄒ믈며 王잇가 (맹자율곡언해 2 :
67a)

ㄹ. 길의 지나는 직 보아도 오히려 블인지심이 잇스려든 ᄒ믈며 형제
야 닐너 무엇ᄒ리요 (태상감응편 3, 26b)

ㅁ. 셩휘 팀독ᄒ오시믈 긔이고 곰초아 됴야로 ᄒ여곰 시러곰 아디 못
ᄒ게 ᄒ니 ᄒ믈며 공윤의 약 그릇 쓰오믈 뉘 알니오 (천의소감
2 : 7a)

---

5) 장윤희(1996 : 348~9)를 참고하였다.

(10)은 근대국어의 수사의문문6)의 예이다. 이 중에서 (10ㄷ, ㄹ, ㅁ)은 부사 '하물며'가 수사의문문에 쓰인 예들이다. 이 중 (10ㄷ)은 '길에 지나가는 자를 보아도 오히려 불인지심이 있는데 더군다나 형제야 말해서 무엇하겠는가(형제도 불인지심이 있다)'의 의미로 해석할 수 있다.

수사의문을 나타내는 특이한 의문법의 형태로 '-이쏜,7) -이쏜녀,8) -이쏜니잇가'9) 등이 있다. 박선우(2003)은 부사 '하물며'는 '-이쏜녀'류10)와 호응하는데 연결어미 '-곤, -으니 -거늘ᄼ' 등에 의한 접속문 구조를 가지며 대부분이 후행절 부분에 나타난다고 하였다.

이러한 '-이쏜녀'에 통합된 문장은 중세국어의 수사의문과는 다르며 다만 수사의문문과 의미가 통한다. 수사의문문은 기본적으로 접속문적 성격을 지니는 것으로 그 구조가 '-이쏜녀' 구문과 매우 유사하다. 이러한 수사의문문 가운데 선·후행절의 내용이 대비되어 밀접하게 해석되는 수사의문문에서 '-이쏜녀' 구문이 만들어진다고 할 수 있다. '-이쏜녀' 구문의 표현가치는 수사의문이 결과적으로 표현하는 가치와 유사하다. 결국 '-이쏜녀' 구문과 수사의문문은 모두 접속문의 후행절의 표현내용을 간접적으로 강조

---

6) 박진완(1998 : 348)은 17세기 수사의문문의 종결어미를 다음과 같이 제시하였다.

수사의문문에만 쓰이는 것	-리오, -쏜녀, -리잇가
일반의문문과 수사의문문에 두루 쓰이는 것	-료, -랴

7) 본고가 확인한 '-이쏜'이 사용된 36개의 문장 중에서 2개의 문장에서 '하물며'가 사용되었다.

8) 본고가 확인한 '-이쏜녀'가 사용된 247개의 문장 중에서 166개의 문장에서 '하물며'가 사용되었다.

9) 본고가 확인한 '-이쏜니잇가'가 사용된 19개의 문장 중에서 15개의 문장에서 '하물며'가 사용되었다.

10) 김승곤(1986)에서는 '-쏜'과 '-쏜녀'가 같은 형태소가 아님을 보이면서 '-쏜'은 '가정 도움토씨', '-쏜녀'는 '억양의 씨끝'으로 보았다. 그리고 장윤희(1996)은 '-이쏜' 구문은 그 구조에 있어서 '-이쏜녀' 구문과는 매우 다르며 '-이쏜' 구문의 '-이쏜'은 종결어미가 아닌 강조 또는 강세의 보조사라고 하였다. 이승희(1996 : 21~23)에서는 '-이쏜녀'가 기원적으로 감탄조사를 포함하고 있으므로 기본적으로는 감탄의 종결어미인 것으로 파악하였다. 이 감탄의 종결어미가 특정한 구문으로 쓰임이 한정되면서 감탄의 의미가 인식되지 못하게 된 것이라고 하였다.

하는 표현효과를 가지는 것이라고 할 수 있다.[11] 이 의문법어미와 '하물며'
가 호응한 예는 중세·근대국어 문헌 곳곳에서 많이 찾을 수 있었다.

> (11) ㄱ. 오히려 모즈라디 아니ᄒ리어니 ᄒ몰며 아둘둘히ᄯ녀 (월인석보 1
>   2 : 33a)
>   ㄴ. 善女人이 … 女身을 묏고 百千萬劫에 女人 잇ᄂ 世界예 다시 나디
>   아니ᄒ리니 ᄒ몰며 ᄯᅩ 女身 受호미ᄯ녀 (월인석보 21 : 86b)
>   ㄷ. 이리 ᄒ면 몸과 ᄆᆞᅀᆞᆷ괘 淸淨ᄒ리니 ᄒ몰며 禪定解脫이 시혹 이슈
>   미ᄯ녀 (월인석보 23 : 94a)
>   ㄹ. 고온 사ᄅᆞ미 누른 홀기 ᄃ외니 ᄒ몰며 粉黛롤 비러 쓰던 거시ᄯ녀
>   (두시언해 6 : 1b)
>   ㅁ. ᄒ마 심히 치운 ᄃ리 갓갑거늘ᅀᅡ ᄒ몰며 기리 여희옛ᄂ ᄆᆞᅀᆞ몰 디
>   내요미ᄯ녀 (두시언해 25 : 17a)

(11)은 중세국어의 예이다. 이중에서 (11ㄴ)은 '선녀인이 백천만겁 동안 여
인이 있는 세계에는 다시 나지 않을 것이니 더군다나 여인으로 나지 않을
것이다'는 뜻이고, (11ㄹ)은 '고은 사람이 흙이 되었으니 더구나 꾸미던 화
장에 있어서랴'의 뜻이다. 특히 (11ㅁ)의 '-거늘ᅀᅡ'는 연결어미 '-거늘'에
강세의 보조사 '-ᅀᅡ'가 통합되어 있는데, 이때의 '-거늘'은 [전제]의 의미를
가지는 것으로 그 [전제]의 의미를 '-ᅀᅡ'로 더욱 강조하고 있다[12]는 점에서
전형적인 수사의문문의 구조를 띄고 있으며, 이는 '하물며'가 출현할 수 있
는 조건이다.

  이현희(1982 : 50~51)는 이들과 비슷한 통사적 구성을 가지고 있는 감탄어
미 '-이여'로 끝나는 구문을 제시하였다.

> (12) ㄱ. 롱담 議論도 오히려 어즈럽곤 ᄒ몰며 親近호미여 (법화경언해 5 :

---

11) 이현희(1982)는 '-이ᄯ녀' 통합된 문장들은 그 자체가 수사의문이 아니라 수사의문이
    가지는 효과 즉, 설명법으로 나타낼 수 있는 사실에 대한 강조를 표현한다고 하였다.
12) 이현희(1994 : 72~73)을 참고하였다.

13b)

ㄴ. 現在ᄒ샤도 오히려 그러콘 ᄒ몰며 滅後惡世에 機를 굴히디 아니호
   미 올ᄒ려 (법화경언해 4 : 87a)

ㄷ. 彌勒은 唯識觀올 닷가시니 觀ᄒ시논 識이 念念에 生滅ᄒ며 ᄆᅀᆞ몰
   두어 보샤미 ᄒ마 돛이어니 ᄒ몰며 圓通올 어드시리여 (능엄경언
   해 6 : 63a)

ㄹ. 善男子아 虛空이 잢간 이숌 아니며 ᄯᅩ 잢간 업숨 아닌 둘 반ᄃ기
   아롤디니 ᄒ몰며 ᄯᅩ 如來ㅅ 圓覺조차 順호미 虛空이 平等한 本性이
   ᄃ외니여 (원각경언해, 上, 2-3 : 31a)

(12ㄱ)은 '농담 의논하는 것도 어지러운데 親近함이야(더 어지럽다)', (12ㄴ)은
'如來가 現在해도 그러한데 滅後惡世에 기를 택할 수 없으면 더욱 그러할
것이다', (12ㄹ)은 '허공이 잠깐 있는 것도 아니고 잠깐 없는 것도 아닌 줄
반드시 알아야 하니 如來의 圓覺을 좇아 順하는 것이 허공에 평등한 본성이
된다는 것이야(더 잘 알아야 한다)'는 뜻으로 풀이된다.

　이현희(1982)는 (12)의 문장들은 그 자체가 수사의문이 아니라 수사의문이
가지는 효과 즉 설명법으로 나타낼 수 있는 강조를 표현하고 있는데 이들
은 감탄문으로도 볼 수 없고, 그렇다고 수사의문문이라고도 볼 수 없는 매
우 기형적인 문장으로 보았다.[13)]

(13) ㄱ. 공경ᄒ시는 바롤 ᄯᅩᄒᆞᆫ 공경홀찌니 개며 물게 니르러도다 그리홀
      거시온 ᄒ몰며 사롬이ᄯ녀 (어제내훈 1 : 36b)

　　 ㄴ. 爵을 同ᄒ니 범샹ᄒᆞᆫ 사롬도 오히려 그러ᄒ거든 ᄒ몰며 가옴여름이
      八域을 둔이ᄯ녀 (언제상훈 15b)

　　 ㄷ. 孝心이 이시면 곳 이 죽엇다가도 사라 도라오려든 ᄒ믈며 그저 靑
      盲이ᄯ녀 (지장경, 中, 2 : 43b)

　　 ㄹ. … 측량 몯흔 ᄉᆞ이예 쳔만가짇 시롬 슈괴어니 ᄒ믈며 악취돌히 ᄯᅥ

---

13) 본고가 의문문에서의 '하물며'의 쓰임을 알아보는 章에 의문문이 아닌 (12)의 문장을
　　예로 든 이유는 이때의 '하물며'의 해석은 평서문에서의 의미보다는 의문문에서의 의
　　미와 더 유사한 것으로 판단하였기 때문이다.

러디미쯔녀 (地藏中 18a)

(13)은 근대국어의 예이다. 이 중에서 (13ㄷ)은 '효심이 있으면 곧 죽었다가도 살아 돌아오는데 더구나 그저 청맹에 있어서랴(효심이 있다면 청맹은 별 것이 아니다)'의 의미로 해석된다. (13ㄹ)은 ' … 측량 못한 사이에 여러 가지 시름이 가득하니 악취들이 떨어지겠는가(더구나 악취들이 떨어지지 않을 것이다)'로 해석된다.

3. 평서문에서의 '하물며'

평서문에 쓰이는 부사 '하물며'는 앞에서 살펴본 의문문에서의 의미 '뒤의 사실에 더 강한 긍정'으로 해석하지 않고 '더욱이, 게다가, 또한'의 '추가' 정도의 뜻으로 해석하는 것이 더 매끄럽다. 이를 앞장에서와 마찬가지로 현대, 중세, 근대국어의 예문을 통해 살펴보겠다.

(14) ㄱ. 본국의 실정이 어지러운데 <u>하물며</u> 교포들을 꼬집을 심산은 없다.
    (임동권, 끈 떨어진 뒤웅박)
  ㄴ. 우리들은 누구도 저들을 심판할 수 없습니다. <u>하물며</u> 그 처지를 누구보다도 깊이 알고 있는 여러분이 저들을 심판할 수는 없습니다. (이청준, 당신들의 천국)
  ㄷ. 코흘리개 때부터 알고 있는 건너 집 꽃님이가 시집을 가도 잔치라면 구경거리가 된다. <u>하물며</u> 명문가 외아들의 신부가 오는 날이다. (한무숙, 만남)
  ㄹ. 어린 형이며 누나의 이름을 부르는 것도 소름이 돋을 일인데 <u>하물며</u> 갓난아기마저 부르더란 얘기를 듣자 난 금시 눈앞이 아찔해졌다. (이영치, 흐린날 광야에서)

(14)는 현대국어에서 부사 '하물며'가 평서문에 쓰인 예들이다. (14ㄱ)은 '본국의 실정이 어지러운데 게다가 교포들을 꼬집을 마음은 없다'는 의미이다. (14ㄴ)의 경우는 '우리들은 누구도 저들을 심판할 수 없다. 게다가 그 처지를 누구보다도 깊이 알고 있는 여러분도 저들을 심판할 수는 없다'는 의미이다. '부사 '하물며'를 의문문에서는 뒤의 사실에 더 강한 의미를 부여하면서 '더군다가, 더구나'의 의미로 해석하였는데, 평서문에서의 '하물며'는 뒤의 사실에 더 강한 의미를 부여하기보다는 단순 '추가'의 의미로 해석하는 것이 자연스러움을 볼 수 있다.

이는 중세와 근대 국어의 자료에서도 확인할 수 있다.

(15) ㄱ. 쏘 貪혼 無量有情이 천랴올 모도아 두고 제 뿜도 오히려 아니ᄒᆞ거니 ᄒᆞ몰며 내야 주며 가시며 어버ᅀᅵᆫ돌 내야 주며 가시며 子息이며 죠인돌 주며 와 비ᄂᆞᆫ 사ᄅᆞᆷ올 주리여 (석보상절 9 : 12a)

ㄴ. 부텨 니ᄅᆞ샴 곧ᄒᆞ시니 ᄒᆞ몰며 나ᄂᆞᆫ 漏 잇ᄂᆞᆫ 처ᅀᅥᆷ 비호ᄂᆞᆫ 聲聞이어니와 菩薩애 니르러도 쏘 能히 萬物ㅅ 象前에 精見을 ᄲᅢ혀 내디 몯ᄒᆞ리니 一切ㅅ 物을 여희오ᅀᅡ 各別히 제 性이 잇도소이다 (능엄경언해 2 : 50a)

ㄷ. 봄도 能히 밋디 몯거니 ᄒᆞ몰며 모돈 말ᄊᆞ미 能히 미츠려 緣을 여희며 相올 여희여 말ᄊᆞ미 밋디 몯호미 이롤 닐온 淸淨혼 實相微妙혼 菩提ㅅ 길히라 (능엄경언해 2 : 76a)

ㄹ. 반ᄃᆞ기 菩提 일우리온 ᄒᆞ몰며 혼 經에 다 能히 受持ᄒᆞ면 그 緣이 더욱 勝ᄒᆞ며 그 사ᄅᆞ미 더욱 尊ᄒᆞ야 부텨 ᄃᆞ외요미 一定토다 = 當成菩提온 況於一經에 盡能受持ᄒᆞ면 則其錄이 愈勝ᄒᆞ며 其人이 愈存ᄒᆞ야 其作佛이 必矣로다 (법화경언해 4 : 75a)

(15)는 중세국어의 예이다. (15ㄷ)은 '보는 것도 믿지 못하는데 게다가(또한) 모든 말씀이 능히 미쳐 緣을 여희며 相을 여희여 말씀을 믿지 못하는 것이 淸淨하고 實相微妙하고 菩提의 길이다'는 뜻이다.

박선우(2003)은 15세기의 '-이[illegible]녀' 구문은 평서문에서도 쓰인다고 하였다.14) 평서문으로 해석되는 '-이[illegible]녀' 구문은 연결어미 '-으니', '거늘ᅀᅡ'

등에 의한 접속문의 구조를 가지며 대부분이 후행절 부분에 부사 '하물며'가 나타나고 있다는 점에서는 의문문의 '-이ᄯᆞ녀' 구문과 일치하지만, 후행절 부분은 주어와 서술어를 모두 가지는 문장으로 그 구조를 대략 '(ᄒᆞ몰며) … V-거니/려니ᄯᆞ녀' 정도로 나타낼 수 있다고 하였다. 이때의 '-이ᄯᆞ녀' 구문에 사용된 '하물며'의 해석은 의문문의 '-이ᄯᆞ녀' 구문에서 해석한 것과 달리 '추가'의 의미로 해석하는 것이 더 자연스럽다.

(16) ㄱ. 이 法塵은 … ᄒᆞ마 色과 空괏 안해 表ᄒᆞ야 나ᄐᆞᇙ 고디 업고 色과 空괏 밧긔 이숋 디 아니어늘ᅀᆞ ᄒᆞ몰며 空이 ᄯᅩ 밧기 잇디 아니커니ᄯᆞ녀 (능엄경언해 3 : 34a)
ㄴ. ᄆᆞᄎᆞ매 御櫪 시르미 업스니 聖聰이 ᄒᆞ몰며 仁心이 하시거니ᄯᆞ녀 (두시언해 24 : 24b)
ㄷ. ᄒᆞ다가 虛空애 낧딘댄 虛空이 제 맛보논 디라 너의 이비 아로미 아니어니ᄯᆫ = 若虛空애 出인댄 虛空이 自味라 非汝의 口知어니ᄯᆫ (능엄경언해 3 : 10b)
ㄹ. 고기로 아로ᄆᆞᆯ 사ᄆᆞᆶ딘댄 고기의 아로ᄆᆞᆫ 根源이 觸이라 鼻 아니며 空ᄋᆞ로 아로ᄆᆞᆯ 사ᄆᆞᆶ딘댄 空이 제 아디위 고기ᄂᆞᆫ 반ᄃᆞ기 아디 몯ᄒᆞ려니ᄯᆫ = 以肉으로 爲知ㄴ댄 則肉之知ᄂᆞᆫ 元이 觸이라 非鼻며 以空ᄋᆞ로 爲知ㄴ댄 空이 則自知ᄒᆞ디위 肉은 應非覺이어니ᄯᆫ (능엄경언해 3 : 44b)

(16)은 중세국어의 예이다. 각 문장을 해석해보면, (16ㄱ)은 '(법진이) 색과 공의 안에 나타날 곳이 없고, 색과 공의 밖에 있는 것이 아니거늘, 게다가(또한) 공은 밖에 있지 아니하도다' (16ㄴ)은 '마침내 함궐(임금이 수레를 타고 낚시하러 다님)로 인한 근심이 없으니, 임금님의 총명함이야 말할 것도 없고, 게다가(또한) 어진 마음도 많으시다'로 해석된다. (16ㄷ)은 허공에 나가면 허공이 맛을 보는 것이지, 네 입이 (맛을) 아는 것이 아니다, (16ㄹ)은 육신으

14) 이현희(1982 : 56~57), 이유기(2002 : 55~57)에서도 '-이ᄯᆞ녀' 구문이 수사의문문이 아닌 평서문에도 쓰임을 지적하였다.

로 앎을 삼는다면, 육신의 앎은 근원이 觸인지라 鼻가 아니며, 空으로 앎을 삼으면 空이 스스로 알지만, 육신은 알지 못할 것이다. 정도의 뜻으로 해석된다. 따라서 이들은 모두 평서문으로 보아야할 것이다.

(17) ㄱ. 寒署ㅣ 궂디 못홈이 잇기로 인연ㅎ고 ㅎ믈며 人情이 만가짓 형상이나 ㅎ고 犯흔 배 각각 다르니 一槪로 定ㅎ야 의론키 어려올 둣 흔다라 (증수무원록 1 : 52b)
　　ㄴ. 진실로 일죽을 부지 스이의 용식ㅎ기 어렵거든 ㅎ믈며 이삼 대죄이시미며 쏘 ㅎ믈며 적경으로 더브러 몸이 둘히나 심댱은 ㅎ나히오 (천의소감 2 : 62b)
　　ㄷ. 그 말이 진실로 황당ㅎ도다 ㅎ믈며 요쌔예 열 날이 나다 ㅎ믄 블경ㅎ미 심흔다라 (어제경세문답 09a)
　　ㄹ. 정승된 쟈도 오히려 너롤 본다 ㅎ는 경계 잇거든 ㅎ믈며 억됴의 우희 잇는 쟈가 인군의 가히 두려워홀 거시 다슷 가지이시니 ㅎ나흔 하늘을 두려워ㅎ미오 (어제경세문답속록 23b)

(17)은 근대국어의 예이다. 이 중 (17ㄷ)은 '(땅이 오히려 열리지 못하는데 어찌 사람이 있겠는가)그 말이 진실로 황당하다 게다가(또한) 요새에 열 날이 있다는 것은 불경함이 심한 것이다'의 의미이다. (17ㄹ)은 '정승된 자도 오히려 너를 보다고 하는 경계가 있다. 게다가(또한) 많은 백성들의 위에 있는 자가 두려워 할 것이 다섯 가지가 있으니 하나가 하늘을 두려워하는 것이오'의 뜻으로 해석된다.

4. 결론

　지금까지 본고는 부사 '하물며'의 출현환경을 의문문과 평서문으로 나누어 각각의 경우에 어떻게 해석(의미) 되는지를 현대 국어에서 살펴보았고,

회고적 방법을 취하여 그 이전 시기(중세와 근대시기)의 자료에서 살펴보았다. 결론은 본론의 내용을 요약하는 것으로 대신하겠다.

> (18) ㄱ. 부사 '하물며'는 의문문(수사의문문)에서 사용될 때는 보통의 사전들이 기술하고 있는 것처럼 '더군다나'의 의미로, 앞의 사실과 비교하여 뒤의 사실에 더 강한 긍정을 나타내었다. 이는 중세국어부터 현대국어까지의 자료를 통해 모두에서 확인할 수 있었다.
> ㄴ. 반면에 부사 '하물며'가 평서문에서 사용될 때는 '더욱이, 게다가, 또한' 즉 단순 '첨가'의 의미로 해석하는 것이 더 매끄러웠다. 이 또한 중세국어부터 현대국어의 자료를 통해 확인할 수 있었다.

지금까지 부사 '하물며'의 의미를 의문문과 평서문으로 나누어 세밀하게 살펴 본 논의는 거의 없었다고 생각된다. 본고의 작은 논의가 부사 '하물며'의 사전 기술시 작은 보탬이 되었으면 한다.

참고문헌

고영근(2006), ≪표준 중세국어문법론≫, 집문당.
고영근 · 구본관(2008), ≪우리말 문법론≫, 집문당.
김경훈(1996), 현대국어 부사어 연구, 서울대학교 박사학위논문.
김선영(2003), 현대국어의 접속 부사에 대한 연구, 서울대학교 석사학위논문(國語硏究).
김승곤(1986), 중세국어의 형태소 '-쑨'과 '-쑤녀'의 통어기능 연구, ≪조선학보≫, 조선학회, 119-130.
박선우(2003), 15세기 국어 서실법 양태부사의 통사 · 의미적 특성(2), ≪어문학≫ 80, 한국어문학회, 45-75.
박진완(1998), 수사의문문에 나타나는 종결어미 고찰, ≪어문논집≫ 38, 345-367.
서정수(1994), ≪국어문법≫, 뿌리깊은나무.
안병희 · 이광호(1990), ≪중세국어문법론≫, 학연사.
이승희(1996), 중세국어 감동법 연구, 서울대학교 석사학위논문(國語硏究 139).
이유기(2002), 15세기 '-이쑨'계 종결 형식의 기능, ≪국어국문학≫ 126, 51-74.
이현희(1982), 국어의 의문법에 대한 통시적 연구, 서울대학교 석사학위논문(國語硏究 52).
이현희(1994), ≪중세국어 구문연구≫, 신구문화사.
임홍빈 · 안명철 · 장소원 · 이은경(2001), ≪바른 국어생활과 문법≫, 한국방송통신대학교출판부.
장영희(1994), 접속부사에 대하여, ≪어문논총≫ 4, 숙명여자대학교 한국어문학연구소, 137-152.
장유희(1996), 중세국어 '-이쑤녀' 구문의 구조의 성격, ≪관악어문연구≫ 21, 서울大學校 國語國文學科, 339-376.
최현배(1937/1971), ≪우리말본≫, 정음문화사.
허 웅(1975), ≪우리 옛말본≫, 샘문화사.

집필진 명단

◎ 백정민
◎ 오규환
◎ 이수연
◎ 최윤지
◎ 박형진
◎ 진려봉
◎ 권창섭
◎ 杉山 豐
◎ 백채원
◎ 김한결
◎ 이상훈

국어학논집 제6집

인 쇄 2009년 12월 21일
발 행 2009년 12월 28일
엮은이 서울대학교 국어국문학과
발행인 이대현
펴낸곳 도서출판 역락
     서울 서초구 반포4동 577-25 문창빌딩 2층
     전 화 : (02) 3409-2058, 3409-2060
     팩 스 : (02) 3409-2059
     이메일 : youkrack@hanmail.net
     등 록 : 1999년 4월 19일 제303-2002-000014호

정 가 12,000원
ISBN 978-89-5556-745-8 93710

*잘못된 책은 교환해 드립니다.